조선의 왕실 25

철종대왕과 친인척

조선의 왕실 25

• 철종대왕과 친인척

- 찍은날 / 2009년 2월 11일
- 펴낸날 / 2009년 2월 14일
- 지은이 / 지두환
- 펴낸이 / 지명자
- 펴낸곳 / 도서출판 **역사문화**
- 1 3 6 - 8 4 7
- 서울시 성북구 정릉동 716-109 101호
- 등록번호 / 제 6-297호
- 전　화 / 02) 916-4686
- 팩　스 / 02) 919-0267
- 홈페이지 / http://www.ihc21.com
- 찍은곳 / 한영문화사

ISBN 978-89-88096-59-8 04910
ISBN 978-89-88096-02-4 (세트)

값　13,000 원

조선의 왕실 25

철종대왕과 친인척

지 두 환 지음

도서출판 역사문화

일러두기

▶ 다음과 같은 부호를 사용하였다
　(　) 　: 　음과 뜻이 같은 한자를 묶는다
　〔 　〕 　: 　음은 다르나 뜻이 같은 한자를 묶는다
　" 　" 　: 　대화 등의 인용문을 묶는다
　' 　' 　: 　재인용이나 강조 부분을 묶는다
　「 　」 　: 　작품명이나 논문을 묶는다
　『 　』 　: 　책명을 묶는다

▶ 왕자나 공주·옹주의 봉호는 『선원계보』를 기준으로 하였다
　예) 함양군주(咸陽郡主: 선원록), 함양옹주(咸陽翁主: 선원계보)
　부마나 국왕 인척들의 봉호는 마지막으로 봉작된 것을 기준으로
　하였다

▶ 조선 국왕 연대는 왕명과 연대를 병기하는 것을 원칙으로 하였다
　예) 선조 8년(1575)
　국왕들의(중국 황제 포함) 재위년도는 즉위년부터 산정하였다

▶ '선원계보에 없는 후궁'은 『선원계보』나 『선원록』에는 나오지 않
　지만 『실록』 등 정사(正史)에 나오는 후궁을 말한다
　여러 왕대에 걸쳐지는 인물에 대한 평전·세계도·연보는 각 낱권
　마다 포함하고, 동일한 책에서 나오는 중복인물은 편집상 앞의 인
　물의 자료를 참조하게 하였다

▶ 이 책에 나오는 『조선왕조실록』 인용문의 출전은 국사편찬위원회
　(http://sillok.history.go.kr)에서 제공하는 번역본이다

▶ 이 책에 나오는 문집류 인용문의 출전은 한국고전번역원
　(http://www.itkc.or.kr)에서 제공하는 번역본이다

▶ 이 책에 나오는 『고려사』 인용문의 출전은 북한사회과학원 고전
　연구소가 역주하고 누리미디어(http://www.krpia.co.kr)에서 제공하는
　번역본이다

▶ 『선원록』은 『조선왕조 선원록』(민창문화사 1992년 간)을 기본으로
　하였다

▶ 『조선왕조실록』은 『실록』으로, 『조선왕조 선원록』은 『선원록』으로,
　『전주이씨대관』은 『대관』으로, 『한국민족문화대백과사전』은 『민문
　』으로 표기하였다

▶ 부록의 세계도는 성씨별 가나다 순으로 정리하였으며, 연보는 연
　대순으로 정리하였다

서 문

그동안 한국사를 연구하고 강의하면서, 역사를 하면 정치사를 배우는 것이 흥미도 있고 중요하기도 하다는 생각을 하였다. 그리고 이를 위해서는 왕실과 그 친인척에 대해 아는 것이 중요하다고 계속 생각해 왔다. 그 중에서도 친가뿐만 아니라 외가·처가를 아는 것이 매우 중요하다는 것을 알았다. 그래서 조선시대 종법과 관련하여 왕위계승문제를 연구하면서, 태조대 태조 처가인 신덕왕후 강씨 집안을 아는 것이나, 태종대 양녕대군·세종대 안평대군 친인척을 아는 것이나, 예종·성종과 관련하여 처가인 한명회 집안을 아는 것이나, 인조반정과 관련하여 선조 후궁인 인빈 김씨 사돈 집안들을 아는 것이 중요하다는 것을 새삼 알게 되었다.

그동안 유교망국론 때문에, 한편으로는 지배·피지배로 나누는 계급사관 때문에, 70년대까지는 왕실과 중앙에 대한 연구나 정치사에 대한 연구가 소홀하였다. 그러나 80년대에 와서 유교긍정론이 대두하면서 왕실과 궁궐 등 중앙의 주도적인 문화에 대하여 관심이 많아졌고, 한편으로는 정치사에 대한 관심이 많아졌다. 그리고 조선 왕조에 대한 부정적인 생각을 탈피하여 조선 왕조에 대한 긍정적인 생각을 가지게 되고, 더 나아가서는 조선 왕조에서 자랑스러운 것을 찾으려는 분위기가 형성되었다.

이에 따라 조선의 왕실을 다룬 사극(史劇)이나 철종(英祖)·철종(正祖)의 정치나, 왕실의 여러 가지 행사를 다룬 의궤(儀軌)나, 경복궁·창덕궁·종묘·수원성 같은 궁중 유물 유적에 대한 관심이 높아졌다. 이를 반영하듯 조선왕조실록 CD를 비롯하여 조선왕조를 다룬 책들이 봇물 터지듯 쏟아졌다.

그러면서 이러한 관심들을 체계적으로 뒷받침할 기초적인 정리가 잘되어 있지 않다는 것이 심각한 문제로 부각되었다. 그래서 이러한 기초적인 정리를 하려고 하니 어디서부터 시작해야 할지 깜깜하기만 하였다.

2000년대를 맞이하여 마냥 미룰 수는 없고 하여, 우선 이전에 「조선후기 예송연구」라든지 「조선전기 왕위계승 연구」라든지 한국정치사 강의를 하는 과정에서, 가장 필요하다고 생각되어 틈틈이 정리해 왔던 왕실과 친인척들을 체계적으로 정리하기로 하였다. 1차로 태조부터 선조까지 왕실과 친인척들을 정리하여 조선전기 정치를 비롯한 역사 흐름과 연결하다 보니, 작업이 굉장히 방대하다는 것을 느끼면서 한편으로는 지금까지 이것을 하지 않았다는 것이 후회스럽기도 하였다. 역사를 정리하려면 가장 주도적인 것부터 해야 한다는 것을 새삼 느끼게 되었다. 그래서 다른 것을 좀 미루고라도 올해에는 조선시대 왕실과 친인척을 모두 조사하여 정리하기로 하였다.

이러한 작업을 하는 동안 자료 정리 교정 윤문을 하느라 밤낮으로 휴일과 방학도 없이 수고를 해준 이순구 임병수 이성호 류명환 안승배 양웅렬 신채용 강태규 김중권 이성민 등 여러 제자들에게 이 자리를 빌어 고마움을 표한다.

무자년 겨울

북악산장에서

차 례

제1편 철종대왕

제2편 철종의 왕비

제1장 철인왕후

제3편 철종의 후궁

제1장 귀인 박씨

제2장 귀인 조씨

제3장 숙의 방씨

제4장 숙의 김씨

부록

철종대왕 선원록

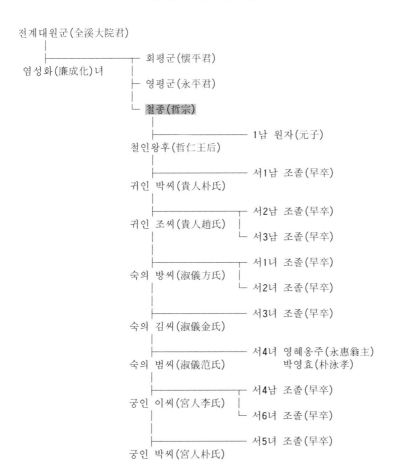

전계대원군(全溪大院君)

엄성화(廉成化)녀

회평군(懷平君)

영평군(永平君)

철종(哲宗)

철인왕후(哲仁王后) ── 1남 원자(元子)

귀인 박씨(貴人朴氏) ── 서1남 조졸(早卒)

귀인 조씨(貴人趙氏) ── 서2남 조졸(早卒)
└ 서3남 조졸(早卒)

숙의 방씨(淑儀方氏) ── 서1녀 조졸(早卒)
└ 서2녀 조졸(早卒)

숙의 김씨(淑儀金氏) ── 서3녀 조졸(早卒)

숙의 범씨(淑儀范氏) ── 서4녀 영혜옹주(永惠翁主)
박영효(朴泳孝)

궁인 이씨(宮人李氏) ── 서4남 조졸(早卒)
└ 서6녀 조졸(早卒)

궁인 박씨(宮人朴氏) ── 서5녀 조졸(早卒)

철종(哲宗)
전계대원군(全溪大院君) 이광(李㼅) 3남
용성부부인 엄씨(龍城府夫人廉氏) 소생
이변(李昪, 1831-1863)
재위 1849.6-1863.12. 14년 6개월
등극 19세, 향년 33세
부인 8명, 자녀 5남 6녀(그중 5남 5녀는 조졸)

자녀 생몰년

순서	구분	자녀	생몰년(년월일)	소생모	소생모의 몇번째자녀
1	1남	원자	철종 9년(1858)~철종 10년(1859)	철인 왕후	
2	서1남		철종 5년(1854) ~ ?. 조졸	귀인 박씨	1남중 1남
3	서2남		철종 10년(1859) ~ ?. 조졸	귀인 조씨	2남중 1남
4	서3남		철종 12년(1861) ~ ?. 조졸	귀인 조씨	2남중 2남
5	서4남		철종 13년(1862) ~ ?. 조졸	궁인 이씨	1남 1녀중 1남
6	서1녀		철종 2년(1851) ~ ?. 조졸	숙의 방씨	2녀중 1녀
7	서2녀		철종 4년(1853) ~ ?. 조졸	숙의 방씨	2녀중 2녀
8	서3녀		? ~ ?. 조졸	숙의 김씨	1녀중 1녀
9	서4녀	영혜옹주	철종 9년(1858)~고종 9년(1872)	숙의 범씨	1녀중 1녀
10	서5녀		? ~ ?. 조졸	궁인 박씨	1녀중 1녀
11	서6녀		? ~ ?. 조졸	궁인 이씨	1남 1녀중 1녀

개 관

철종 즉위

철종은 정조의 아우 은언군(恩彦君)의 손자로, 전계대원군(全溪大院君)의 셋째아들이다. 당시 영조의 혈손으로는 헌종과 원범[철종] 두 사람뿐이었다.

1849년 6월 6일 헌종이 후사가 없이 죽자 대왕대비 순원왕후(純元王后: 純祖妃)의 명으로, 정조의 손자, 순조의 아들로 왕위를 계승하였다.

이때 나이 19세였으며, 학문과는 거리가 먼 농군으로서, 헌종 10년(1844) 형 회평군(懷平君) 명(明)의 옥사로 가족과 함께 강화도에 유배되어 있었다.

그런데 별안간 명을 받아 봉영의식(奉迎儀式)을 행한 뒤 6월 8일 덕완군(德完君)에 봉해지고, 이튿날인 6월 9일 창덕궁 희정당(熙政堂)에서 관례를 행한 뒤 인정문(仁政門)에서 즉위하였다.

수렴청정과 진종 조천논의

나이가 어리고 농경을 하다가 갑자기 왕이 되었으므로 처음에는 대왕대비가 수렴청정을 하였다.

철종을 대수에 맞지 않게 옹립한 것에 대한 문제제기가 바로 진종 조천 논의이다. 진종이 왕위 대수로 보면 조천되어야 하지만 철종에게는 증조부 벌이므로 조천하면 안된다는 진종 조천 논의가 일어난다. 이는 권돈인이 철종이 대수에 안맞게 추대된다는 것을 비판하는 문제제기였다. 결국 진종이 조천되는 것으로 일단락된다.

안동 김씨들은 권돈인을 낭천(狼川)에 부처하고(7월 13일) 추사(秋史) 김정희가 이 주장의 배후 발설자라 하여 다시 추사를 함경도 북청(北靑)으로 유배 시킨다.

그리고 나서 안동 김씨들은 이해 윤8월 24일 순원대비의 8촌 남동생 김문근의 따님(15세)을 왕비로 간택해 다시 세도의 기틀은 튼튼하게 되었다.

이에 12월 28일에는 순원대비가 형식상 수렴청정을 거두는데 이제는 세도를 대비의 하나밖에 남지 않은 막내 동생 김좌근에게 주어 김흥근, 김병기와 함께 안동 김씨를 이끌게 한다. 이렇게 안동 김씨 세도가 다시 반석 위에 놓이자 이들은 곧 다음해 8월 14일에 추사와 권돈인을 방송(放送)한다.

은언군의 신원

철종 2년(1851) 은언군의 신유년(순조1, 1801)의 무안(誣案)이 중국에 계류되어 있었는데, 이때에 이르러 사신을 보내어 진주(陳奏)하여 변정(辨正)의 허락을 받았다. 그리고 익평군(益平君) 이희(李曦)에게 그 제사를 주관하게 하였고, 풍계군(豊溪君)의 사판(祠版)을 은전군(恩全君)에게 입계(入繼)하여 후사(後嗣)로 두게 하였다.

철종 친정과 구휼

철종은 철종 3년(1852)부터 친정을 하였는데, 이듬해 봄에는 관서지방의 기근대책으로 선혜청전(宣惠廳錢) 5만냥과 사역원 삼포세(詞譯院蔘包稅) 6만냥을 진대(賑貸)하게 하였고, 또 그해 여름에 한재가 심하자 재곡이 없어 구활하지 못하는 실정을 안타까이 여겨 재용(財用)의 절약과 탐묵(貪墨)의 징벌을 엄명 하기도 하였다.

철종 7년(1856) 봄에는 화재를 입은 약 1,000호의 여주의 민 가에 은자(銀子)와 단목(丹木)을 내려주어 구활하게 하였고 함흥 의 화재민에게도 3,000냥을 지급하였으며, 이해 7월에는 영남의 수재지역에 내탕금 2,000냥, 단목 2,000근, 호초(胡椒) 200근을 내려주어 구제하게 하는 등 빈민구호책에 적극성을 보였다.

삼정문란과 민란

그러나 정치의 실권은 안동 김씨의 일족에 의하여 좌우되었다. 이 때문에 삼정(三政: 田政·軍政·還穀)의 문란이 더욱 심해지고 탐관오리가 횡행하여 백성들의 생활이 도탄에 빠지게 되었다. 이에 농민들은 마침내 1862년 봄 진주민란을 시발로 하여 삼남지방을 중심으로 여러 곳에서 민란을 일으켰다.

이에 철종은 삼정이정청(三政釐整廳)이라는 임시 특별기구를 설치하고, 민란의 원인이 된 삼정구폐(三政救弊)를 위한 정책을 수립, 시행하게 하는 한편, 모든 관료에게 그 방책을 강구하여 올리게 하는 등 민란수습에 진력하였다.

그러나 뿌리 깊은 세도의 굴레를 벗어나 제대로 정치를 펴 나갈 수 없었다.

동학 탄압

이와같은 사회현상에서 최제우가 동학(東學)을 창도하여 사상운동을 전개, 확산시키자 이를 탄압, 교주 최제우를 "세상을 어지럽히고 백성을 속인다"는 죄를 씌워 처형시키기도 하였다.

철종 승하

그러다가 1863년 12월 8일 재위 14년 만에 33세를 일기로 승하하고 말았다.

수용(睟容) 4본이 천한전(天漢殿)에 봉안되었으며, 혈육으로는 궁인 범씨 소생의 영혜옹주 하나가 있어 금릉위 박영효에게 출가하였을 뿐 후사가 없었다.

고종 1년(1865) 4월 7일 경기도 고양의 희릉(禧陵) 오른편 언덕에 예장되고, 능호를 예릉(睿陵)이라 하였다. 시호는 문현 무성 헌인 영효(文顯武成獻仁英孝)이다.

제1편 철종대왕

▧ 철종(哲宗) 세가

철종(哲宗)
전계대원군(全溪大院君) 이광(李㼅) 3남
용성부부인 염씨(龍城府夫人廉氏) 소생
이변(李昪, 1831~1863)
재위 1849.6.~1863.12. 14년 6개월
등극 19세, 향년 33세
부인 8명, 자녀 5남 6녀(그중 5남 5녀는 조졸)

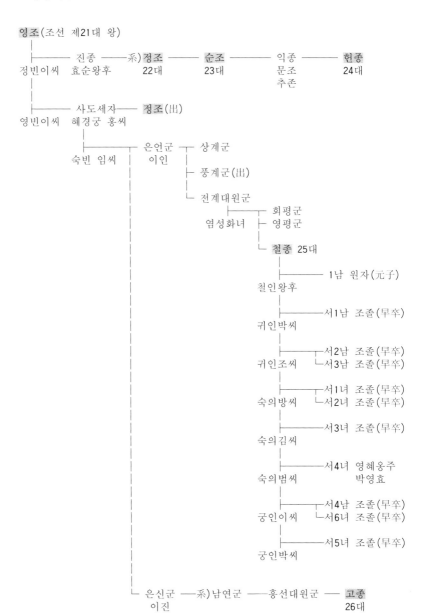

영조(조선 제21대 왕)

진종 ──系)**정조** ── **순조** ── 익종 ── **헌종**
정빈이씨 효순왕후 22대 23대 문조 24대
                          추존

사도세자── **정조**(出)
영빈이씨 혜경궁 홍씨

숙빈 임씨 │ 은언군 ┬ 상계군
          이인 ├ 풍계군(出)
               └ 전계대원군 ┬ 회평군
               염성화녀 ├ 영평군
                         └ **철종** 25대

├────── 1남 원자(元子)
철인왕후

├────── 서1남 조졸(무卒)
귀인박씨

┬── 서2남 조졸(무卒)
귀인조씨 └ 서3남 조졸(무卒)

┬── 서1녀 조졸(무卒)
숙의방씨 └ 서2녀 조졸(무卒)

├────── 서3녀 조졸(무卒)
숙의김씨

├────── 서4녀 영혜옹주
숙의범씨   박영효

┬── 서4남 조졸(무卒)
궁인이씨 └ 서6녀 조졸(무卒)

├────── 서5녀 조졸(무卒)
궁인박씨

└ 은신군 ──系)남연군 ── 흥선대원군 ── **고종**
  이진   26대

철종 희륜 정극 수덕 순성 흠명 광도 돈원 창화 문현 무성 헌인 영효장대왕(哲宗熙倫正極粹德純聖欽命光道敦元彰化文顯武成獻仁英孝章大王)의 휘(諱)는 '변(昪)', 자(字)는 '도승(道升)', 호(號)는 '대용재(大勇齋)'이다.

시호는 '희륜 정극 수덕 순성 흠명 광도 돈원 창화 문현 무성 헌인 영효(熙倫正極粹德純聖欽命光道敦元彰化文顯武成獻仁英孝)'이다.

철종 14년 6월 17일 철종이 '희륜 정극 수덕 순성(熙倫正極粹德純聖)'의 존호를 받았다.

고종 즉위년 12월 15일 철종의 시호를 '문현 무성 헌인 영효(文顯武成獻仁英孝)'로 하였다.

고종 3년 4월 4일 철종에게 '흠명 광도 돈원 창화(欽命光道敦元彰化)'의 존호를 올렸다.

묘호는 '철종(哲宗)'이고 능호는 '예릉(睿陵)'이다.

정조대왕의 아우인 은언군(恩彦君) 이인(李䄄)의 손자이고 전계대원군(全溪大院君) 이광(李瓛)의 셋째 아드님이다. 어머니는 염성화(廉成化)의 따님 용성부부인 염씨(龍城府夫人廉氏)이다.

▨ 부인과 자녀들

철종대왕은 순조 31년(1831) 6월 17일에 태어나 19세인 헌종 15년(1849) 6월 6일 헌종이 승하하자 영조의 혈손으로 순원왕후가 명하여 정조의 손자, 순조의 아들로 왕위를 계승하였다. 재위 14년 6개월만인 철종 14년(1863) 12월 33세로 승하하였다.

비(妃)는 김문근(金汶根)의 따님 철인왕후(哲仁王后) 안동 김씨(安東金氏)이다.

한 명의 왕비와 일곱 명의 후궁에게서 5남 6녀를 두었다.

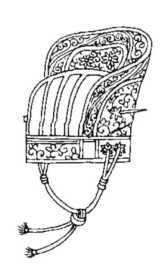

▓ 탄생과 유년시절

순조 31년(1831) 6월 17일 경행방의 사제에서 탄생하였다.

본생모(本生母)인 부인은 용성부대부인(龍城府大夫人)인데, 순조 신묘년 6월 17일 정유에 경행방(慶幸坊)의 사제(私第)에서 임금을 탄생하였습니다. 이때 순원왕후의 꿈에 영안 국구(永安國舅)가 한 어린아이를 올리면서 말하기를, '이 아이를 잘 기르시오' 하였는데, 왕후께서는 꿈에서 깨고 나서 그 일을 기록하여 두었었던 바, 그 후 임금이 궁궐에 들어오게 되자 이를 살펴보니 의표(儀表)가 꿈속에서 본 아이와 똑같았습니다.

임금께서는 어려서부터 총명하고 슬기로웠는데 4세 때 주흥사(周興嗣)의 『천자문 千字文』을 읽었으며, 한 대목을 들으면 나머지 열 대목을 깨달아 알았고 필획(筆畵)도 완전하고 보기에도 좋아서 도움받아 예습하지 않고도 자연히 체식(體式)을 성취했습니다.

14세 때 집안에 어려운 일을 당하여 전가족(全家族)이 교동(喬桐)으로 이사(移徙)하였고, 즉시 또 강화(江華)로 이사했는데, 큰 바다를 건널 적에 바람을 만나 매우 위태로운 상황이 일어났는데도 임금은 태연히 두려워함이 없이 집 사람들을 위무(慰撫)하였습니다. 조금 후에 배가 언덕에 도달하자 배에 타고 있던 사람들이 말하기를, '이 배에 하늘이 돕는 사람이 타고 있었을 것이다' 하였습니다. 『철종실록』권15. 부록. 「철종대왕 행장」

▓ 헌종대왕의 승하

헌종이 헌종 15년(1849) 봄부터 병환이 들었다. 6월 6일 오시(午時)에 창덕궁의 중희당(重熙堂)에서 23세로 후사없이 승하하였다.

6월 6일(임신)에 병환이 더욱 위독하여 마침내 오시(午時)에 창덕궁(昌德宮)의 중희당(重熙堂)에서 뭇 신하를 버리시니, 춘추는 23세이고 재위는 15년이다. 경대부(卿大夫)·진신(搢紳)이 통곡하고 가슴을 치며 말하기를 '저 하늘이여 삼종(三宗) 대성(大聖)의 뒤가 여기에 이르렀는가? 우리 임금은 지극히 인자하신데 인자(仁者)도 수(壽)하지 못하는가? 종사(宗社)를 어찌하는가?' 하고, 도인(都人)·사녀(士女)가 분주하며 울부짖어 온 성안이 들끓는 듯하여 장차 아침 저녁 사이에 보전하지 못할 듯하였다. 『헌종실록』권16. 부록.「헌종대왕 행장」

기유년 6월 임신(壬申)에 헌종대왕(憲宗大王)이 훙서(薨逝)하시니, … 중궁전(中宮殿)을 높여 대비(大妃)로 삼고, 대행 대왕(大行大王)에게 시호(諡號)를 올리기를 경문 위무 명인 철효(經文緯武明仁哲孝)라고 하고, 묘호(廟號)를 헌종(憲宗)이라고 하였습니다. 10월 28일에 경릉(景陵)에 대장(大葬)했는데 효현왕후(孝顯王后)와 같은 언덕이었습니다. 『철종실록』권15. 부록.「철종대왕 행장」

철종 즉위년 6월 7일 목욕(沐浴)하고 습(襲), 함(含), 소렴(小斂)을 행하였다.

6월 9일 철종이 빈전(殯殿)에 나아가 거애(擧哀)하였다. 11일 성복(成服)하였다.

철종 즉위년 10월 3일 시책보(諡冊寶)를 빈전(殯殿)에 올렸다. 친히 시책을 올린 뒤에 별다례(別茶禮)를 행하였고, 명정(銘旌)을 고친 뒤에 별다례도 행하였다. 10월 21일 찬궁(欑宮)을 열라고 명한 뒤에 별전(別奠)을 친히 행하였다.

10월 26일 대행 대왕의 영가(靈駕)가 계발(啓發)하니 홍화문(弘化門) 밖에서 하직하였다.

10월 28일 능은 경기도 양주 건원릉(健元陵) 서쪽 경릉(景陵)에 하현궁하였다.

헌종 경릉(景陵)
경기도 구리시 인창동 동구릉 내

▓ 조선 제25대 왕으로 즉위

영조의 혈손으로는 헌종과 이원범(李元範) 두 사람뿐이었다. 헌종 15년(1849) 6월 6일 헌종이 후사가 없이 죽자 대왕 대비 순원왕후(純元王后: 순조비, 김조순의 딸)의 명으로, 정조의 손자, 순조의 아들로 왕위를 계승하였다.

영종(英宗: 영조)께서 두 번 전(傳)하여 정종(正宗: 정조)에 이르렀고, 정종께서 순조(純祖)·익종(翼宗)·헌종(憲宗)에게 전하였는데, 헌종이 후사(後嗣)가 없었으므로 임금께서 순조비(純祖妃) 순원 왕후(純元王后)의 명을 받들어 들어와서 헌종의 대통(大統)을 계승하였습니다. 순조는 윤서(倫序)에 의하면 고(考)가 되고 헌종은 통서(統序)에 의하면 예(禰)가 됩니다. 모비(母妃)는 안동 김씨(安東金氏)로 곧 우리 순원왕후(純元王后)인데, 영안 부원군(永安府院君) 충문공(忠文公) 김조순(金祖淳)의 따님입니다. 옛날 우리 정종대왕(正宗大王: 정조)께서 아우를 두었는데 은언군(恩彦君)이라고 했습니다. 은언군의 아들이 전계대원군(全溪大院君)인데, 임금은 전계대원군의 제3자(第三子)입니다. 『철종실록』권15. 부록. 「철종대왕 행장」

이때 나이 19세였으며, 학문과는 거리가 먼 농군으로서, 헌종 10년(1844) 형 회평군 명(懷平君 明)의 옥사로 가족과 함께 강화도에 유배되어 있었다. 그런데 별안간 명을 받아 봉영의식(奉迎儀式)을 행한 뒤 6월 8일 덕완군(德完君)에 봉해지고, 이튿날인 6월 9일 창덕궁 희정당(熙政堂)에서 관례(冠禮)를 행한 뒤 인정문(仁政門)에서 즉위하였다.

철종 즉위년(1849) 6월 9일 인정문에서 즉위하였다.

  임금이 인정문(仁政門)에서 즉위하였다. 사위(嗣位)할 때에 면복(冕服)을 갖추고 ─ 예방 승지(禮房承旨)가 내시와 더불어 대왕 대비전(大王大妃殿)의 합문(閤門) 밖에 나아가 대보(大寶)를 내주기를 청하여 빈전(殯殿)에 봉안하였다. ─ 대보를 빈전에서 받아 인정문에 납시니, 백관들이 행례(行禮)하였다. 이어 교서(敎書)를 반포하고 여차(廬次)로 돌아왔다.『철종실록』권1. 즉위년 6월 9일

  기유년 6월 임신(壬申)에 헌종대왕(憲宗大王)이 훙서(薨逝)하시니, 순원왕후(純元王后)께서 하교하기를, '영종(英宗)의 혈맥(血脈)은 헌종과 임금뿐이니 종사(宗社)를 부탁할 것으로 정하였다'하고, 드디어 대신(大臣)을 보내어 봉영(奉迎)하여 오게 했습니다. 이해 봄·여름에는 밤중마다 광기(光氣)가 잠저(潛邸)의 남산(南山)에서 보였으며, 여위(輿衛)가 갑진(甲津)을 건널 적에는 오색 무지개가 큰 강에 다리처럼 가로질러 있었으며, 양화진(楊花津)에 이르렀을 적에는 양떼가 와서 꿇어앉아 맞이하여 문후(問候)하는 형상을 하였습니다.
  처음에 덕완군(德完君)에 봉하였다가 그달 9일에 이내 관례(冠禮)를 행하고 거상(居喪)하였으며 빈전(殯殿)에서 대보(大寶)를 받고 인정문(仁政門)에서 즉위(卽位)하였습니다.『철종실록』권15. 부록.「철종대왕 행장」

창덕궁 인정문(仁政門)

19세인 철종 즉위년(1849년) 6월 9일 대왕 대비가 시임·원임 대신을 소견하여 임금의 학업 증진에 대해 의논하였다.

대왕 대비가 희정당(熙政堂)에서 시·원임 대신(時原任大臣)을 소견(召見)하였다. ─ 영부사 조인영(趙寅永), 판부사 정원용(鄭元容), 원상(院相) 권돈인(權敦仁), 좌의정 김도희(金道喜), 판부사 박회수(朴晦壽), 도승지 홍종응(洪鍾應), 기사관(記事官) 홍종운(洪鍾雲)·서익보(徐翼輔)·남병길(南秉吉)이다. ─ 대왕 대비가 이르기를, "오늘 주상께서 대명(大命)을 받게 되었으니, 이는 종사(宗社)의 무궁한 복이라 하겠소. 그러나 주상에게는 시초가 되는데 군덕(君德)의 성취는 오직 강학(講學)이 있는 바 임금이 배우지 아니하면 어떻게 정사를 하겠소? 군신 상하가 한마음으로 힘써 기어코 덕성(德性)을 보도(輔導)해야겠는데, 이 일을 깊이 여러 대신들에게 기대하는 바이오. 나는 여러 차례 상척(喪慽)을 당하여 정신이 혼미(昏迷)한 터에 또 이러한 차마 보지 못할 일을 당하였으니 어떻게 강작(强作)하겠소만, 종사는 지극히 중하고 주상은 새로이 사위(嗣位)하게 되었으니, 또다시 경 등을 불러 포유(布諭)하는 바이오. 이 뒤로 보도하는 책임은 오직 여러 대신들에게 있다고 여기오" 하니, 조인영 등이 일제히 아뢰기를, "신 등은 마땅히 정성과 심력을 다하여 조금이나마 도움이 되도록 힘쓰겠습니다마는, 이 일은 역시 태모 전하(太母殿下: 대왕대비)께서 안에서 이끌어 주시기에 달렸다고 봅니다" 하였다.

대왕 대비가 이르기를, "오늘은 주상께서 등극하신 첫날이오. 그래서 나는 백성을 사랑하고 부지런히 배우며 근검 절약할 것과 군신들을 예우하고 대신을 공경할 것 등 여러 조목으로 먼저 교유(敎諭)하고 여러 대신들을 불러 방청케 하는 것이니, 주상께서 후일 일거 일동이라도 이 훈계에 어긋난 바 있으면 대신들은 모름지기 오늘 내가 한 말로 책난(責難)함이 옳을 것이오" 하니, 정원용(鄭元容)이 아뢰기를, "자성(慈聖)께서는 지금 거듭 사직(社稷)을 안정시킨 공이 있으신데 또 이렇게 군덕(君德)에 대하여 면계(勉戒)하시고 신 등에게도 칙유(飭諭)하시니, 위국일념(爲國一念)이 참으로 측달(惻怛)하시고 간지(懇摯)하십니다. 주상께서도 어떻게 공경스레 받들고 힘써 행하지 않으시겠습니까?" 하였고, 권돈인(權敦仁)은 아뢰기를, "언문 교지(諺文敎旨)를 읽고 성충(聖衷)을 헤아려보면 역시 면려(勉勵)하고 조심하여 치법(治法)과 모유(謨猷)는 탕(湯) 임금의 반명(盤銘)에 있는 '날로 새로워지고 또 새로워진다[日日新 又日新]'는 말보다 훨씬 더하시니, 신은 경축 만만(萬萬)함을 이기지 못하겠습니다" 하였으며, 조인영은 아뢰기를, "신의 생각으로는 이 언문의 면계(勉戒) 일편(一編)만을 항상 읽고 마음에 새겨 조심스레 행하면 이로써 자성(慈聖)의 뜻에 앙답할 수 있으리라 여깁니다" 하니,

임금이 이르기를, "삼가 이대로 봉행(奉行)하겠소" 하였다. 정원용이 아뢰기를, "전하의 이 대답은 참으로 종사(宗社)와 생민(生民)의 복이옵니다" 하였고, 김도희(金道喜)는 아뢰기를, "지금 자성 전하께서 내리신 언문 교지를 보니, 우리 전하에게 훈계한 바가 글자마다 간측(懇惻)하고 말씀마다 절당(切當)하여 신은 반 절도 채 못읽어서 감격한 눈물이 앞을 가리움을 깨닫지 못하였습니다. 언교(諺敎) 안의 '백성을 사랑하고 절검하라'는 말씀과 '경사(經史)를 토론하여 부지런히 본받으라'는 말씀 등 앞뒤 몇 가지 일들은 우리 전하께서 명심하고 행할 바 아님이 없으니, 빨리 이 언교대로 새겨서 행하시면 후일 전하의 치공(治功)과 선화(宣化)가 여기에서 기초를 이루게 될 것입니다" 하였다. 정원용이 아뢰기를, "옛사람이 일찍부터 태자(太子)를 가르치는 도리를 논하여 이르기를, '전후 좌우가 정인(正人) 아닌 사람이 없어 날마다 바른 말을 듣게 하고 바른 일을 행하게 해야 한다' 하였는데, 이는 조신(朝臣)들을 가리켜 한 말입니다. 이제는 필연코 좌우에서 복사(服事)할 사람들을 새로 두어야 할 터인데, 역시 신중하게 선택하는 것이 좋겠습니다" 하니,

대왕 대비가 답하기를, "참으로 그렇소. 사람이란 상하 귀천을 막론하고 각자 부성(賦性)이 있기 때문에 비록 미천한 사람이라 할지라도 충성스럽고 정직한 사람이 없지는 않을 것이오. 사대부들은 걸핏하면 현사 대부(賢士大夫)라 일컬어지고 있지만 그 중에 더러는 그릇된 도리로 임금을 보도(輔導)하다가 끝내는 허물이 임금에게 돌아가게 하니, 어찌 한탄할 일이 아니겠소? 이렇기 때문에 사람에게는 귀천이 따로 없고 가려 쓰기 여하에 달릴 뿐인 것이오" 하였다. 정원용이 아뢰기를, "신은 이틀 동안 모시고 오면서 전일에 무슨 책을 읽으셨는지 알고 싶었으나 노차(路次)라서 감히 여쭈어 보지를 못했었는데, 이제는 여쭈어 볼 수 있습니다" 하니, 권돈인이 아뢰기를, "이제부터는 여러 대신들이 아뢴 뒤에는 꼭 대답을 주시기 바랍니다" 하매, 임금이 답하기를, "일찍이 『통감 通鑑』 2권과 『소학 小學』 1, 2권을 읽었었으나, 근년에는 읽은 것이 없오" 하였다. 조인영이 아뢰기를, "독서와 강리(講理)는 참으로 성덕(聖德)을 이루는 근본이 됩니다. 만약 이미 배운 몇 편에 항상 온역(溫繹)을 더하여 힘써 행하고 게을리 하지 않는다면 옛부터 지금까지 성현(聖賢)의 천언 만어(千言萬語)가 어찌 『소학』 한 편의 취지에 벗어남이 있겠습니까?" 하니, 임금이 답하기를, "그러나 어렸을 때에 범연히 읽어 넘겼으니, 지금은 깜깜하여 기억할 수가 없소" 하였다.

대왕 대비가 이르기를, "만일 글을 읽는다면 어떤 책부터 읽어야 하겠소?" 하니, 정원용이 아뢰기를, "시작은 『사략 史略』으로부터 하여 조금 문리(文理)를 이해케 된 뒤에 계속하여 경서(經書)를 배우는 것이 좋겠습니다" 하였고, 또 아뢰기를, "지금 내리신 언문 교지를 승지더러 번역케 하여 1통은 어람(御覽)토록 올리게 하고 조보(朝報)1)에도 반포하심이 좋을 듯합니다" 하니,

---

1) 조보(朝報): 승정원(承政院)에서 처리한 사항을 매일 아침에 기록하여 반포하는 관보(官報).

대왕 대비가 이르기를, "그렇게 하라" 하였다. 『철종실록』권1. 즉위년 6월 9일

철종 즉위년 6월 14일 철종의 어휘를 익종의 휘에 의거하여 정하였다.

대왕 대비가 시·원임 대신(時原任大臣)과 각신(閣臣)들을 소견(召見)하였다. 좌의정 김도희(金道喜)가 아뢰기를, "전하께서 광영스럽게도 보위(寶位)에 오르셨으니, 사친(私親)의 봉작(封爵)은 한결같이 덕흥 대원군(德興大院君)의 선례(先例)대로 거행해야 할 것이며, 그밖에 군(君)으로 봉해야 할 분들도 함께 거행케 함이 좋을 듯합니다" 하니, 대왕 대비가 이르기를, "전교를 내려야겠소" 하였다. 대왕 대비가 다시 이르기를, "조금 전에 승지가 '전향(傳香)할 때에는 어압(御押)²⁾하여 받들고 나가야 한다'는 뜻으로 품해 왔기에, 봉군(封君)할 때의 어휘(御諱)로 하라 하였소" 하니, 조인영이 아뢰기를, "하교하신 직후에 제신들이 빈청(賓廳)에 모여 어휘를 의정(議定)하려 하였으나, 오늘은 대전(大殿)의 성복일(成服日)이고, 또 시호(諡號)를 의정(議定)하는 일과 상치(相値)되었으니, 내일 모여서 의논해도 안될 것은 없으리라 여겼습니다" 하고, 또 아뢰기를, "어휘는 마땅히 항열자(行列字)를 따라 의정(議定)해야 하는데, 익묘조(翼廟朝)의 어휘는 일(日)자 밑에 대(大)자³⁾ 였습니다. 이 두 자 중에서 어느 변(邊)을 따라 정해야 하겠습니까?" 하니, 대왕 대비가 이르기를, "일(日)자 밑에 따라 의정(議定)하고, 어자(御字)도 이와 마찬가지로 의정함이 좋겠소" 하였다. 『철종실록』권1. 즉위년 6월 14일

---

2) 어압(御押): 어보(御寶)를 찍음
3) 일(日)자 밑에 대(大)자: 익종의 휘는 대(旲)임

▓ 순원왕후의 수렴청정

헌종 15년(1849) 6월 6일 대왕 대비가 수렴청정을 결정하였
다. 철종은 나이는 19세이지만 농경을 하다가 갑자기 왕이 되
었으므로 처음에는 대왕 대비가 수렴청정을 하게 된 것이다.

대왕 대비가 하교하기를, "봉영(奉迎)하는 의절(儀節)은 전례에
따라 거행하라" 하매, 좌의정 김도희(金道喜)가 아뢰기를, "이제
하교를 받자옵건대, 종사(宗社)의 부탁이 이미 정해졌으니, 아주
경행(慶幸)스럽기 그지 없습니다. 삼가 생각하옵건대, 신왕(新王)
이 서무(庶務)를 밝게 익히는 방도는 오로지 자성 전하(慈聖殿
下)께서 수렴(垂簾)하여 이끄시는 가르침에 달려 있습니다. 바라
옵건대, 빨리 전교(傳敎)를 내려 뭇사람의 심정에 답하소서" 하
니, 대왕 대비가 하교하기를, "신왕은 나이가 20세에 가깝고, 나
는 나이가 예순이 지나고 또한 이미 정신이 혼모(昏耗)하였은즉
이제 어찌 다시 이 일을 논하랴마는, 나라의 일이 지극히 중한
데 이미 미룰 곳이 없으니, 애써 따르겠다" 하고, 이어서 하교
하기를, "수렴 절목(垂簾節目)은 해조(該曹)를 시켜 전례에 따라
거행하게 하라" 하였다. 『헌종실록』권16. 15년 6월 6일

이때 대왕 대비께서 국전(國典)에 따라 수렴(垂簾)하고 함께 청
정(聽政)했는데, 임금께서 공손하고 과묵한 자세를 지니고서 크
고 작은 일들을 모두 대왕 대비에게 품하여 재결(裁決)하였습니
다. 임금은 예전에 배운 것이 현저한 것이 없음을 우려하여 공
제(公除)4) 하고 나서는 즉시 『소학 小學』을 강하였으며, 일강관
(日講官)을 두고서 이르기를, '공부란 입지(立志)에 달려 있는 것

---

4) 공제(公除): 임금이나 왕비가 승하한 뒤 26일 동안 공무(公務)를 중지하
고 조의(弔意)를 표하는 일

이다’ 하였습니다. 경술년(철종1, 1850) 봄에 인릉(仁陵)에 거둥하여 이르기를, ‘양음(諒陰)5)하는 것이 상례(常禮)에 어긋나지마는, 금년은 곧 우리 순종(純宗)께서 탄강(誕降)하신 해이기 때문에 하는 것이다’ 하였고, 탄강하신 월일(月日)에 이르러서는 또 진전(眞殿)에 나아가 작헌례(酌獻禮)를 거행하였으며, 경조(京兆: 한성부漢城府)에 명하여 문(文)·음(蔭)·무(武) 가운데 61세가 된 사람을 초계(抄啓)하여 가자(加資)하게 하고, 사서인(士庶人)에게는 쌀과 베를 하사하게 하였다.『철종실록』권15. 부록.「철종대왕 행장」

---

5) 양음(諒陰): 양암(諒闇). 임금의 거상. 부모상을 당해서 상주가 중문(中門) 밖에 거처하는 방 또는 그 기간. 천자가 복상(服喪)하는 집. 은 고종(殷高宗)은 아버지 소을(小乙)의 상에 상려(喪廬)에서 3년 동안 말하지 않았다. 『史記』「魯世家」

▦ 진종 조천 논의

진종은 사도세자의 형님으로 정조의 양부이다. 따라서 사도세자의 서자인 은언군의 손자인 철종에게는 증조부 항렬이 된다. 따라서 왕위를 계승한 대수로 보면 당연히 조천해야 하지만, 친속으로 보면 아직 제사를 받아야 하는 것이다. 그래서 조천 논의가 일어났다. 종법에 맞지 않게 철종을 추대해 일어난 문제였다.

선원전(璿源殿)을 증축하여 헌종대왕의 수정(睟幀)을 봉안(奉安)하였으며, 예관(禮官)이 진종(眞宗)을 조묘(祧廟)하는 것의 당부(當否)에 대한 의논을 진헌하자, 임금이 이르기를, '아직 친속(親屬)이 다 끊어지지도 않았는데 갑자기 질천(迭遷)할 것을 의논하는 것은 천리(天理)와 인정(人情)에 있어 미안스럽다. 그러나 제왕가(帝王家)는 통서(統序)를 중하게 여기는 것이 고금의 통의(通誼)이다. 헌종대왕께서 15년 동안 군림(君臨)하여 왔고, 정종(正宗)·순종(純宗)·익종(翼宗)이 적자(嫡子)와 적자로 서로 전하여 온 대통(大統)을 계승하였는데, 이제 이소(二昭)·이목(二穆) 이외의 위차(位次)에 봉부(奉祔)한다면 천리와 인정에 있어 어떠하겠는가? 진묘(眞廟)를 조천(祧遷)하는 것은 본디 예법에 있어 그렇게 하지 않을 수 없는 것이다' 하고, 드디어 영녕전(永寧殿)으로 천봉(遷奉)하였습니다. 임금께서 예문(禮文)을 고증하여 의논함에 있어 분명히 하고 신중하게 하는 것이 이와 같았습니다. 『철종실록』권15. 부록. 「철종대왕 행장」

철종 2년(1851) 6월 9일 헌종대왕(憲宗大王)을 부묘(祔廟)한 후 진종대왕(眞宗大王)을 조천(祧遷)하는 전례(典禮)를 대신들에게

문의하였다.

　예조(禮曹)에서 헌종대왕(憲宗大王)을 부묘(祔廟)한 후 진종대왕
(眞宗大王)을 조천(祧遷)하는 전례(典禮)를 시임(時任)·원임(原任)
대신 및 외방에 있는 유현(儒賢)에게 수의(收議)하라는 명에 대
해 아뢰기를, "영부사(領府事) 정원용(鄭元容)은 말하기를 '오묘
(五廟)에서는 사친(四親)6)과 시조(始祖)를 제사하여 이소·이목(二
昭二穆) 이상은 조천(祧遷)하는 것이 상례(常禮)입니다, 제왕가(帝
王家)는 대통(大統)의 차서로서 대수(代數)를 삼아 진종(眞宗)에서
헌종(憲宗)에 이르기까지가 5세인데, 지금 성상(聖上)은 바로 헌
종(憲宗)의 사왕(嗣王)이니 헌종을 부묘(祔廟)하는 날에 진종을 5
세(世)로써 조천하는 것이 역시 상례(常禮)입니다. 만약 친서(親
序)로서 말한다면 월제(月祭)7)의 친속(親屬)으로서 협장(夾藏)8)의
제도를 행하는 것이 미안한 정이 있으나 반드시 선유(先儒)의
이끌어댈 만한 정론(定論)이 있고, 전대(前代)에 행한 전례(典禮)
의 근거가 있는 연후에야 비로소 의논해 행할 수가 있습니다'
라고 하였습니다.
　영의정 권돈인(權敦仁)은 말하기를 '종묘의 예는 계서(繼序)로
소목(昭穆)을 삼고 조주(祧主)를 옮기는 것은 오직 묘(廟)의 숫자
를 보아 하는 것이 바른 예입니다. 지금 우리 성상은 헌종의 통
서를 이어서 부자(父子)의 도(道)가 있으니 만약 진종(眞宗)의 묘
(廟)를 조천하지 않는다면 참으로 오묘(五廟)의 제도에 어긋남이
있어 불가할 듯합니다. 그러나 고조(高祖)와 증조(曾祖)는 조천하
는 데 들지 않은 것도 역시 바른 예입니다. 진종은 성상에게 황
증조(皇曾祖)가 되니, 지금 만약 조천한다면 이는 친등(親等)이
다하지 않았는데 조천한 것이어서 역시 불가합니다. 이는 중하

---

6) 사친(四親): 부(父)·조(祖)·증(曾)·고(高)
7) 월제(月祭): 매월 종묘에 제사지냄
8) 협장(夾藏): 협실(夾室)에 봉안(奉安)함

고 엄하기 짝이 없는 변례(變禮)이니 고금에 걸쳐서 확실히 근거할 만한 것이 없고 상(常)을 변경함에는 정례(情禮)에 힘을 써야 하는데 신처럼 어리석고 어두운 자가 감히 의논에 참여할 바가 아닙니다. 다만 주자(朱子)의 『조묘의장 祧廟議狀』을 상고하건대, 「형제(兄弟)를 각기 1세(世)로 하여 천자(天子)는 칠묘(七廟)로 하는 것이 예의 정법(正法)이다」 하였고, 조천을 논하기에 이르러서는 「송 태조(宋太祖)·송 태종(宋太宗)의 일세(一世)를 이세(二世)로 나누어 태묘(太廟)에 제사하는 것은 겨우 8세에 이르고 있어 크게 어긋나니 속히 개정하기를 청합니다」라고 한 것은 무엇 때문이겠습니까? 주묘(周廟)[9]의 제도(制度)는 징험할 수 없고 시왕(時王)의 전례(典禮) 역시 소중한즉 세대(世代) 수를 만약 나누거나 합쳐 묘제(廟制)가 혹 7 또는 9가 되는 것도 역시 시의(時宜)가 있어 옛일에 집착할 필요가 없음이 아니겠습니까? 그러므로 횡거 장씨(橫渠張氏)[10] 역시 말하기를 「고조(高祖)에서부터 아버지까지를 모두 제사하지 않을 수 없는데 만약 형제 몇 사람이 대립(代立)했을 경우 묘(廟)의 수로 확정하여 문득 제사하지 않음은 불가하다.」라고 하였던 것입니다. 지금 묘제(廟制)를 보면 비록 형제가 계서(繼序)한 것에 비의(比擬)해 의논할 수는 없으나 그 묘의 수가 한도에 찬 데 구애받지 않음은 근거로 끌어 대기에 족합니다. 더군다나 삼가 우리나라의 전례(典禮)를 상고해 보면 세종(世宗) 3년에 비로소 영녕전(永寧殿)을 짓고 목조(穆祖)를 조천하였는데 태묘(太廟)에 익조(翼祖) 이하 6실(室)이 되었으니 묘의 수에 구애받지 않은 것이 첫째입니다.

선조(宣祖) 2년에 비로소 인종(仁宗)을 문소전(文昭殿) 부제(祔祭)할 때 간원(諫院)이 「당초의 유훈(遺訓)에 따라 5실을 넘지 말아야 하니, 인종을 입부(入祔)하면 예종(睿宗)은 마땅히 조천해야

---

9) 주묘(周廟): 주(周)나라 종묘
10) 횡거 장씨(橫渠張氏): 송(宋)의 학자 장재(張栽)

한다」라고 하였습니다. 의논한 자들이 모두 말하기를 「인종으로 조(祖)를 삼고 명종(明宗)으로 고(考)를 삼는다면 비단 명실(名實)이 크게 어긋날 뿐만 아니라 예종은 당저(當宁)에게 있어 고조(高祖)의 친(親)인데 체천(遞遷)하기가 미안하다」라고 하여 마침내 차례로 올려 부(祔)하고 예종을 조천하지 아니하여 태조 이하부터 6실이 되었으니 묘의 수에 구애받지 않음이 두 번째입니다.

현종(顯宗) 2년에 효종(孝宗)을 부묘(祔廟)할 때 인종(仁宗)·명종(明宗)을 아울러 조천하였으나 효종(孝宗) 재위(在位) 때를 당해 인종 이하의 묘수가 5에 찼으나 인종을 조천하지 않았었는데 현종 초에 이르러서 비로소 명종과 함께 아울러 조천하였으니 묘의 수에 구애되지 않음이 셋입니다.

이는 모두 친등(親等)이 다하지 않으면 감히 갑자기 조천을 의논하지 못하였고, 일찍이 계서(繼序)를 각기 소목(昭穆)으로 하여 묘의 수가 5실에 찬 데 구애받지 않았던 것입니다. 오늘날의 예가 비록 형제로서 계서한 것에 비의해서는 안 되지만 형제를 각기 일세로 하는데 대해 주자(朱子)가 이미 예의 정법(正法)이라고 하였으니, 정법에 준(準)하여 그것이 계서(繼序)로 5세임은 마찬가지입니다. 열성조(列聖祖) 이래로 역시 어찌 정법을 버리고 6실(室)을 혐의하지 않았겠습니까? 대개 그렇게 하지 않으면 존귀한 사친(四親)을 묘향(廟享)하지 못하겠으므로, 대성인(大聖人)의 측달(惻怛)하고 인애(仁愛)하는 마음에서 상·변(常變)과 경·권(經權)의 중도를 짐작해 마련한 것이니, 역시 천하 후세에 할 말이 있는 것입니다. 어리석은 신은 고상(古常: 옛날의 상법 常法)을 지키어 혹은 천리(天理)·인정(人情)에 혐의가 있기보다는 차라리 우리 열성조께서 묘(廟)의 수에 구애받지 않으심을 우러러 지키는 것이 낫다고 생각합니다. 그렇게 하면 지극히 정미(精微)한 뜻에서도 장(張: 장재張栽)·주(朱: 주희朱熹) 두 현인이 묘의 숫자를 정하지 않은 본뜻도 잃어버리지 않을 것입니다'고 하였습니다.

판부사(判府使) 김도희(金道喜)는 말하기를 '진종대왕(眞宗大王)은 전하에게 증조(曾祖)의 친이 되는데, 친등(親等)이 다하지 않아서 조천을 의논함은 정리상 실로 미안합니다. 다만 제왕가(帝王家)는 승통(承統)을 중히 여기기 때문에 주자(朱子)가 주묘도(周廟圖)를 진달하여 주 효왕(周孝王)은 숙(叔)으로써 질(姪)을 이었으나 주 강왕(周康王)이 주 효왕의 증조인데도 응당 조천할 가운데 넣었습니다. 선정신(先正臣) 송시열(宋時烈) 역시 말하기를,「비록 형이 동생을 잇고 숙이 질을 계승하더라도 부자(父子)와 같이 각기 소목이 된다」라고 하였습니다. 지금 우리 전하께서는 헌종(憲宗)의 통서를 이었으니, 오묘(五廟)의 제도로써 거슬러 올라가 논하면 진종의 실(室)은 마땅히 세수(世數)의 밖에 듭니다. 주자의 의논과 선정(先正)의 논평이 오늘날 끌어댈 근거가 될 듯한데 종묘의 예는 엄경(嚴敬)하고 조천하는 의례(儀禮)는 신중해야 합니다' 라고 하였습니다.

판부사(判府事) 박회수(朴晦壽)는 말하기를 '왕자(王者)의 제도는 종통(宗統)을 중시하며 종묘의 예는 소목(昭穆)이 엄중한데 오묘(五廟)의 제도는 고금의 통의(通義)입니다. 지금 우리 성상께서는 헌종의 통서를 이어받아 사왕(嗣王)이 되었는데 헌종에서부터 위로 정조(正祖)까지 사묘(四廟)의 숫자가 이미 채워졌고 진종은 2소(昭) 2목(穆) 밖에 있으니, 마땅히 조천하는 것이 예입니다. 만약 친서(親序)로써 말한다면 진종은 전하에게 있어 황증조(皇曾祖)가 되어 친등이 다하지 않아 조천하는 것이 되니, 예(禮)로는 난중(難重)하고 근신하여야 하며 정(情)으로는 미안함이 있습니다. 그렇기 때문에 하순(下詢)함에 이르렀는데, 이는 왕조(王朝)의 막중하고 큰 전례(典禮)이며 존(尊)을 높이고 친(親)을 친하는 것은 서로가 다 중합니다. 만약 정례(情禮)를 절충하고 옛날의 전례(典禮)를 이끌어대지 못한다면 질사(質俟)[11]하는 뜻에 합당하지 못합니다' 하였습니다.

　좌의정(左議政) 김흥근(金興根)은 말하기를 '제후(諸侯)의 오묘는 2소 2목과 태조의 묘를 합쳐 다섯이니, 반드시 조천한 후 부묘하는 것이 바른 전례이며 묘(廟)의 통서(統序)입니다. 오직 전하로부터 소급하여 진종에 이르면 친등(親等)이 다하지 않아 조천에 의논할 바가 있게 됩니다. 그렇기 때문에 예신(禮臣)이 감히 마음대로 결단하지 못하고 널리 묻기를 청한 것입니다. 다만 생각하건대 역대(歷代)의 종묘 제도는 아우가 형을 잇고 숙부가 조카를 잇더라도 반드시 형과 조카가 각기 소목이 되어 종묘 안의 세수(世數)를 갖추게 되니, 이것이 이른바 묘통(廟統)입니다. 묘통은 문란시켜서는 안되기 때문에 비록 친속(親屬)이 차례에 어긋나더라도 승통(承統)을 중히 여기는 것입니다. 이로써 오늘날의 일을 헤아려 보면 진종의 조천은 소목을 부득이 등진(等進)하지 않을 수 없는 데서 말미암은 것입니다. 혹 그렇지 않고 종묘 안에 2소(昭) 2목(穆) 이외의 위(位)가 있다면 어찌 참으로 천만 미안하지 않겠습니까? 주 효왕(周孝王)은 숙(叔)으로써 질(姪)을 이은 임금인데, 주 부자(朱夫子)가 칠묘도(七廟圖)를 비의해 만들면서 조(祖)·고(考)·형(兄)·질(姪)을 사친(四親)으로 삼고 후직(后稷)·문왕(文王)·무왕(武王)과 함께 칠묘(七廟)의 숫자를 갖추었으며, 효왕의 증조 강왕(康王)은 체천하는 열(列)로 삼았습니다. 이것이 대현(大賢)께서 설파한 정론(定論)이어서 오늘날 거의 근거로 끌어댈 수 있는 것입니다' 하였습니다.

　우의정(右議政) 박영원(朴永元)은 말하기를 '왕이란 계서(繼序)와 승통(承統)을 중히 여기기 때문에 사군(嗣君)에게 있어 선군(先君)은 비록 부자(父子)의 친(親)이 아니더라도 부자의 도(道)가 있어 종묘 소목의 제도도 역시 이로 인하여 차서를 정하는 것입니다. 주자(朱子)가 체협(禘祫)에 대한 의논을 주묘도(周廟圖)에

11) 질사(質俟): 신명(神明)에게 질정(質正)하여도 의심이 없고 백세(百世)토록 성인(聖人)을 기다려도 미혹되지 않는다는 뜻임. 『중용 中庸』 29장에 보임

부쳐 진달하면서 효왕(孝王)은 숙으로써 질을 이어받았으나 의왕(懿王)을 소(昭)로 공왕(共王)을 목(穆)으로 삼았고, 성왕(成王)·강왕(康王)은 바로 고조 증조의 친등인데도 칠묘(七廟)에서 응당 조천하는 세대(世代)가 되었는데 소목으로는 겨우 소목 안에 있었습니다. 또 『묘의도설 廟議圖說』에서는 송(宋)나라 광종(光宗)이 신종(神宗)·철종(哲宗)·휘종(徽宗)·흠종(欽宗)·고종(高宗)·효종(孝宗) 6실을 친묘(親廟)로 하였고, 영종(英宗)은 5세(五世)로서 조천에 해당되었습니다. 주(周)나라에서 잇대어 조천한 일은 멀어서 고찰할 수 없으나 송(宋)나라는 희종(僖宗)·선종(宣宗) 2조(祖)를 아울러 조천했기 때문에 영종(英宗)은 끝내 조천되지 않았습니다. 그러나 주자의 서(書)에 거기 대한 설(說)이 매우 자세하여 예가(禮家)들이 정론(定論)을 삼고 있습니다. 지금 우리 전하께서는 헌종에게 있어 의리로서는 계체(繼體: 조상의 뒤를 이음)와 같으며 전례(典禮)로서는 아버지로 높이는 데에 엄중하니, 위로 거슬러 올라가면 진종의 묘실(廟室)은 세수(世數) 이외에 듭니다. 대저 2소(昭)·2목(穆)으로써 사친(四親)을 봉사(奉祀)하는 데 친등이 다하지 않아 조천하는 것은 변례(變禮)인 것입니다. 오직 전중(傳重)을 통(統)으로 삼기 때문에 친(親)을 친하는 것이 존(尊)을 높이는 것을 해치지 않는 것입니다. 오늘날의 예는 마땅히 한결같이 주자의 의논을 따라야 할 뿐입니다' 하였습니다.

좨주(祭酒) 홍직필(洪直弼)은 말하기를 '이 예만은 효정전(孝定殿)의 속칭(屬稱)과 서로 시종(始終)이 되기 때문에 입을 다물고 가만히 있을 수가 없어 이에 감히 다 진달하겠습니다. 전하께서는 헌종에게서 업적을 계승하고 소중한 자리를 전해 받았으니 부자의 이름은 없으나 부자(父子)의 도(道)가 있습니다. 그래서 예묘(禰廟: 아버지의 사당)라 부르고 사왕(嗣王)이라 일컬으며 치상(致喪)하는 제례(制禮)를 다하고 양암(諒闇)의 의리를 행하여 존경하고 엄중함이 계체(繼體)와 다름이 없습니다. 그러니 오묘의 세대 수를 한결같이 부자 소목의 예를 따를 뿐입니다. 삼가 『주자대전 朱子大全』을 상고하건대 체협의(禘祫議)는 주세수도(周世數圖) 및 사시협도(四時祫圖)에 실려 있습니다. 효왕(孝王) 때 의왕(懿王)은 좌소(左昭)에 있고 공왕(共王)은 우목(右穆)에 있었는데, 의왕은 바로 공왕의 아우로서 형제가 각기 소목이 된 것이고, 효왕은 바로 의왕의 숙(叔)인데도 세서(世序)는 부자(父子)와 다름이 없었습니다. 주자가 항상 송(宋)나라의 묘제(廟制)를 한탄하여 형제가 서로 계승하는 자를 합쳐 1세(世)로 한 것을 예(禮)의 말단(末端)이라 하였으며, 그 의장(議狀)에서는 태조(太祖)를 목(穆)으로 삼아 주(周)의 문왕(文王)에 비의하고, 태종(太宗)을 소(昭)로 삼아 주의 무왕(武王)에 비의했습니다. 또 이르기를, 「철종(哲宗)은 목(穆)이 되고, 휘종(徽宗)은 소(昭)가 되며 흠종(欽宗)은 목이 되고 고종(高宗)은 소가 된다」라고 하였는데, 태조·태종과, 철종·휘종과 흠종·고종은 형제가 되는데도 각기 실(室)을 두어 제사한다고 한 것입니다.

선정신(先正臣) 송시열(宋時烈)이 일찍이 조묘소(祧廟疏)를 올려 의논하였는데, 역시 말하기를, 「제왕가(帝王家)는 승통을 중히 여기기 때문에 비록 형이 아우를 잇고, 숙(叔)이 질(姪)을 잇더라도 부자(父子)와 같아 각기 소목이 된다. 『춘추 春秋』로써 말하더라도 노 민공(魯閔公)은 동생이요 희공(僖公)은 형인데도 공자(孔子)가 쓰기를, 희공을 제(躋)한 것에 역사(逆祀)를 비난한 것이다. 주자(朱子)가 형제를 각기 1세로 하여 부자(父子)와 같게 하기를 청하였다. 지금 우리 인종(仁宗)·명종(明宗)은 친등은 비록 형제이나 의리(義理)로서 부자이니 앞으로 영녕전(永寧殿)에 천봉(遷奉)할 때에 그 소목을 둘로 하여 이미 과거(過去)에 미안스러웠던 일을 바로잡아야 한다」고 하였고, 선정신(先正臣) 이재(李縡)도 또한 송(宋)나라 장제현(張齊賢)이 이른바, 「형제가 계승한 경우에는 역시 소목의 열에 옮겨야 한다는 것은 옳다」고 하였습니다. 공자·주자의 가르침으로 헤아려 보고 선정의 논의를 참고해 보면, 우리 전하께서는 진종대왕을 마땅히 5세(世)의 수에 준(準)하여 조천하는 의례가 예의 뜻에 부합될 듯 싶습니다. 이는 이른바 천리(天理)를 지켜 인륜(人倫)을 바로잡고 회통(會通)을 보아 전례(典禮)를 행한다는 것입니다' 하였습니다.

부사직(副司直) 성근묵(成近默)은 말하기를 '이번 종묘의 변례(變禮)는 일의 창시(創始)에 예가 다른데 조천해서는 부당한 것을 조천하고, 올려서는 부당한데도 올린다면 모두 예를 잃는 것입니다. 신과 같이 학식이 없는 자가 어찌 감히 그 사이에 한마디라도 말을 하겠습니까?' 하였습니다. 대신과 유현의 의논이 모두 이와 같으니, 주상께서 결단하시기를 청합니다" 하니,

비답하기를, "이는 중대한 전례(典禮)인데 한두 가지 논의가 어긋남이 없지 않다. 2품(二品) 이상 및 현재 유신(儒臣)에게 다시 수의(收議)하여 들이라" 하였다. 『철종실록』권3. 2년 6월 9일

【철종 가계도】

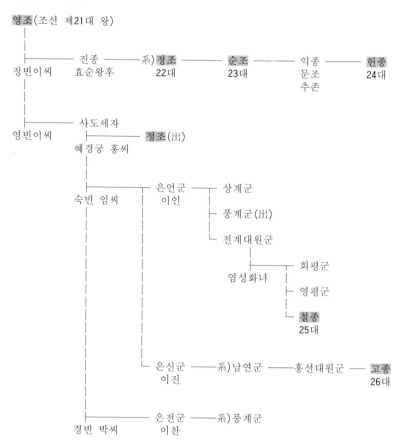

영조(조선 제21대 왕)

정빈이씨 ── 진종 ── 系)정조 ── 순조 ── 익종 ── 헌종
　　　　　　효순왕후　　22대　　23대　　문조　　24대
　　　　　　　　　　　　　　　　　　　　　추존

영빈이씨 ── 사도세자 ── 정조(出)
　　　　　혜경궁 홍씨

숙빈 임씨 ── 은언군 ── 상계군
　　　　　　이인　├─ 풍계군(出)
　　　　　　　　　└─ 전계대원군
　　　　　　　　　　　　├─ 회평군
　　　　　　　　　　염성화녀 ├─ 영평군
　　　　　　　　　　　　└─ 철종
　　　　　　　　　　　　　　25대

　　　　　└─ 은신군 ── 系)남연군 ── 흥선대원군 ── 고종
　　　　　　이진　　　　　　　　　　　　　　　　　26대

경빈 박씨 ── 은전군 ── 系)풍계군
　　　　　이찬

※ 본서 부록 290쪽 참조

순원대비(純元大妃)는 다시 대왕 대비의 자격으로 강화(江華)의 유배되어 있던 사도세자(思悼世子) 서자(庶子) 은언군(恩彦君) 인(䄄)의 손자 원범(元範)을 순조(純祖)에게 입승(入承)케 하여 보위(寶位)에 오르게 하고 다시 수렴청정(垂簾聽政)을 반포하여 대권(大權)을 장악한다. 상식(常識)으로는 도저히 이해할 수 없는 엄청난 패예(悖禮)이었다. 순식간에 벌어진 이런 사태로 이제 겨우 서울에 와 한숨 돌릴 틈도 없었던 추사(秋史)는 그저 얼이 빠져서 과연 권력이란 이런 것이었던가 하고 아연실색(啞然失色)하고만 있었을 것이다. 그러나 화색(禍色)은 박두(迫頭)하여 7월 13일에는 헌종(憲宗)의 총신(寵臣)이었던 수제자 신관호(申觀浩)가 유배되고 다음해 철종(哲宗) 원년(1850) 12월 6일에는 조인영이 69세를 일기로 한을 품은 채 타계한다. 이에 반안김파(反安金派)에서도 이런 패악(悖惡)을 좌시(坐視)할 수 없었던지 철종(哲宗) 2년 6월 9일에 영의정 권돈인이 진종조례(眞宗祧禮) 문제에서 그 조천(祧遷)의 불가(不可)를 주장한다.

철종(哲宗)의 대수(代數: 위차位次)로 따지면 고조(高祖)에 해당하여 진종(眞宗)의 신주(神主)를 당연히 천묘(遷廟)해야 하지만 철종(哲宗)의 항렬(行列: 세차世次)을 보면 진종(眞宗)이 증조(曾祖)에 해당되므로 그 신주(神主)를 옮기는 것이 부당하다는 것이다. 이는 안동 김씨의 무법천단(無法擅斷)에 대한 항변의 의미를 가지는 것으로 철종의 등극이 항렬(行列)에 맞지 않아 정당치 못하다는 사실을 지적한 말이었다. 안동 김씨들은 권돈인을 낭천(狼川)에 부처(付處)하고(7월 13일) 추사(秋史)가 이 주장의 배후 발설자라 하여 다시 추사를 함경도(咸鏡道) 북청(北靑)으로 유배(流配) 시키며 그의 두 아우인 명희(命喜), 상희(相喜)를 향리(鄉里)에 방축(放逐)하여 추사일가(秋史一家)를 서울에서 쫓아낸다. 그리고 나서 안동 김씨들은 이해 윤(閏) 8월 24일 순원대비(純元大妃)의 8촌 남제(男弟) 김문근(金汶根, 1801~1863)의 따님(15세)으로 왕비(王妃) 간택을 끝내어 9월 25일 책비례(冊妃禮)를 끝내니 다시 세도의 기틀은 튼튼하게 되었다.

이에 12월 28일에는 순원대비(純元大妃)가 형식상 수렴청정을 거두는데 이제는 세도를 대비의 하나밖에 남지 않은 막내 동생 김좌근(金左根)에게 주어 김흥근(金興根), 김병기(金炳冀, 18 18~1875)와 함께 안동 김씨를 이끌게 한다. 이렇게 안동 김씨 세도가 다시 반석 위에 놓이자 이들은 곧 다음해 8월 14일에 추사와 권돈인을 방송(放送)한다. 워낙 저지른 일이 상식에 어긋난 것이고 그들의 명망이 여론을 자극할 우려가 있었기 때문이었다. 그리고 추사의 측근인사들을 회유하기 시작하여 이학수(李鶴秀)를 평안감사(平安監司)와 병조판서(兵曹判書)의 요직에 기용하고 추사의 북청 유배시 그를 돌보도록 함경감사(咸鏡監司)로 보내었던 윤정현(尹定鉉, 1793~1874)도 이조판서로 불러올리며 신관호(申觀浩)도 무주(茂州)로 이배(移配)하여 사면(赦免)의 뜻을 비친다. 최완수『간송문화』30집.「추사실기」

추사 김정희 선생 고택
충남 예산군 신암면 용궁리 799-2 소재

▓ 은언군 신원

21세인 철종 2년(1851) 은언군(恩彦君)의 신유년(순조1, 1801)의 무안(誣案)이 중국에 계류되어 있었는데, 이때에 이르러 사신(使臣)을 보내어 진주(陳奏)하여 변정(辨正)의 허락을 받았다. 그리고 익평군(益平君) 이희(李曦)에게 그 제사를 주관하게 하였고, 풍계군(豊溪君)의 사판(祠版)을 은전군(恩全君)에게 입계(入繼)하여 후사(後嗣)로 두게 하였다.

20세인 철종 1년(1850) 11월 12일 은언군(恩彦君)의 변무사(辨誣事)를 논의하였다.

은언군(恩彦君)의 변무사(辨誣事)로 시임·원임 대신들에게 수의(收議)하니, 조인영(趙寅永)이 말하기를, "이 일이 아직껏 논의할 겨를이 없었다는 것은 또한 늦은 감이 있습니다. 전사(專使)를 보내어 특주(特奏)함에 있어서 어찌 사행(使行)이 잦은 것으로써 구애를 하겠습니까?" 하였고, 정원용(鄭元容)·권돈인(權敦仁)·김도희(金道喜)·박회수(朴晦壽)도 모두 의논이 같으니, 비답하기를, "대신들의 의논이 이러하니, 정관(政官)을 패초(牌招)하여 사신을 차출케 하라" 하였다. 『철종실록』권2. 1년 11월 12일

21세인 철종 2년 1월 22일 은언군(恩彦君)의 신유년(순조1, 1801)의 일을 변무(辨誣)하는 주문(奏文)은 다음과 같다.

은언군(恩彦君)의 신유년의 일12)을 변무(辨誣)하는 주문(奏文)에

---

12) 신유년의 일: 은언군 이인(李䄄)이 순조 1년(1801) 천주교(天主敎) 박해 때 신자로 몰려 배소(配所)에서 죽은 일

대략 이르기를, "신(臣)의 아비 선각왕(宣恪王)은 어린 나이에 왕위를 이었는데 영의정 심환지(沈煥之)가 어려운 때를 당해 위복(威福)을 마음대로 하는 권병(權柄)을 훔쳐 국가에 변이 있음을 다행으로 여기면서 이 때를 틈탈 만하다고 여겼습니다. 이듬해 신유년에 신의 본생조(本生祖) 은언군(恩彦君) 인(䄄)이 제일 먼저 그 칼날을 받았는데 그때 우리나라에는 불행하게도 사학(邪學: 천주교)의 옥(獄)이 있게 되었습니다. 심환지의 무리들이 신의 본생조도 역시 사교(邪敎)에 물들었다고 말하면서 감히 천만 이치에 닿지 않는 지목(指目)을 하고, 천만 이치에 맞지 않는 죄를 씌워 이 옥사에 몰아 넣어 싸잡아 죽임을 당하였으니, 공의(公議)가 아직껏 사라지지 않고 있습니다. 온 나라가 그를 위해 슬퍼하자 급히 겸제(箝制: 꼼짝 못하게 함)하여 감히 의논하지 못하게 하고, 그후에 또 반드시 천청(天聽)에 알려 천하에 폭로하고자 하여 마침내 무함하여 주문(奏聞)하는 일까지 있게 되었습니다. 다만 우리나라에서 전후 주어(奏御)한 글 역시 내부(內府)의 편집(編輯)하는 반열(班列)에 갖추어져 있으니 일의 허실과 주문의 진위(眞僞)는 오로지 우리나라에 달려 있습니다. 이제 만약 단지 신유년의 무함한 주문만을 의거하여 말한다면, 효경(梟獍)[13]이 되고 귀역(鬼蜮)[14]이 되었으니 비록 헌경(軒鏡)[15]이 높이 달리고 우정(禹鼎)[16]이 모습을 드러우더라도 어떻게 남김없이

---

13) 효경(梟獍): 효는 어미를 잡아먹는 올빼미, 경은 아비를 잡아먹는 파경(破獍)이라는 짐승. 흉악하고 은혜를 저버리는 사람을 비유하는 말로 쓰임
14) 귀역(鬼蜮): 귀신과 물여우. 물여우가 모래를 입에 물고 있다가, 물에 비치는 사람의 그림자에 뿌리면 그 사람이 병에 걸리는데, 물여우는 귀신과 같이 그 형태를 볼 수 없다 함. 한편으로 음흉한 사람을 일컫는 말로도 쓰이는데, 여기에서는 이러한 뜻으로 쓰였음
15) 헌경(軒鏡): 헌원경(軒轅鏡)을 말함이니 황제 헌원씨(皇帝軒轅氏)가 서왕모(西王母)와 만나 큰 거울 12개를 만들어 달마다 바꾸어 사용했는데 이것이 거울을 만든 시초가 됨. 『비사유편 稗史類編』에 보임
16) 우정(禹鼎): 우(禹)임금이 구주(九州)의 쇠를 거두어 구주를 상징해 만들었다는 아홉 개의 솥

다 통촉하시겠습니까? 감히 신의 본생조(本生祖)가 신유년에 망극하게 무함 당한 것을 가지고 눈물을 뿌리며 진문(陳聞)하니, 살펴주시기 바랍니다" 하였다. ─ 대제학 서기순(徐箕淳)이 지어 올린 것이다 ─『철종실록』권3. 2년 1월 22일

1월 25일 진주 사은사 김경선(金景善) 등이 하직인사를 하기에 불러 보았다.

　진주 사은사(陳奏謝恩使) ─ 정사(正使)는 김경선(金景善), 부사(副使)는 이규팽(李圭祊), 서장관(書狀官)은 이승수(李升洙)이다 ─와 황해 감사(黃海監司) 홍기섭(洪耆燮)을 불러 보았으니, 사폐(辭陛)한 때문이다.『철종실록』권3. 2년 1월 25일

21세인 철종 2년(1851) 5월 23일 사행을 마치고 돌아온 주청 정사 김경선 등에게 가자하였다.

　하교하기를, "사행(使行)의 일이 순조롭게 이루어졌으니, 뜻을 보이는 일이 없어서는 안된다. 주청 정사(奏請正使) 김경선(金景善), 부사(副使) 이규팽(李圭祊), 서장관(書狀官) 이승수(李升洙)를 아울러 가자(加資)하라" 하였다.『철종실록』권3. 2년 5월 23일

이날 대왕 대비가 억울한 일을 해결했으므로 은언군 내외의 사판에 치제(致祭)하도록 하였다.

　대왕 대비전에서 하교하기를, "50년 동안 억울하였던 일을 펴서 이제 유감이 없게 되었으니, 모두 주상(主上)의 성의에서 나오지 않은 것이 없다. 은언군 내외의 사판(祠版)에 정경(正卿)을 보내어 치제하게 하라" 하였다.『철종실록』권3. 2년 5월 23일

▓ 김문근의 따님을 왕비로 맞아들이다.

21세인 철종 2년(1851) 9월에는 대왕 대비의 근친 김문근(金汝根)의 딸을 왕비(明純王后)로 맞았다. 그 뒤 김문근이 영은부원군(永恩府院君)이 되어 국구로서 왕을 돕게 되니 순조 때부터 시작된 안동 김씨의 세도정치가 또 다시 계속된 셈이었다.

9월에 안동 김씨(安東金氏)를 왕비(王妃)로 책봉했는데, 영은 부원군(永恩府院君) 충순공(忠純公) 김문근(金汝根)의 따님입니다. 승지(承旨)를 보내어 문충공(文忠公) 김수항(金壽恒) 이하 4대의 사판(祠版)에 제사지내게 하고서 이르기를, '주량(舟梁: 임금의 친영親迎)의 예(禮)가 이루어졌으니, 더욱 그 충정(忠貞)하여 경사를 쌓은 데의 보답임을 증험할 수 있다' 하고, 대원군(大院君)의 사우(祠宇)에 작헌례(酌獻禮)를 거행하고 문묘(文廟)에 나아가 알성례(謁聖禮)를 거행하였습니다. 『철종실록』권15. 부록. 「철종대왕 행장」

56 김문근의 따님을 왕비로 맞아들이다.

【안동 김씨 김창집 후손을 중심으로】

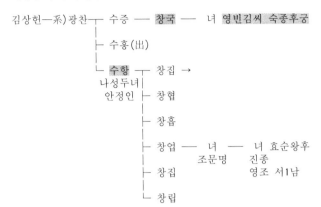

김상헌—系)광찬┬ 수증 ── 창국 ── 녀 영빈김씨 숙종후궁
          │
          ├ 수흥(出)
          │
          └ 수항 ┬ 창집 →
          나성두녀│
          안정인 ├ 창협
             │
             ├ 창흡
             │
             ├ 창업 ── 녀 ── 녀 효순왕후
             │   조문명   진종
             ├ 창집   영조 서1남
             │
             └ 창립

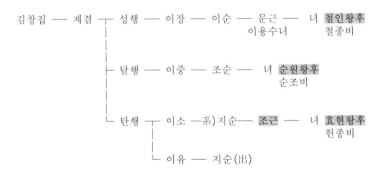

김창집 ── 제겸 ┬ 성행 ── 이장 ── 이순 ── 문근 ── 녀 철인왕후
          │   이용수녀   철종비
          │
          ├ 달행 ── 이중 ── 조순 ── 녀 순원왕후
          │   순조비
          │
          └ 탄행 ┬ 이소 ─系)지순 ── 조근 ── 녀 효현왕후
                │   헌종비
                └ 이유 ── 지순(出)

※ 본서 부록 295쪽 참조

철종 2년(1851) 윤8월 3일 희정당(熙政堂)에서 중궁전(中宮殿)의 초간택(初揀擇)을 거행하였다.

철종 2년 윤8월 13일 희정당에서 중궁전의 재간택(再揀擇)을 거행하였다. 윤8월 24일 중궁전의 삼간택(三揀擇)을 거행하여 김문근(金汶根)의 딸로 정하였다.

희정당에서 중궁전(中宮殿)의 삼간택(三揀擇)을 거행하였다. 대왕 대비전에서 대혼(大婚)을 김문근(金汶根) 집에 정하라고 명하고, 이어 하교하기를, "주량(舟梁: 임금의 성혼)의 예(禮)를 이미 정하였다. 4세(世)의 충정(忠貞)한 의열(義烈)을 어찌 이루 추념(追念)할 수 있겠는가? 임인년(경종2, 1722)에 절의(節義)를 세운 여러 집안을 모두 특별히 절혜(節惠: 시호諡號)의 은전(恩典)을 내렸는데 하물며 이 집안이겠는가? 증 찬성(贈贊成) 김제겸(金濟謙)은 시장(諡狀)을 기다리지 말고 시호를 의논할 것이며, 증 이조 참의(贈吏曹參議) 김성행(金省行)에게는 찬성(贊成)을 더 추증하되 일체 시장을 기다리지 말고 시호(諡號)를 의논하라" 하였다. 『철종실록』권3. 2년 윤8월 24일

철종 2년 9월 21일 인정전(仁政殿)에 나아가 납징례(納徵禮)를 행하였다. 9월 24일 인정전에 나아가 고기례(告期禮)를 행하였다. 9월 25일 책비례(冊妃禮)를 행하였다. 9월 27일 본궁(本宮)에 나아가 친영(親迎)하였다.

58 김문근의 따님을 왕비로 맞아들이다.

동궐도의 창덕궁 희정당(熙政堂)

▓ 철종의 친정

철종은 22세인 철종 3년(1852)부터 친정(親政)을 하였다.

임자년(철종3, 1852)에 대왕 대비께서 수렴청정(垂簾聽政)을 거두었으므로 임금이 비로소 친히 기무(機務)를 재결하였으며 대왕 대비의 존호를 더 올려 선휘(宣徽)라고 하였습니다.『철종실록』권15. 부록.「철종대왕 행장」

21세인 철종 2년(1851) 12월 28일 대왕 대비가 오늘부터 수렴 청정(垂簾聽政)을 거둔다고 하교하였다.

시임·원임 대신과 국구(國舅)를 희정당에서 불러 보았다. 대왕 대비전에서 말하기를, "오늘부터 마땅히 수렴청정(垂簾聽政)을 그만두기 때문에 유시를 내리지 않을 수 없다. 천지 사이에 다시 어찌 나와 같은 환경을 당한 자가 있겠는가? 이미 지나간 일은 이제 와서 차마 말할 수 없거니와 기유년(헌종15, 1849)의 승하(昇遐)한 변을 당하여 어찌 잠시라도 세상에 살고 싶은 생각이 있었겠는가? 단지 종사(宗社)를 위하는 계책으로 마음을 억누르고 슬픔을 참았었다. 오직 우리 주상(主上)이 임어(臨御)하여 종사가 다시 안정되었으니, 불행 중 다행하기 그지 없다. 주상은 춘추(春秋)가 이제 벌써 한창때여서 모든 정사(政事)를 총람(總攬)할 수 있으니, 어찌 이보다 더 경사스럽고 다행한 일이 있겠는가? 내가 여러 모로 어쩔 수 없는 형세로 인하여 이런 모든 부당한 일을 담당한 것이 3년이 되었다. 돌아보건대 어찌 일찍이 하루라도 마음이 편안하였겠는가? 이제는 정력(精力)이 미치지 못해 예사로운 일도 검찰(檢察)할 수가 없다. 비록 정력이 쇠하지 않았다 하더라도 지금은 오히려 이런 기무(機務)에서 벗어나야 하는데, 더군다나 이 모양으로, 어찌 하루라도 억지로 하겠는가? 주상이 친히 총람하는 것은 국가의 큰 경사이니, 기쁜 마음이 어찌 끝이 있겠는가? 나의 수렴하고 유시하는 것을 오늘로 마치니, 여러 대신은 반드시 우리 주상을 잘 보필하라" 하였다.

또 하교하기를, "내가 오늘에 이르기를 기다린 것은 어찌 부질 없이 그랬겠는가? 바로 대전(大殿)을 위해서였으며, 대전을 위함은 바로 종사(宗社)를 위한 것이었소. 그래서 지금까지 그대로 해 왔으나 지금은 주상의 범절(凡節)이 무슨 일인들 못하겠는가? 모름지기 사양하지 말고 오직 백성과 나라를 생각하여 조심하고 삼가서 잘해 나가면 비단 나의 마음이 기쁠 뿐만 아니라 하늘에 계신 조종(祖宗)의 영혼 역시 반드시 기뻐하실 것이오. 주상의 아름다운 소문이 날로 넘쳐 조야(朝野)의 신민(臣民)이 함께 태평을 누리는 것이 소망이니, 후일 항상 내 말을 생각하여 털끝만큼도 방심하지 말고 끝가지 조심하오. 생각건대 이제 춘추가 정성(鼎盛)하여 전일에 비할 바가 아니니, 무슨 일인들 친히 총람하지 못하겠소? 이는 내가 깊이 생각한 일이니 반드시 잘 다스리도록 하오. 주상이 생각해 보오. 이 백성들은 모두 대전(大殿)을 우러르는 자들이며, 나라는 백성을 의지하고 백성들은 나라를 의지하는 것이오. 매양 큰 추위와 더위나 비에 시달리는 괴로움을 생각한다면 어느 때인들 잊을 수가 있겠는가? 마음을 이에 두고 잘 사랑하고 돌보도록 하오" 하고,

또 하교하기를, "오늘부터 수렴 청정을 거두니 크고 작은 공사(公事)는 한결같이 주상이 총람하여 결단하는 것을 듣도록 하되, 근검(勤儉)으로서 세속을 이끌고 관엄(寬嚴)으로 중인(衆人)을 다스리며, 게다가 오직 하늘을 공경하고 열조(列祖)를 본받아 우리 백성을 보호하오. 이것이 우리 열조(列祖)의 가법(家法)이니, 주상은 힘쓰도록 하오. 조정의 신하들이 우리 주상을 착한 데로 인도하며, 우리 주상을 바르게 보필하는 데 이르러서는 죄가 있고 없음은 내가 비록 늙었더라도 듣지 못하고 살피지 못할 이

치가 있겠는가? 나의 본심은 비단 조정의 신하뿐만 아니라 비록 미천한 사람이라 할지라도 오히려 죄에 걸리어들까 두려워하는 것이다. 진실로 용서하기 어려운 죄에 이르면 우리 성상(聖上)이 나의 근심하는 마음을 본받아서 결코 털끝만큼도 용서할 이치가 없을 것이다. 대소의 조정 신하들은 각기 조심하여 혹시 조금이라도 소홀함이 없도록 하라" 하였다. 『철종실록』권3. 2년 12월 28일

▦ 재해와 구휼

22세인 철종 3년(1852) 3월 27일 화재가 난 함경도 민가에 영흥 부사를 위유사로 차하하여 조처를 하게 하였다.

　하교하기를, "지금 북백(北伯: 함경도 관찰사)의 장계를 보건대 민가(民家)의 화재(火災)로 6백여 호(戶)가 불타고, 민명(民命)이 화상을 입어 죽은 자가 3명이나 된다고 하니, 지극히 놀랍고 참혹함을 진실로 말하고 싶지 않다. 이제 궁핍한 봄의 민정(民情)을 돌아보건대, 그 황급함을 말하지 않아도 알 수 있는데, 몇백 호가 일시에 화재를 당하여 허다한 백성들이 사방으로 유리(流離)하게 되었으니, 그 광경을 생각하면 진실로 참혹하고 불쌍할 뿐만이 아니다. 영흥 부사(永興府使)를 위유사(慰諭使)로 차하(差下)하고, 급히 달려가서 화재를 당한 형편을 일일이 두루 살펴서 집을 짓고 살 수 있는 모든 방책을 잘 헤아려 조처(措處)하게 하고, 대호(大戶)·중호(中戶)·소호(小戶) 또한 잘 헤아려서 하되, 먼저 경상 납조(京上納條)로써 속히 분급(分給)하여 며칠 안에 안도(安堵)시킨 뒤에 즉시 치계(馳啓)하도록 하라. 비록 영읍(營邑)의 구급(救急)이 있더라도 스스로 별반(別般)의 진휼이 아니면, 하소연할 데 없는 가엾은 백성들이 그 무엇으로써 용신(容身)할 곳을 마련할 수 있겠는가? 제반 조처를 묘당(廟堂)에서 다시 신칙하도록 하라" 하였다. 『철종실록』권4. 3년 3월 27일

그리고 이날 화재가 난 안의현(安義縣) 민가(民家)에 회부곡(會付穀)을 나누어 주고 집을 지을 수 있도록 재목(材木)을 베어주게 하였다.

　하교하기를, "이번 영백(嶺伯)의 장계(狀啓)를 보건대 안의현(安

義縣) 민가(民家)에서 실화(失火)하여 이처럼 많은 피해를 당해서 화상(火傷)을 입은 자가 4인이나 된다고 한다. 허다한 백성들이 궁핍한 봄에 먹고 살기조차 어려운데, 또 그 거처(居處)마저 잃고 유랑하고 있으니, 장차 어떻게 안접하겠는가? 원휼전(原恤典) 이외의 회부곡(會付穀)을 넉넉하게 주고, 이어서 도백(道伯)으로 하여금 그 현재(縣宰)에게 관칙(關飭)하여 재목(材木)을 베어 줌으로써 속히 집을 짓고 들어가 거처할 수 있게 할 것이며, 불에 타서 죽은 사람은 생전의 신환포(身還布)를 진례에 따라 탕감(蕩減)하도록 하라" 하였다. 『철종실록』권4. 3년 3월 27일

철종 3년(1852) 4월 19일에는 함흥부(咸興府)의 화재로 타버린 집에 휼전(恤典)을 주었다.

철종 3년(1852) 10월 12일에는 천재지변이 발생하자 찬선(饌膳)을 감하고 음악을 거두고서 교서(教書)를 내려 자신을 책망하였으며 군하(群下)에게 자신의 궐실(闕失)을 극언(極言)하도록 명하였습니다. 이런 뒤부터 재침(災祲)을 당하면 그때마다 이와 같이 하였다.

하교하기를, "천도(天道)는 아득히 멀어도 그 응(應)하는 것은 매우 쉽다. 요즈음 태백성(太白星)의 변이(變移)를 운관(雲觀)에서 잇따라 보고하고 있으므로, 내가 밤낮으로 근심하고 있는 즈음에 어제 오늘에는 때아닌 비가 내려 이미 지극히 상리(常理)에 어긋났는데, 갑자기 천둥 번개의 재앙이 또 겨울철에 발생하였으니 더욱 두려운 마음을 금할 수가 없다. 인애(仁愛)한 하늘은 반드시 까닭이 있어서인데, 스스로를 돌아보건대 그 연유는 실로 나의 허물에 있는 것이다. 국사(國事)가 판탕(板蕩)하고 기강(紀綱)이 해이(解弛)함도 이것이 나 때문이며, 인심(人心)이 흩어지고 생령(生靈)이 곤궁(困窮)한 것도 나 때문이니, 재앙을 만나

수성(修省)하여 상천(上天)의 위엄 있는 경계에 진실로 보답하는 것만한 것이 없다. 오늘부터 3일 동안을 한하여 정전(正殿)을 피하고 감선(減膳)·철악(撤樂)하겠으니, 위로는 대관(大官)으로부터 모든 지위에 있는 자는 궐실(闕失)을 극언(極言)하여 은휘(隱諱)함이 없게 하라" 하였다. 『철종실록』권4. 3년 10월 12일

철종 3년(1852) 12월 25일 관서(關西)에 흉년이 들자 선혜청(宣惠廳)의 돈 5만 냥과 사역원(司譯院)의 삼포세(蔘包稅) 6만 냥을 대여(貸與)하여 구제하였다.

희정당에서 차대하였다. 좌의정 이헌구(李憲球)가 아뢰기를, "선혜청(宣惠廳)의 전문(錢文) 5만 냥(兩)과 사역원(司譯院)의 포세전(包稅錢) 6만 냥을 특별히 관서(關西)에 빌려 주도록 허락하여 굶주리는 백성을 구제하고 감영(監營)의 모양을 일신(一新)하게 하소서" 하니, 그대로 따랐다. 『철종실록』권4. 3년 12월 25일

이밖에도 흉년과 가뭄이 들때마다 구휼에 힘썼다.

─ 철종 4년(1853) ─ 관서(關西)에 흉년이 들자 선혜청(宣惠廳)의 돈 5만 냥과 사역원(司譯院)의 삼포세(蔘包稅) 6만 냥을 대여(貸與)하여 구제해 살렸습니다. …

여름에 가뭄이 극심해지자 정전(正殿)을 피하고서 하교하기를, '돌아보건대 나는 부덕한 몸으로 외람되이 큰 기업(基業)을 이어받았으므로 이른 아침부터 밤늦게까지 근심하고 두려워하면서 감히 편안할 겨를이 없었다. 그런데 지금 이 대단한 가뭄은 어찌하여 발생한 것인가? 민생(民生)이 곤궁하여 지쳐 있는데도 이를 잘 구제(救濟)하지 못하였고 법령(法令)의 시행이 옹알(壅遏)되었는데도 이를 잘 진작(振作)시키지 못하였으며 재곡(財穀)이 다 없어졌는데도 잘 절약하지 못하였고 탐욕 많은 관리가

횡행하는데도 이를 잘 징치(懲治)하지 못하였으니, 첫째도 과매 (寡昧)한 나의 죄요, 둘째도 과매한 나의 죄이다' 하였습니다. 대신(大臣)들이 면려하는 차자(箚子)를 진달하고 이어 관직에서 물러가기를 청하니, 임금이 이르기를, '재생(災眚)이 발생한 것은 나의 부덕함에 연유된 것이다. 경(卿) 등에게야 무슨 잘못이 있겠는가?' 하면서 윤허하지 않았습니다. 대신(大臣)들이 재용(財用)을 절약하고 탐묵(貪墨)을 징치(懲治)할 것을 계속 권면하니, 임금이 이르기를, '재곡(財穀)이 없어졌는데도 절약하지 못했다는 것은 진실로 그러한 것이지만 탐묵스런 관리들이 횡행하여도 징계되어 두려워하는 것이 없다는 것은 무슨 까닭인가? 팔도(八道)의 전최(殿最)[17]를 가지고 살펴보건대 잘 다스리지 않은 사람이 없으니, 아마도 도백(道伯)이 잘 모르고서 이렇게 한 것인가?' 하였습니다. …

영남(嶺南)에 흉년이 들자 백금(白金)·단목(丹木)·백반(白礬)을 나누어 주면서 이르기를, '백성들의 일을 생각하니 침식(寢食)이 편안하지 않다' 하였습니다.

― 철종 7년(1856) 병진년 ― 여주(驪州)에 황재가 발생하여 1천여 가호(家戶)가 연소(延燒)되자 사자(使者)를 보내어 위유(慰諭)하고 구제하여 주었으며, 내탕(內帑)의 은자(銀子)와 단목(丹木)을 하사하였습니다.

함흥(咸興)에 또 화재가 발생하자 여주(驪州)의 경우와 같이 내탕전(內帑錢)을 하사하였는데, 금년에 진공(進貢)한 용전(茸錢) 3천 냥을 더 제급(題給)하여 주었습니다.

7월에 영남(嶺南)에 큰 물이 지자 사자(使者)를 보내어 위유(慰諭)하고 하교하기를, '휼전(恤典)에 쓰인 공곡(公穀)을 비록 회감(會減) 하도록 하였으나, 이것만으로는 나의 마음을 놓을 수가

---

17) 전최(殿最): 감사(監司)가 수령의 치적을 심사하여 정부에 보고하던 우열(優劣)

없다. 내탕(內帑)의 백금(白金) 2천 냥과 단목(丹木) 2천 근과 호초(胡椒) 2백 근을 반하(頒下)하라' 하였습니다.

▨ 산림 초빙

23세인 철종 4년(1853) 7월 23일 유현(儒賢) 송내희(宋來熙)·
김병준(金炳駿)·송달수(宋達洙)·조병덕(趙秉悳)을 불렀고, 뒤에
또 임헌회(任憲晦)·이민덕(李敏德)을 불렀으나 모두 나오지 않
았다.

송내희(宋來熙, 1791~1867)의 본관은 은진(恩津), 자는 자칠
(子七), 호는 금곡(錦谷)이다. 아버지는 군수 송계정(宋啓楨)이다.
헌종 4년(1838) 경연관(經筵官)에 임명되었다. 이 후 사헌부의
장령(掌令)·집의(執義) 등을 거쳐 뛰어난 학행을 인정받아 철
종 4년(1853)에 성균관좨주(成均館祭酒)에 천거되었다. 부호군
(副護軍)을 거쳐 철종 8년(1857)부터 10년 가까이 대사헌을 여
러 차례 지내고 뒤에 찬선(贊善)에 이르렀다.

송달수(宋達洙, 1808~1858)의 본관은 은진(恩津), 호는 수종재
(守宗齋)이다. 송시열(宋時烈)의 8대손으로, 아버지는 송흠학(宋
欽學)이며, 어머니는 진사 정치환(鄭致煥)의 따님 연일 정씨(延
日鄭氏)이다. 송치규(宋穉圭)의 문인이다. 교관(敎官)을 거쳐 헌
종 13년(1847) 6품직에 올랐고, 철종 3년(1852)에는 경연관(經筵
官)·사헌부의 지평(持平)·장령(掌令)을 역임하였으며, 이어서
부호군(副護軍)을 역임하고 철종 6년 승지에 이어 이조참의에
이르렀다. 학문에 힘써 예학과 성리학에 밝았다. 성리학에 있

어서는 주로 이이(李珥)의 설을 따랐으며, 인물동이론(人物同異論)에서는 인물동성(人物同性)을 주장하는 낙론(洛論)을 지지하였다.

　　조병덕(趙秉悳, 1800~1870)의 본관은 양주(楊州), 자는 유문(孺文), 호는 숙재(肅齋), 시호는 문경(文敬)이다. 동지중추부사 최순(最淳)의 아들이다. 일찍이 홍직필(洪直弼)과 오희상(吳熙常)의 문하를 출입하며 학문을 닦았다. 철종 3년(1852) 음보(蔭補)로 지평이 되고, 철종 10년(1859) 경연관이 되었다. 이어 이조참의를 거쳐 호조참판에 이르렀다. 동문의 임헌회(任憲晦) 등과 병칭되던 한말의 거유였으며, 성리학자로도 이름이 높았다. 이재(李縡)·김원행(金元行)으로 이어지는 학맥을 홍직필에게서 이어받아 문하의 김병창(金炳昌) 등에게 전수한 중심인물이었다.

　　임헌회(任憲晦, 1811~1876)의 본관은 풍천(豊川), 자는 명로(明老), 호는 고산(鼓山)·전재(全齋)·희양재(希陽齋)이다. 시호는 문경(文敬)이다. 아버지는 임천모(任天模)이며, 어머니는 홍익화(洪益和)의 따님 남양 홍씨(南陽洪氏)이다. 송치규(宋穉圭)·홍직필(洪直弼) 등의 문인이다. 철종 9년(1858) 효릉참봉(孝陵參奉)에 임명되었으나 부임하지 않았고, 철종 12년(1861) 조두순(趙斗淳) 등의 천거로 경연관에 발탁되었으나 역시 소를 올려 사직하였다. 고종 1년(1864) 장령·집의·장악정(掌樂正)이 되었고, 이듬해 호조참의가 되었다. 이 때 만동묘(萬東廟)의 제향을 폐지하라는 왕명이 내려지자 절대 부당함을 재삼 상소하여 다시 제향하게 하였다. 고종 11년(1874) 이조참판에 임명하고 승지를 보내어 나오기를 청하였으나 상소하여 사직하였다. 그 뒤 대사헌·좨주 등에 임명되었다. 경학과 성리학에 조예가 깊어 낙론(洛論)의 대가로서 이이(李珥)·송시열(宋時烈)의 학통을 계승 하여 그의 제자인 전우(田愚)에게 전수하였다. 윤용선(尹容善)의 주청으로 내부대신에 추증되었다. 연기의 숭덕사(崇德祠)에 봉향되었다.

안양사(安陽祠)
간재(艮齋) 전우(田愚)를 모신 사당
충남 태안군 근흥면 안기리 소재

▦ 대왕 대비 탄일 ― 기로정시

24세인 철종 5년(1854) 5월 1일에는 대왕 대비의 탄신일을 맞이하여 기로과(耆老科)를 설행(設行)하였는데, 춘당대(春塘臺)에 나가서 자질(子姪)들이 기로(耆老)들을 부축하고 과장(科場)으로 들어올 것을 허락하였으며 드디어 방방(放榜)하였다. 그리고 기로 당상(耆老堂上)의 아내에게도 모두 의백(衣帛)을 하사하였다.

대왕 대비의 탄신월이라 표리(表裏)와 치사 전문(致詞箋文)을 올리고 기로 정시(耆老庭試)에 시취할 것을 하교하였다. 하교하기를, "동조(東朝: 대왕 대비)께서 탄생하신 달이 이르렀으니, 나 소자(小子)의 강릉(岡陵)[18]과 같은 수복을 축원하는 마음이 해마다 더욱 간절하여진다. 모든 경사를 꾸미는 의식과 절차는 우러러 겸양하는 충심(衷心)을 본받아 비록 감히 장대(張大)하게 하지는 못하더라도, 이번 15일은 대내(大內)에서 친히 표리(表裏)와 치사 전문(致詞箋文)을 올리겠다. 의절(義節)을 해조(該曹)로 하여금 마련하여 올리게 하라. 또 생각건대 복(福)을 거두어 여러 사람에 펴는 것은 영묘조(英廟朝)의 성사(盛事)가 있으니, 마땅히 그날 기로인(耆老人)의 문무과(文武科)에 몸소 임하여 시취(試取)하겠다. 또한 한성부로 하여금 66세 이상 된 사람은 호적을 상고하여 단자(單子)를 거두고, 방방(放榜)은 지난 예에 의하여 당일에 거행하며, 처소(處所)는 춘당대(春塘臺)로 하라" 하였다. 『철종실록』권6. 5년 5월 1일

---

18) 강릉(岡陵): 『시경 詩經』 소아(小雅) 천보편(天保篇)의 여강여릉(如岡如陵)에서 나온 말로서, 하늘이 보우(保佑)하여 구릉(丘陵)과 같이 고대(高大)한 수복(壽福)을 누린다는 뜻

철종 5년 5월 15일 춘당대(春塘臺)에서 나아가 기로 정시(耆老庭試)를 행하였다.

춘당대(春塘臺)에 나아가 기로 정시(耆老庭試)를 행하여, 문과(文科)에 서응순(徐膺淳) 등 6인을 뽑고, 무과(武科)에 심휘태(沈徽泰) 등 8백 44인을 뽑았으며, 이어서 방방(放榜)을 행하였다. 하교하기를, "문무(文武) 갑·을과(甲乙科)는 모두 가자(加資)하고, 첨지(僉知)·오위장(五衛將)을 가설(加設)하여 단부(單付)하라" 하였으며, 이어서 기로 당상(耆老堂上)의 처(妻)에게 의백(衣帛)을 해조(該曹)로 하여금 전례를 참조하여 수송(輸送)하라고 명하였다. 『철종실록』권6. 5년 1월 15일

▓ 경모궁 존호 추상

24세인 철종 5년(1854) 11월 3일 경모궁(景慕宮: 장조莊祖)의 재회갑(再回甲: 120년)이 다가오니 존호를 추상하는 일에 대해 의논하였다.

시·원임 대신(時原任大臣)·예조 당상(禮曹堂上)·영은 부원군(永恩府院君)을 소견(召見)하고 전교(傳敎)하기를, "오늘 동지(冬至)에 경(卿)들을 인견(引見)한 것은 전례(典禮)를 의논하려 함이다. 내년 을묘년(철종6, 1855)은 곧 경모궁(景慕宮)께서 탄생하신 지 재회갑(再回甲)이 되니, 나 소자(小子)의 추모하는 마음이 갑절이나 간절하다. 마땅히 존호(尊號)를 추상(追上)하려 하는데, 이때에 미처 의논하여 행하는 것이 예절에 맞는지 경 등의 생각은 어떠한가?" 하니, 영부사(領府事) 정원용(鄭元容) 등이 말하기를, "지금 물으신 것은 우리 정묘(正廟)께서 천양(闡揚)하신 뜻을 따르는 것이니, 정리(情理)와 예의(禮儀)에 잘 맞습니다" 하였다. 전교하기를, "내년 을묘년은 우리 경모궁(景慕宮)께서 탄생하신 지 재회갑이 된다. 정묘께서 그 당시에 행했던 뜻과 일을 우러러 본받고 나 소자(小子)의 무궁(無窮)한 정리(情理)를 굽어 생각하니, 이제 만분의 일이라도 추모함은 오직 아름다운 덕을 천양하여 14년을 섭정(攝政)하신 성대한 일을 환히 드러내고 을묘년(정조19, 1795)에 이미 갖추어진 성전(晠典)을 계승(繼承)하는 데 있다. 여러 대신의 뜻이 이미 같으니, 비궁(閟宮: 종묘宗廟)에 존호(尊號)를 추상(追上)하는 의절(儀節)과 포고(布告)하는 거사는 예조(禮曹)로 하여금 의식(儀式)을 상고하여 거행하도록 하라. 탄신일(誕辰日)에는 마땅히 작헌례(酌獻禮)를 행하고, 이어서 친히 책인(冊印)[19]을 올리겠으니, 제반 절차를 이에 의하여 마련(磨鍊)하도록 하라" 하였다. 또 전교(傳敎)하기를, "금번 하례(賀禮)를

받는 절차는 친히 책인을 올린 다음날에 마련하도록 하라” 하
였다.『철종실록』권6. 5년 11월 3일

철종 5년 11월 6일에 장헌세자(莊獻世子)와 혜빈(惠嬪)의 존호
를 올렸다.

빈청(賓廳)에서 아뢰기를, “추상 존호(追上尊號)를 의정(議定)하
였는데, 장헌세자(莊獻世子)의 존호(尊號)는 찬원 헌성 계상 현희
(贊元憲誠啓祥顯熙)로 망(望)하고, 혜빈(惠嬪)의 존호(尊號)는 유정
(裕靖)으로 망(望)하였습니다” 하였다.『철종실록』권6. 5년 11월
16일

25세인 철종 6년(1855) 1월 21일 경모궁(景慕宮)에 나아가 책
인(冊印)을 올리고, 이어 작헌례(酌獻禮)를 행하였다.

그리고 익정공(翼靖公) 홍봉한(洪鳳漢) 내외(內外)의 사판(祠版)
에 승지를 보내어 치제(致祭)하라고 명하였다.

다음날 1월 22일 인정전(仁政殿)에 나아가 하례(賀禮)를 받고
교서(教書)를 반포하였다.

---

19) 책인(冊印): 옥책(玉冊)과 금보(金寶)로, 제왕 또는 후비(后妃)의 존호(尊
號)를 올릴 때에 송덕문(頌德文)을 새긴 간책(簡冊)을 옥책, 추상(追上)하는
존호를 새긴 도장을 금보라 함

함춘원지(含春苑址) 함춘문(含春門). 사적 제237호
서울시 종로구 연건동 서울대학교 의과대학 내(內)
이곳은 창경궁의 부속 동산이자, 조선 후기 정조의 아버지 사도세자의 사당
인 경모궁(景慕宮)의 옛 터이기도 하다. 경모궁이 세워지기 전의 함춘원은
창경궁 동쪽의 후원(後苑)이었다. 정조는 즉위년(1776)에 아버지인 사도세자
의 사당을 함춘원으로 이전하고, 이름을 경모궁으로 고쳤다. (내용출전: 함
춘원지 안내판)

▓ 인릉·수릉과 휘경원 천봉

25세인 철종 6년(1855)에 철종은 일찍이 인릉(仁陵)·수릉(綏
陵)·휘경원(徽慶園)[20]의 택조(宅兆)가 풍수(風水)에 맞지 않는다
는 이유로써 비로소 기전(畿甸) 지역의 원근(遠近) 지방을 두루
살펴보도록 명하였는데, 이해에서부터 또 몸소 서쪽으로는 희
릉(禧陵)까지와 동북쪽으로는 광릉(光陵)까지를 간심(看審)하면
서 산등성이와 언덕을 오르내리는 것을 괴롭게 여기지 않았다.

철종 6년(1855) 8월에 수릉(綏陵)을 건원릉(健元陵)의 국내(局
內)로 천장(遷葬)하였고, 10월에는 휘경원(徽慶園)을 순강원(順康
園)의 오른쪽 산등성이로 천장(遷葬)하였다.

철종 6년 1월 18일 인릉(仁陵)과 수릉(綏陵)과 휘경원(徽慶園)
의 천봉(遷奉)에 대해 논의하였다.

시임(時任)·원임(原任)의 대신(大臣)들과 영은 부원군(永恩府院
君)을 소견하고, 하교하기를, "인릉(仁陵)의 능침(陵寢)을 봉안(奉
安)한 지 21년이나 오래 되었다. 들리는 바에 의하면 외의(外議)
가 서로 논쟁하고 있다고 하니, 나의 마음이 송구스럽다. 마땅
히 어떻게 하면 좋겠는가? 자성(慈聖)께서도 이런 내용으로 하
교하셨지마는, 일이 지극히 중차대한 데에 관계되므로, 경 등과
상의하여 결정해서 행하려 한다" 하니, 영부사(領府事) 정원용
(鄭元容) 등이 말하기를, "지금 자교(慈敎)는 지성(至誠)에서 나온
것이고, 연석(筵席)에서의 하교는 성효(聖孝)가 감동된 것이니,

---

20) 인릉(仁陵): 순조(純祖)의 능(陵). 수릉(綏陵): 익종(翼宗)의 능(陵)
　　휘경원(徽慶園): 순조 생모(生母)인 수빈 박씨(綏嬪朴氏) 묘

흠앙(欽仰)을 금할 수 있겠습니까? 그러나 지극히 중대하고 매우 신중을 기해야 할 일이니, 우선 술업(術業)이 정명(精明)한 사람을 널리 구하여 상세히 간심(看審)하게 한 후에야 행할 수 있겠습니다" 하였다.

하교하기를, "수릉(綏陵)과 휘경원(徽慶園)에 대해서도 흡족하게 여기지 않는 외의(外議)가 많이 있다고 하는데, 이제 또 자교를 받들었다. 대례(大禮)는 차례로 행해야 할 것인데, 경들의 의견은 또 어떠한가?" 하니, 정원용 등이 말하기를, "수릉과 휘경원에 대해서는 과연 세상의 사의(私議)가 많이 있습니다. 이제 인릉의 간산(看山)이 있을 적에 함께 심정(審定)하는 것이 좋을 것 같습니다" 하였다.

또 하교하기를, "수릉과 휘경원을 천봉(遷奉)하는 일은 이미 자교를 받들었으니, 2품 이상의 관원은 모두 헌의(獻議)하도록 하라" 하니, 지중추부사(知中樞府事) 서희순(徐憙淳) 등의 헌의가 모두 같았다. 하교하기를, "조정의 의논이 또 이와 같으니, 인릉(仁陵)의 천봉(遷奉)은 내년을 기다려 결정하여 거행하고, 수릉(綏陵)과 휘경원(徽慶園)의 천봉은 길일(吉日)을 가려서 거행하도록 하라" 하였다. 『철종실록』권7. 6년 1월 18일

철종 6년(1855) 8월 16일 수릉(綏陵)의 현궁(玄宮)을 파내고 함인정(涵仁亭) 앞뜰에서 망곡(望哭)하였다.

8월 19일 수릉(綏陵)의 빈전(殯殿)에 나아가 전알(展謁)하고 친히 진향(進香)을 행하였다.

수릉(綏陵)의 빈전(殯殿)에 나아가 전알(展謁)하고, 이어 친히 진향(進香)을 행하였다. 진향문(進香文)에 이르기를, "삼가 소자(小子)는 늦게 태어나서 황형(皇兄)의 성명(盛明)한 시기를 미처 보지 못했습니다만, 스스로 옛날 노고(勞苦)하셨던 때의 어지신 소

문을 추송(追頌)하였고 유화(遺化)에 흠뻑 젖었습니다. 자성(慈聖)
의 명지(明旨)를 받들어 보위(寶位)에 올라 예(禮)를 행하여 온
지 이제 7년에 이르렀습니다. 삼조(三朝)와 만기(萬機)의 여가에
모훈(謨訓)을 경독(敬讀)하니 황형의 심법(心法)이 거기에 있었고,
도사(圖史)를 열람하여 보니 황형의 수택(手澤)이 새로웠습니다.
이번 선침(仙寢)을 다시 천봉(遷奉)하는 예(禮)를 더할 수 없이
근신(謹愼)하여야 하는 것은 소자의 마음이 헌종(憲宗)의 마음과
같고, 또한 우리 두 자전(慈殿)께서 10년 이래로 마음을 가누지
못하고 조심하면서 잠시도 해이한 적이 없었기 때문입니다. 복
지(卜地)가 진실로 좋은 곳이어서 이에 여덟 능(陵)의 영혼이 달
빛 아래 노니는 자리이니, 신리(神理)와 인정(人情)에 거의 유감
이 없게 되었습니다. 이는 또 황형의 효성에 감동된 소치이니,
황형께서 보이지 않는 가운데 도와준 것입니다. 더구나 휘경원
(徽慶園)과 인릉(仁陵)의 면봉례(緬奉禮)가 동시에 있게 되었으니,
이는 선후(先後)가 우리 동조(東朝)의 고충(苦衷)과 지성(至誠)에
연유된 것인데, 소자는 어김없이 봉승(奉承)한 것뿐입니다. 또한
황형의 마음을 나의 마음으로 삼아 생각하니, 옛날의 슬픔과 새
로운 그리움을 스스로 억제할 수가 없습니다" 하였다. 『철종실
록』권7. 6년 8월 19일

8월 26일 수릉(綏陵)의 현궁(玄宮)을 내릴 때와 우제(虞祭) 때
에 망곡(望哭)을 행하였다.

25세인 철종 6년(1855) 9월 28일 휘경원(徽慶園)의 현실(玄室)
을 파내고 함인정(涵仁亭) 앞뜰에서 망곡(望哭)을 행하였다.

10월 6일 휘경원(徽慶園)의 발인을 행하였다.

수릉 홍살문과 정자각
경기도 구리시 인창동 동구릉(東九陵) 내

휘경원 전경
경기도 남양주시 진접읍 부평리

26세인 철종 7년(1856) 2월 22일 인릉(仁陵)을 헌릉(獻陵)의 오른편 언덕으로 천봉하도록 하였다.

철종 7년 9월 1일 인릉(仁陵)을 천봉할 때 모화관(慕華館)에 나아갔다가 현궁(玄宮)을 내린 뒤에 환궁할 것을 하교하였다.

임금이 하교(下敎)하기를, "인릉(仁陵)을 천봉(遷奉)할 때에 마땅히 모화관(慕華館)에 나아가서 대여(大轝)를 영곡(迎哭)하고, 그대로 따라 신릉(新陵)에 나아갔다가 현궁(玄宮)을 내린 뒤에 환궁(還宮)하겠다" 하였다. 『철종실록』권8. 7년 9월 1일

철종 7년 10월 6일 인릉(仁陵)을 발인(發引)하였다. 10월 11일 인릉(仁陵)을 현궁(玄宮)에 내릴 때와 우제(虞祭)를 지낼 때에 망곡(望哭)하였다.

10월에는 인릉(仁陵)을 헌릉(獻陵)의 오른쪽 산등성이에 천봉(遷奉)했는데, 능을 파낸 처음부터 임금께서 재계(齋戒)하는 마음으로 조심하는 것을 초상(初喪) 때처럼 하였으며, 영여(靈轝)가 이르자 행전(行殿)에서 영곡(迎哭)하였습니다. 이어 신릉(新陵)의 빈전(殯殿)에 나아가 친히 향(香)과 제문(祭文)을 찬진(撰進)했는데, 그 내용이 너무도 애절하고 정성스러워서 봉독(奉讀)한 사람은 모두 눈물을 흘렸습니다. 복토(復土)를 하고 나서는 기전(畿甸)의 백성들이 역사(役事)한 노고를 생각하여 절식(折式)을 준용(準用)해서 양세(兩稅)를 견감시켜 주었습니다. 『철종실록』권15. 부록. 「철종대왕 행장」

인릉 전경
서울특별시 서초구 내곡동 소재

▩ 전계대원군 묘소 이전

25세인 철종 6년(1855) 10월 26일 아버지 전계대원군의 묘소를 옮길 포천 땅을 간산(看山)하게 하였다.

> 말로써 하교하기를, "전계대원군(全溪大院君)의 묘소(墓所)를 장차 포천(抱川) 땅에 새로 점지(占地)하려고 하니, 영은 부원군(永恩府院君)과 총융사(摠戎使)는 내일 나아가서 간산(看山)하고 오도록 하라" 하였다. 『철종실록』권7. 6년 10월 26일

전계대원군 이광(李壙)은 사도세자의 아들이자 정조(正祖)의 이복동생인 은언군(恩彦君) 이인(李裀, 1754~1801)의 3남이다.

순조 1년(1801) 3월 16일에 신유사옥(辛酉邪獄)에 자신의 어머니 송낙휴(宋樂休)의 딸 여산 송씨(礪山宋氏, 1753~1801)와 형수인 신오(申墺)의 딸 평산 신씨(平山申氏)가 청나라 신부 주문모(周文謨)로부터 영세 받은 사실이 발각되어 도주하다 붙잡혀, 송씨·신씨는 함께 강화도에서 사사되었다. 5월 29일에는 강화도에 천극되어 있던 아버지 은언군도 사사되었다. 이와같이 그는 부모와 형·형수의 죄로 연좌되어 강화부 교동으로 쫓겨나 불우한 일생을 빈농으로 보냈다. 1849년 헌종이 후사없이 죽어 그의 셋째아들 덕완군(德完君) 원범(元範)이 철종으로 등극하자 전계대원군에 추봉되었다.

【전계대원군 가계도】

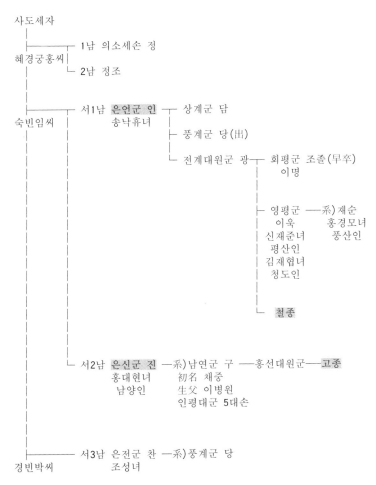

사도세자
├─── 1남 의소세손 정
혜경궁홍씨│
│   └ 2남 정조

├─── 서1남 **은언군 인** ─┬ 상계군 담
숙빈임씨│   송낙휴녀   │
│   │   ├ 풍계군 당(出)
│   │   │
│   │   └ 전계대원군 광 ─┬ 회평군 조졸(무卒)
│   │   │   이명
│   │   │
│   │   ├ 영평군 ──系)재순
│   │   │   이욱   홍경모녀
│   │   │ 신재준녀   풍산인
│   │   │ 평산인
│   │   │ 김재협녀
│   │   │ 청도인
│   │   │
│   │   └ **철종**
│   │
│   └ 서2남 **은신군 진** ─系)남연군 구 ──홍선대원군──**고종**
│   홍대현녀   初名 채중
│   남양인   生父 이병원
│   인평대군 5대손
│
├─── 서3남 은전군 찬 ─系)풍계군 당
경빈박씨   조성녀

※ 본서 부록 291쪽 참조

26세인 철종 7년(1856) 1월 17일 철종이 경우궁(景祐宮)에 나아가 전배(展拜)하고, 이어 전계대원군(全溪大院君)의 사우(祠宇)에 나아가 전배하였다.

철종 7년 3월 15일 전계대원군(全溪大院君)·완양 부대부인(完陽府大夫人) 묘소(墓所)에서 출구(出柩)할 때에 명정문(明政門) 밖 금천교(禁川橋)에서 망곡(望哭)하였다.

3월 21일 철종이 전계대원군·완양 부대부인의 옛 묘소(墓所)에 나아가서 전배(展拜)하고 다례(茶禮)와 저녁 상식(上食)을 행하였으며, 이어 은언군(恩彦君)의 묘소에 나아가 전배하였다.

3월 24일 전계대원군·완양 부대부인의 발인(發靷)을 할 때에 망곡(望哭)하였다. 3월 26일 안장(安葬)할 때에 망곡(望哭)하였다.

3월에 아버지 전계대원군(全溪大院君)과 어머니 완양부 대부인(完陽府大夫人)의 묘소를 포천(抱川)으로 천봉(遷奉)하였는데, 춘조(春曹: 예조)에 명하여 관곽(棺槨)의 재목을 갖추게 하고 장생전(長生殿)21)에서 택송(擇送)하게 하였습니다. 『철종실록』권15. 부록. 「철종대왕 행장」

철종 7년 4월 11일 광릉(光陵: 세조 능)에 나아가 전배(展拜)하고 전계대원군의 묘소에서 작헌례(酌獻禮)를 행하고는, 이어 하룻밤을 유숙하였다.

---

21) 장생전(長生殿): 왕실용(王室用) 또는 대신(大臣)에게 지급하는 관곽(棺槨)을 보관하는 곳

광릉 전경
경기도 남양주시 진전읍 부평리 산100-1 소재

▓ 과거 부정

26세인 철종 7년 2월 28일 임금이 춘당대(春塘臺)에 나아가 삼일제(三日製)[22]를 행하였다. 그리고 다음날 29일 임금이 입격(入格)한 유생(儒生)을 소견(召見)하였다.

3월 2일 사간(司諫) 신지정(辛志鼎)이 과시(科試)의 폐단에 대해 상소하였다.

사간(司諫) 신지정(辛志鼎)이 상소(上疏)하였는데, 대략 이르기를, "과시(科試)의 폐단은 거의 구제할 묘책이 없겠습니다. 주사(主司)는 공명(公明)하다는 일컬음이 적고 선비들은 조진(躁進)의 폐습(弊習)에 치달리어 매양 한번 과장(科場)을 치르고 나면 문득 한층 더 물의(物議)를 더하게 됩니다. 삼가 생각건대 우리 전하(殿下)께서 폐단(弊端)의 근원을 통찰(洞察)하시고 자주 밝은 명령을 내리시어 십행(十行)의 사륜(絲綸: 조칙詔勅)이 부월(鈇鉞)보다 엄하였는데도 저 문과(文科) 이소(二所)의 방(榜)이 나온 뒤에 이르러서는 여정(輿情)이 화협(和協)하지 않고 물론(物論)이 아주 놀래고 있으니, 신(臣)은 생각하기를 이소(二所)의 여러 시관(試官)들은 한결같이 찬배(竄配)의 형법을 시행해야 된다고 여깁니다" 하니, 비답하기를, "만일 그대의 말과 같다고 하면 나의 말은 한갓 공문(空文)만 허비한 셈이다. 저들이 군언(君言)을 뜻으로 삼지 않고 낭자(狼藉)하게 사정(私情)만 행한다면 어떻게 팔도(八道)의 선비에게 믿음을 받겠는가? 해완(駭惋)함을 참지 못하겠으니, 청한대로 시행토록 하라" 하였다. 『철종실록』권8. 7년 3월 2일

---

22) 삼일제(三日製): 오순절제(五巡節製)의 하나로, 3월 초사흗날에 보이는 과거

그리고 이날 과시하는 날에 위패(違牌)[23]한 양사를 삭직하게
하였다.

임금이 하교(下敎)하기를, "양사(兩司)에서 과시(課試) 날에 위패
(違牌)하니, 이것이 어찌 법(法)의 뜻이겠느냐? 그렇다면 시정(時
政)의 득실(得失)을 어떤 길로써 들을 수가 있겠는가? 위패한 양
사를 모두 삭직(削職)하는 형전을 시행토록 하라" 하였다. 『철종
실록』권8. 7년 3월 2일

4월 4일 철종이 춘당대(春塘臺)에 나아가 별시(別試)[24]의 문과
(文科)·무과(武科)의 전시(殿試)[25]를 행하여, 문과에서 유학(幼
學) 이후선(李後善) 등 3인을 뽑고 무과에서 한량(閑良) 홍학주
(洪鶴周) 등 21인을 뽑았다.

이당시 과거 부정이 만연하자 부정에 대해 엄단할 것을 명
하였다.

임금께서는 선거(選擧)에 엄중히 하였는데, 철종 7년(1856) 병
진년 별시(別試)에 이르러 하교하기를, '옛날의 좌주(座主)들은
인재를 발탁하여 국가의 수용(需用)이 되게 했는데, 지금은 그렇
지 않아서 단지 관절(關節)과 분경(奔競)만 알 뿐이다. 그리고 거

---

23) 위패(違牌): 승지가 왕명이 적힌 패를 가지고 신하를 불렀으나 어기고
오지 않는 것
24) 별시(別試): 본래 식년시(式年試) 외의 과시는 모두 별시였는데, 뒤에
제도가 확장되어 증광시(增廣試)·정시(庭試)·알성시(謁聖試) 등의 이름이
고정되면서 이러한 과시 외에 중시(重試)의 대거(對擧)나 나라에 경사가
있을 때 보이는 과시를 뜻하게 되었음
25) 전시(殿試): 복시(覆試)에서 선발된 문무과(文武科) 급제자들에게 임금이
몸소 보이는 과거. 복시의 합격으로 과거의 급제는 결정되고, 전시는 다
만 급제의 순위를 정할 뿐임

실(巨室)의 자제(子弟)들은 한 글자의 글도 읽지 않았는데도 부형(父兄)들이 그 두각(頭角)을 딱하게 여겨 극력 주선하고 있으니, 이것이 어찌 인재를 수습(收拾)하는 방법이겠는가? 이번의 계칙이 있은 뒤에도 사정(私情)을 쓰는 자가 있으면 마땅히 과장률(科場律)로써 다스리겠다' 하니, 유사(有司)들이 놀라 두려워하였습니다.『철종실록』권15. 부록.「철종대왕 행장」

▨ 대비께 진하와 진연을 올리다

철종 8년(1857) 정사년에 자성(慈聖: 순조비 순원왕후)의 보령(寶齡)이 69세에 오르고 왕대비(익종비 신정왕후)의 보령도 50세에 올랐다는 이유로써 원조(元朝)에 몸소 전문(箋文)과 표리(表裏)를 올렸으며, 3월에는 통명전(通明殿)에서 찬선(饌膳)을 진상하고서 하교하기를, '복을 거두어 널리 베풂에 있어서는 의당 서민(庶民)들에게 먼저 해야 할 것이다' 하고, 경조(京兆: 한성부漢城府)의 오부(五部) 가운데에서 기유생(己酉生)인 사서인(士庶人)에게 쌀과 솜을 반급(頒給)하도록 명하였다.

26세인 철종 7년(1856) 11월 24일 좌의정 김도희(金道喜)가 대왕 대비전이 칠순(七旬)에서 한 살을 앞두고 왕대비전(王大妃殿)이 5순(五旬)이 됨으로 존호와 작을 올릴 것을 청하였다.

시임(時任)·원임(原任) 대신(大臣)과 예조(禮曹)의 당상관(堂上官)을 소견(召見)하였으니, 청대(請對)하였기 때문이었다. 좌의정(左議政) 김도희(金道喜) 등이 말하기를, "양덕(陽德)[26]이 잠잠한 속에서 밝고 천휴(天休)[27]가 더욱 닥쳐오게 되었습니다. 오늘은 곧 명년(明年)의 아세(亞歲, 동지冬至)요, 명년은 곧 우리 동방(東方)의 더할 수 없이 크게 경사스러운 해입니다. 대왕 대비전(大王大妃殿)께서 성수(聖壽)가 무강(無彊)하시어 칠순(七旬)에서 또 한 살을 사이에 두셨고, 왕대비전(王大妃殿)의 보령(寶齡)이 5순(五旬)에 올랐으니 5순에 경사를 치르는 것은 본래부터 우리 왕

---

26) 양덕(陽德): 만물을 생장 발육시키는 덕
27) 천휴(天休): 하늘의 착한 명령

가(王家)의 이전(彝典)으로 되어 있습니다. 하례를 드리고 존호(尊號)를 올리는 등의 절차를 마땅히 전례(前例)와 같이 거행해야 할 것입니다. 그리고 우리 동조(東朝: 대왕 대비)의 보산(寶筭: 나이)이 더욱 높아가니, 전하(殿下)께서 부모의 연세를 알고 세월이 가는 것을 애석하게 여기시는 성효(誠孝)로써 모든 경사를 꾸미고 아름다움을 드러내는 방도를 다하지 아니할 수 없을 것입니다. 옛적 영조조(英祖朝)에서 3년을 연이어 인원 성모(仁元聖母)께 존호(尊號)를 가상(加上)하고 또 1년에 두 번 올린 예(例)도 있었습니다. 주상(主上)으로부터의 호(號)를 받을 때를 당해서는 먼저 대비전(大妃殿)에 청(請)을 올려서 허락을 얻고 따르기를 힘쓴 것도 또한 두 차례였습니다. 지금 우리 태모(太母)의 위대한 공로와 성렬(盛烈)은 하늘과 더불어 끝이 없어서 융숭한 봉양을 갖추어 받으시고 높은 연세 타고 나시어 장차 7순에 오를 시기에 임(臨)하셨습니다. 때마침 왕대비전(王大妃殿)께서 만 5순의 경사를 만났으니 영조조에서 먼저 진청(陳請)한 예를 참조하여 끌어댈 만한 것이 있는데, 하물며 전하께서 유양(揄揚) 보답(報答)하는 효사(孝思)가 갈수록 더욱 지극해지는 일이겠습니까? 이 경사를 꾸밀 아름다운 기회를 당하여 마땅히 현호(顯號)를 가상(加上)하는 일이 있어야 할 것이므로, 온 나라의 여정(輿情)도 같지 않는 것이 없으니, 삼가 원하건대 전하께서는 양전(兩殿)에 우러러 품고(稟告)하여 존호(尊號)를 올리고 작(爵)을 드리는 예(禮)를 세수(歲首)에 좋은 날을 골라서 거행토록 명령하소서. 이것이 신 등의 구구(區區)한 소망입니다” 하니, 임금이 말하기를, “비로소 승순(承順)과 문구(文具)의 뜻으로써 나의 마음을 다 깨우쳐 주었으니, 경(卿)들도 또한 다 알 것이라고 생각한다” 하였다.

김도희가 말하기를, “지금 존호를 올리는 일이 어찌 그 풍공(豐功)·성렬(盛烈)의 만분지일(萬分之一)을 칭찬할 수가 있겠습니까? 곧 지금 칠순에서 단지 한 살을 간격하였고 또 그 사이에 중환(重患)을 겪고서 즉시 평복(平復)되셨으니, 실로 국가의 큰 경사요, 신민(臣民)의 큰 복입니다. 영조조에서 3년을 연달아 존호를 올릴 때에는 비록 현저(顯著)한 일이 없어도 오히려 이와 같이 했는데, 하물며 금일에는 두 가지 경사가 더욱이 큰 것이 있는 것이겠습니까?" 하니, 임금이 말하기를, "나의 마음으로는 동조(東朝)의 존호(尊號)를 어찌 거행하지 않고자 하겠는가마는, 동조께서는 언제나 겸손하여 자신을 억제함이 이와 같으시니, 아랫사람의 도리로서는 승순함이 합당할 듯하기 때문에 이와 같이 하교한 것이다" 하였다. 김도희가 말하기를, "전하께서 자전(慈殿)께 앙품(仰稟)하시고 성심(誠心)을 힘써 쌓으신다면, 어찌 겸양(謙讓)하는 성심(聖心)으로써 전하의 무궁(無窮)한 성의(誠意)를 막겠습니까? 빨리 힘써 따르게 하소서" 하고, 박회수(朴晦壽)는 말하기를, "자덕(慈德)은 겸양하시고 과장(誇張)하려고 하지 아니하시어 끝가지 힘써 따르지 아니하시니, 신(臣) 등이 비록 우미(愚迷)하지마는 어찌 우러러 헤아리지 못하겠습니까? 지금 만약 겸양하는 덕(德)으로써 사책(史冊)에 쓴다면 그 자덕에 빛남이 있을 것이니, 어찌 두서너 글자의 휘칭(徽稱)으로써 칭찬함의 만분의 일에 견주겠습니까? 또 효도는 양지(養志)[28]를 크게 여기고 일을 계승하는 것을 미덕(美德)으로 삼으니, 지금 이 자전의 뜻에 순응하시는 하교는 신들의 마음이 여기에 또 매우 흠탄(欽歎)하면서 감동(感動)한 것이 있습니다. 다만 중외(中外)의 소망과 대소(大小)의 군정(群情)을 장차 어떻게 위로하여 보답하시겠습니까?" 하니, 임금이 말하기를, "경들의 청이 비록 상세(詳細)하지마는, 승순하는 도리는 또한 마땅히 이와 같이 해야 할 것이다" 하였다. 『철종실록』권8. 7년 11월 24일

27세인 철종 8년(1857) 1월 1일 인정전(仁政殿)에서 대왕 대

---

28) 양지(養志): 부모의 뜻을 받들어 그 마음을 즐겁게 함

비전(大王大妃殿)과 왕대비전(王大妃殿)에게 치사(致詞)의 전문(箋文)과 표리(表裏)를 올렸다.

인정전(仁政殿)에 나아가 대왕 대비전(大王大妃殿)과 왕대비전(王大妃殿)에 치사(致詞)의 전문(箋文)29)과 표리(表裏)30)를 친히 올리고, 이어 하례(賀禮)를 받았으며, 사면(赦免)을 반포하였다. 『철종실록』권9. 8년 1월 1일

이때 능원(陵園)의 묘목(墓木)을 베어낸 일이 발생했는데 엄중한 교지(敎旨)를 내려 영릉(英陵)·온릉(溫陵)·소령원(昭寧園)의 관원을 처벌하여 파직시켰으며, 매년 봉심(奉審)할 때 전례에 따라 장문(狀聞)하는 것을 도신(道臣)의 직무로 삼게 하였습니다.

철종 8년(1857) 2월 28일 능원(陵園)의 나무를 베어낸 일을 조사하게 하였다.

하교하기를, "구목(邱木)31)을 아끼는 것은 귀천(貴賤)의 구분이 없는 것이어서 한 가지나 한 잎사귀라도 혹시 마르고 손상됨이 있으면 자손들의 마음에 오히려 무엇을 잃은 것같이 허전하다. 하물며 5백 년, 혹은 2, 3백 년 가까이 금호(禁護)하여 잘 기른 것을 도벌(盜伐)이 낭자하여 전 국내(局內)를 민둥산으로 만들었으니, 생각이 여기에 미치매 놀라고 송구하여 마음 아픔을 깨닫지 못하겠다. 장차 어떻게 해야 하겠는가? 예전에 벤 연조(年條)는 비록 분변하기 어렵겠으나 새로 벤 흔적은 오히려 쉽게 구

---

29) 전문(箋文): 나라에 길·흉사(吉凶事)가 있을 때 신하가 임금에게, 임금이 그 어버이의 수하(壽賀)에 써 올리던 사륙체(四六體)의 글
30) 표리(表裏): 옷의 겉감과 안찝
31) 구목(邱木): 무덤 주위에 있는 나무

명할 수 있으니, 능원(陵園)의 소속(所屬)을 형조(刑曹)에서 일일이 조사 신문하여 실정을 알아내되 능원관(陵園官: 능참봉陵參奉)을 서로 교체하면서 해부(該府)로 하여금 나문 정죄(拿問定罪)하게 하라. 지방관(地方官)으로 말하더라도 영릉(英陵)·영릉(寧陵)의 두 능에는 해마다 보충하여 심게 할 것을 이미 연전에 항식(恒式)으로 정하였으니, 설령 도벌(盜伐)을 범한 폐단이 있었더라도 또한 무성하게 배양(培養)한 곳이 있어야 마땅할 것이다. 그런데 일체 없으니, 거행한 내용을 전부 잡아다 심문하여 계문(啓聞)하도록 하라" 하였다. 『철종실록』권9. 8년 2월 28일

철종 8년(1857) 3월 13일 능원관에 도벌(盜伐)의 양에 따라 차등하여 벌을 내렸다.

의금부(義禁府)에서 능원관(陵園官)을 조율(照律)하여 아뢰자, 하교하기를, "능원(陵園)의 묘목(墓木)을 도벌(盜伐)한 자는 대·중·소(大中小)의 등급을 나누어 감단(勘斷)하는 내용이 『대전통편大典通編』에 실려 있으니, 의금부와 형조에서는 마땅히 이에 의하여 거행하여야 될 듯하다. 지금 만약 전부를 법으로 다스린다면 능관(陵官)으로서 무죄(無罪)에서 벗어날 사람이 거의 하나도 없을 것이다. 삼가 생각건대 도리어 경상(景象)이 좋지 못한 한탄만 있을 것이니, 너그럽게 용서하여 능원 영(陵園令)에게는 1년을 한도로 수령(守令)에 의망(擬望)하지 말게 하고 참하관(參下官)에게는 1년을 한도로 사일(仕日)을 물려 우선은 대죄 행공(戴罪行公)[32]하게 하며, 조심스럽게 금호(禁護)함으로써 다시는 도벌하는 폐단이 없도록 해야 할 것이다. 그리고 온릉(溫陵)과 소령원(昭寧園)에는 벤 주수(株數)가 제일 많고 영릉(英陵)의 국내(局

---

32) 대죄 행공(戴罪行公): 죄과(罪科)가 판명될 때까지 현직(現職)에 그대로 머물러 있으면서 일을 보게 하는 것

內)에는 더욱 차마 들을 수 없을 만큼 민둥산이 되었다 하니, 이를 어찌 일례(一例)로 용서할 수 있겠는가? 모두 본율(本律)에 의하여 시행하라. 또 지방관(地方官)들은 수목(樹木)의 텅 빈 형상을 눈으로 보고도 보식(補植)하지 않았으니, 항식(恒式)으로 정한 뜻이 어디에 있는가? 도신(道臣) 역시 어찌 죄가 없겠는가? 봄·가을로 봉심(奉審)하는 것은 고사하고 매년 장문(狀聞)하는 것도 하지 않은 것은 무슨 일인가? 모두 견책하고 파면시키는 율을 시행하라" 하였다. 『철종실록』권9. 8년 3월 13일

▒ 순원대비 승하

철종 8년(1857) 정사년 8월에 순원 대비(純元大妃)께서 홍서(薨逝)하시자 임금은 다섯 달 동안 여막(廬幕)에 거처하면서 슬퍼하고 사모하며 가슴을 치고 통곡하는 것이 지성(至誠)에서 우러난 것이었다. 대행 왕비(大行王妃)께서 평일에 절검(節儉)하던 것을 본받아 의대(衣襨)는 단지 대내(大內)에서 비치된 것만을 쓰고 삼도감(三都監)의 물력(物力) 가운데 외도(外道)에 복정(卜定)된 것과 팔로(八路)의 제수전(祭需錢)을 모두 견면(蠲免)시켰다.

그리고 순원왕후(純元王后)의 존호를 추상(追上)하여 자헌(慈獻)이라 하고 휘호(徽號)를 올려 예성 홍정(睿成弘定)이라 하고 시호(諡號)를 순원(純元)이라고 하였습니다. 왕대비(王大妃)를 대왕대비(大王大妃)로 진호(進號)하였고 대비(大妃)를 왕대비(王大妃)로 진호하였으며, 백성을 편안하게 하고 백성을 보호한다는 윤음(綸音)을 팔도(八道)에 내렸습니다. 그리고 묘당(廟堂)에 하유하여 인산(因山)할 때 결소(結所)에서 소용될 물품에 대해 계칙(戒飭)하게 하고 특별히 돈 6천 냥을 하사하여 역민(役民)에게 제급(題給)하게 하였으며, 발인(發靷)할 때에는 임금이 『오례의 五禮儀』에 의거하여 대여(大輿)를 따르려고 하였었는데 여러 신하들이 극력 간하였으나 듣지 않았습니다. 이때 한창 추위가 혹심하였으므로 대신(大臣)들이 백관(百官)들을 인솔하고서 조정에서 아뢰기를 하루에 두번 세번씩 올렸으나 임금은 계속 애통해 하는 하교를 내리면서 끝내 허락하지 않았습니다. 대신(大臣)들이 청대(請對)하여 극력 만류하니, 임금이 이르기를, '내가 동조(東朝)께서 길러주신 은혜를 받은 것이 모두 몇 년이었던가?' 하고,

이내 얼굴을 가리고 울면서 이르기를, '부모의 상(喪)을 당하여 정리(情理)에 있어 당연히 행해야 될 일을 어찌 자신을 돌보기 위해 신행(伸行)하지 않을 수 있겠는가?' 하니, 여러 신하들이 얼굴을 가리고 눈물을 흘리면서 대답하지 못하고 물러나갔습니다. 인봉(因封)할 때에 이르러 대신(大臣)들이 또 눈물을 흘리면서 애타게 간하니, 임금이 마지못하여 이르기를, '대여를 따라가는 것은 비록 행할 수 없을지라도 하현궁(下玄宮)하는 날에는 마땅히 나아가서 보겠다' 하고, 다음날 드디어 능(陵)에 나아가 광중(壙中)에 가서 보았습니다. 이 거둥은 제왕가(帝王家)에서는 드물게 있는 예(禮)였으므로 나라 사람들이 그 지극한 효성에 감복하였습니다. 8월에서부터 염장(鹽醬)을 드시지 않았고 궤전(饋奠)에는 반드시 직접 곡(哭)을 하였는데, 반드시 애통(哀痛)하였습니다. 대신(大臣)이 등대(登對)하여 부취(俯就: 내려와 앉음)하도록 면려하니, 임금이 이르기를, '사람의 아들로서 부모에 대해 누군들 효도하려는 마음이 없겠는가? 그러므로 부모의 뜻을 받들어 즐겁게 하고 정성을 다하는 것이 효도를 했다고 할 수 있는 것이다. 단지 곡읍(哭泣)만 슬프게 할 뿐이라면 무슨 이익이 있겠는가? 그러나 정에서 발로되어 저절로 이렇게 되는 것인데, 만일 곡읍(哭泣)하는 것을 효도라고 한다면 또한 부끄러운 일이다' 하고, 이어 눈물을 흘리면서 소리가 제대로 나지 못했습니다. 『철종실록』권15. 부록.「철종대왕 행장」

철종 8년(1857) 8월 4일 순원 대비(純元大妃)가 담체(痰滯)의 증세로 미령한 환후(患候)가 있어 약원에서 윤번(輪番)으로 숙직하였으나 양심합(養心閤)에서 향년 69세로 승하하였다.

8월 5일 인시(寅時: 오전 3시~5시)에 목욕시키고, 묘시(卯時: 아침 5시~7시)에 염습(殮襲)하였다. 8월 7일 신시(申時: 오후 2시~4시)에 영상(靈床)33)을 환경전(歡慶殿)으로 이봉(移奉)하였다.

8월 8일 사시(巳時: 오전 9시~11시)에 대렴(大斂)을 행하였다. 8월 9일 진시(辰時: 오전 7시~9시)에 성복(成服)하였다.

8월 10일 빈청에서 시호와 휘호 등을 천망하였다.

빈청(賓廳)에서 아뢰기를, "대행 대왕 대비전(大行大王大妃殿)의 시호(諡號)를 순원(純元)이라 천망(薦望)하고, ― 중정 정수(中正精粹)를 순(純)이라 하고 체인 장민(體仁長民)을 원(元)이라 한다 ― 휘호(徽號)를 예성(睿成)·홍정(弘定)이라 천망하며, 전호(殿號)를 효정(孝正)·효휘(孝徽)·효강(孝康)이라 천망하고, 능호(陵號)를 문릉(文陵)·예릉(睿陵)·철릉(哲陵)이라 천망합니다" 하니, 모두 수망(首望)을 삼가 따랐다. 『철종실록』권9. 8년 8월 10일

12월 16일 영가(靈駕)가 출발하여 산릉(山陵)으로 나아갔다.

철종 8년(1857) 12월 17일 인릉(仁陵)에 순조와 같이 봉분을 부장하였다. 이날 입주전(立主奠)과 초우제(初虞祭)를 지냈다. 12월 18일 재우제(再虞祭), 12월 20일 철종이 효정전(孝正殿)에 나아가 삼우제(三虞祭)를 행하였다. 12월 22일 사우제를 지내고, 산릉(山陵)의 안릉제(安陵祭)를 행하였다. 29일 졸곡제(卒哭祭)를 행하였다. 철종 9년(1858) 4월 9일 현륜(顯倫)이라는 존호를 올렸다. 철종 9년 8월 4일 연제를, 철종 10년 8월 4일 상제를, 10월 3일 담제를 지내어 3년상을 마치고, 10월 7일 부묘하였다.

철종 11년(1860) 11월 16일 홍화(洪化)라는 존호를 올렸다.

철종 12년(1861) 11월 24일 신운(神運)이라는 존호를 올렸다.

고종 15년(1878) 11월 29일 수목(粹穆)이라는 존호를 올렸다.

---

33) 영상(靈床): 상례(喪禮)에서, 대렴(大殮)한 뒤에 시체(屍體)를 두는 곳

대한제국 3년(1899) 12월 7일[34] 태조, 장종, 정종, 순조, 익종 황제를 소급하여 높일 묘호와 황제 칭호를 의정하여 상주하였는데 이때 숙황후(肅皇后)로 정해졌다.

환경전 현판

---

34) 『순종실록』부록 권10. 12년 3월 4일 「고종 황제의 행장」 기사에는 11월로 나옴

▓ 순종을 순조로

27세인 철종 8년(1857) 정사년 지돈녕(知敦寧) 이학수(李鶴秀)가 상소(上疏)하여 순종대왕(純宗大王)의 묘호(廟號)는 마땅히 조(祖)로 일컬어야 한다고 청하니, 임금이 이르기를, '우리 순고(純考)의 성덕(盛德)과 지선(至善)에 대해 경(卿)의 말이 오늘날에 나왔으니, 미처 하지 못한 슬픔이 더욱 간절하다' 하고, 드디어 종(宗)을 고쳐 조(祖)로 하였으며, 존호를 추상(追上)하여 의행 소륜 희화 준열(懿行昭倫熙化峻烈)이라 하고 신위(神位)를 다시 고쳐 썼습니다.

철종 8년(1857) 8월 9일 지돈녕(知敦寧) 이학수(李鶴秀)가 상소(上疏)하여 순종대왕(純宗大王)의 묘호(廟號)는 마땅히 조(祖)로 일컬어야 한다고 청하였다.

지돈녕(知敦寧) 이학수(李鶴秀)가 상소하였는데, 대략 말하기를, "삼가 생각하건대 우리 순조대왕(純祖大王)께서는 중정(中正)하고 순수(純粹)한 자질로 정밀(精密)하고 전일(專一)한 법도(法度)를 이어받아 몸소 행하고 마음으로 체득하는 데에 근본을 두고, 천덕(天德)과 왕도(王道)로 도달(導達)시켰습니다. 건릉(健陵, 정조)께서 병환으로 계실 때를 당하여는 보령(寶齡)이 아직 어렸었는데도 친히 약과 음식을 받들어 밤낮으로 초민(憔悶)하였으며, 승하(昇遐)하시기에 미쳐서는 소리내어 슬피 울며 애통해 하였으므로, 근신(近臣)과 위졸(衛卒)에 이르기까지도 흐느끼면서 차마 우러러보지 못하였으며, 대비전(大妃殿)에게는 융성하게 봉양함을 극진히 하여 아침저녁으로 삼가고 근신하였으므로 자애와 효도에 간격이 없었습니다. 전(傳)에 이르기를, '일은 어느 것이 큰일인가? 어버이를 섬기는 일이 제일 큰 일이다' 하였으니, 아! 거룩하십니다. 봄 가을의 향사(享祀)를 몸소 받들어 국가 대제(大祭)의 희생(犧牲)과 예폐(禮幣)에 대해서도 공경하고 신중히 하여 감히 혹시라도 과실이 없었습니다. 선조(先祖)의 능소(陵所)를 두루 참배하는 것은 춘추(春秋)로 애통한 감회를 펴기 위해 대략 한 해에 두 번씩 하였으며, 그 마음을 미루어 다른 세대(世代)의 능묘(陵墓)와 사묘(祠廟)에까지도 수신(守臣)을 신칙하여 시절따라 금호(禁護)하게 하였습니다.

을해년(순조15, 1815) 혜경궁(惠慶宮) 홍씨(洪氏)가 홍서(薨逝)했을 때는 관각(館閣)에서 널리 의논한 것을 채택하고 정·주(程朱)가 정한 예론에 의거하여 절충해 만들어 9개월의 복제(服制)를 결정하였으며, 신사년(순조21, 1821) 효의왕후(孝懿王后) 김씨(金氏)가 승하(昇遐)했을 때는 영돈녕(領敦寧) 김조순(金祖淳)의 의논을 따라 새로 건릉(健陵)을 가려 난천(灤遷: 이장移葬)의 예(禮)를 거행하고 노부(魯祔)의 의식을 행하였으며, 임오년(순조22, 1822) 수빈(綏嬪) 박씨(朴氏)가 졸서(卒逝)했을 때는 대신과 여러 신하들의 의논에 따라 시마(總麻) 석달의 복(服)을 입었으나 한가하게 있을 때에는 흰 상복을 입고서 3년을 마쳤으니, 혐의를 분별한 의논과 천성(天性)에서 우러난 정성이 여기에서 둘 다 유감이 없게 되었습니다. 신사년에 『황청통고 皇淸通考』를 연경(燕京)에서 구입해 왔었는데, 본조(本朝) 경종(景宗)의 신축년(경종1, 1721) 일을 기재한 것이 그지없이 거짓되게 꾸며졌었으므로 급히 전대(專對)의 사신(使臣)을 시켜 변정(辨正)하여 잘못 주달된 구어(句語)를 삭제하게 하였는데, 사신이 개정본(改正本)을 가지고 돌아왔으므로 이에 종묘(宗廟)에 고유(告由)하였습니다.

『시경 詩經』에 이르기를, '약·사·증·상(禴祀烝嘗)[35]의 제사

---

35) 약사증상(禴祀烝嘗): 사시에 지내는 제사의 이름.『시경 詩經』소아(小

를 효성으로 올린다' 하였고, 『논어 論語』에 이르기를, '상사(喪事)의 예절을 정중히 하고 먼 조상을 추모 공경하면 민덕(民德)이 돈후(敦厚)한 데로 돌아간다' 하였으니, 아! 거룩하십니다. 한가하게 지낼 때에도 항상 경계하고 삼가고 공경하고 두려운 마음으로 상제(上帝)를 대하여, 혹 일월 성신(日月星辰)이 경계를 알림과 수한(水旱)의 재해를 당해서는 척연(惕然)히 조심하고 두렵게 여겨 자신(自身)을 인책(引責)하면서 도움을 구하는 정성이 하교에 넘쳤으며, 정신(廷臣)의 헌체(獻替)³⁶를 옳게 여겨 가납(嘉納)하였으니, 천심(天心)을 족히 감동시킬 수 있었습니다. 『서경 書經』에 이르기를, '삼가 천도(天道)를 높이고 천명(天命)을 받든다' 하였으니, 아! 거룩하십니다. 농상(農桑)을 권장하여 백성의 생활을 넉넉하게 하셨고 경비를 절제하여 백성의 힘을 펴게 하였으며, 급하지 않는 징세(徵稅)를 줄이고 이미 묵은 흠포(欠逋)를 면제해 주었습니다. 무릇 진휼(賑恤)할 일이 있을 때는 미리 강구(講究)하여 내탕금(內帑金)으로 도와주고 나서 또 공세(公稅)를 정지시켰으며, 관부(官府)에서 올리는 상선(常膳)과 주현(州縣)의 정식 공물(供物)에 이르러서도 아울러 모두 절감하게 하여 넉넉하지 못함을 도와주었습니다. 항상 수령(守令)들을 신칙하고 때로는 안렴사(按廉使)를 보내어 궁벽한 지역과 멀리 떨어진 연해(沿海)에까지도 만리 밖을 섬돌 앞의 일과 같이 밝게 알아 병들어 죽게 된 자는 의약(醫藥)을 보내게 하고 죽어서 뼈가 드러난 자는 묻어 주게 하였으며, 길가에 버려진 어린아이들은 식료를 주어 기르게 하고, 고향을 떠나 떠돌아다니는 거지들은 양식을 싸주어 돌려보내게 하였습니다. 모든 옥사를 신중하게 처결한 것은 이것이 민명(民命)에 관계된 것이기 때문인데,

---

雅) 천보(天保) 의주에 "봄에 지내는 제사는 사, 여름에 지내는 제사는 약, 가을에 지내는 제사는 증이라고 한다"고 하였음

36) 헌체(獻替): 선을 권하고 악을 못하게 함

매양 지독한 추위나 더위를 당해서는 그때마다 석방시키는 관전(寬典)을 행하였으므로 살리기 좋아하는 덕(德)에 백성들이 모두 열복하여 영어(囹圄)가 텅 비는 지경에 이르렀습니다. 경신년(순조 즉위년, 1800) 처음 보위(寶位)에 올라서는 선왕(先王)의 유지(遺志)에 의거 맨 먼저 선두안(宣頭案)37)을 큰 거리에서 태웠으므로, 수없이 많은 액정(掖庭)의 노비들을 화락한 데로 인도함으로써 상서로움을 맞이하여 대명(大命)을 계승하였습니다.

『서경』에 이르기를, '백성은 나라의 근본이니, 근본이 튼튼하여야 나라가 편안한 것이다' 하였으니, 아! 거룩하십니다. 하전(廈氈) 위에서 날마다 유신(儒臣)을 접견하고 온갖 정사(政事)를 처리하는 여가에도 서책(書冊)을 열람하여 천인(天人)의 성명(性命)에 대한 원리를 탐구하셨고 왕패(王霸)의 의리(義利)에 대한 구분(區分)을 밝히셨으며, 조서(詔書)의 말씀과 운한(雲漢)의 문장은 전모(典謨)38)와 동등하였고 풍아(風雅)39)와 짝할 수 있었습니다. 『서경』에 이르기를, '한결같이 생각을 늘 학문에 둔다면 덕(德)을 닦는 것이 깨닫지 못하는 가운데 이루어진다' 하였으니, 아! 거룩하십니다. 바깥으로는 돌아다니며 멋대로 노는 즐거움이 없었고 안으로는 연회(宴會)하는 사사로움을 끊으셨으며, 의대(衣襨)는 여러 번 빨아 입었고 유장(帷帳)은 혹 깁고 꿰매기도 했으며, 선왕의 궁실(宮室)이 퇴락하면 개수하는 데 있어 서까래 하나와 주춧돌 하나도 더 늘려 꾸민 것이 없었습니다. 『서경』에 이르기를, '검소한 덕(德)을 삼가 지켜서 오직 먼 장래를 위한 계획을 생각하시오'라고 하였으니, 아! 거룩하십니다. 무릇 어버이를 섬기고 선조를 받들며 하늘을 공경하고 백성을 구휼

---

37) 선두안(宣頭案): 내수사(內需司)에 속한 노비(奴婢)들을 20년마다 자세히 조사하여, 임금께 새로 만들어 바치는 원적부(原籍簿)

38) 전모(典謨): 『서경 書經』 우서(虞書)편의 요전(堯典)·순전(舜典)과 대우모(大禹謨)·고요모(皋陶謨)

39) 풍아(風雅): 『시경 詩經』 육의(六義)의 하나

하며 학문을 부지런히 하고 검소함을 숭상한 덕(德)은 실로 열성조(列聖朝)에서 서로 전수한 심법(心法)인데, 또한 우리 성고(聖考)께서는 힘쓰지 않으셔도 적중하셨고 생각하지 않아도 그대로 되어, 백세(百世)를 경유하면서 백왕(百王)과 비교해 보아도 더 성대함이 있지 않았던 성덕(聖德)과 대업(大業)이 있기에 이르렀으니, 아! 어찌 아름답지 않겠습니까?

　생각하건대 우리 정조대왕(正祖大王)께서 성덕(聖德)으로 나라를 다스린 지 25년 사이에 애쓴 마음과 정성스런 뜻은 일성(日星)보다 빛나고 부월(斧鉞)보다 엄하였는데, 한 종류의 엇나간 무리들이 있어 음흉하고 추악한 무리들이 마구 불어나 기필코 원수같이 보아 괴란(壞亂)시키려 할 때 우리 성고(聖考)께서 혁연(赫然)히 이에 노하시어 크게 천토(天討)를 행하였으니, 비유하건대 우정(禹鼎)이 밝게 비쳐 사악한 귀신이 도망할 수 없었던 것과 같아서 선(善)과 악(惡)이 가름되고 백성의 심지(心志)가 편안하게 되었습니다. 서양(西洋)의 사교(邪敎)가 인륜(人倫)을 더럽히고 어지럽게 하였으므로 왕법(王法)에 있어 반드시 주토(誅討)해야 할 것이었는데, 전습(傳習)이 이미 오래 되었고 유파(流播)가 또 넓어져 심지어 대대로 벼슬했던 집안과 지체 높은 학사(學士)들까지도 오염되어 기세가 장차 마치 불이 벌판에 번지고 하천(河川)이 터져 무너지는 것 같아 점점 오랑캐와 금수(禽獸)가 되어가는 지경에 이르렀을 때 우리 성고께서 빨리 그 뿌리를 뽑아 그들을 죽이고 서적을 불태우게 하여 기필코 남김없이 없애버리니, 이에 치교(治敎)가 청명하고 정학(正學)이 더욱 빛났습니다. 관서(關西)의 토구(土寇)들이 으슥한 곳에서 도적질하고 날뛰다가 끝내는 걷잡을 수 없이 세력이 퍼져 긴 뱀[蛇]과 큰 돼지가 점차 먹어 들어오는 것같이 군현(郡縣)을 침범하고 수령(守令)을 살해하였으므로 도성(都城) 아래에 있는 천류(賤類)들에 이르러서도 속아서 미혹되는 자가 점차 많았습니다. 우리 성고(聖考)께서 장수(將帥)에게 명하여 또 가서 주토하고 화란(禍亂)

을 평정하게 했는데, 그들의 괴수는 죽이고 위협당해 복종한 자는 석방하게 하였습니다. 그리하여 서쪽 지방이 다 평정되어 성상의 은택(恩澤)을 호산(湖山) 천리 밖에서 노래로 읊게 되었으니, 아! 우리 순고(純考)의 위대하신 공적(功績)을 거룩하다 하지 않을 수 있겠습니까? 『시경』에 이르기를, '아! 전왕(前王)을 잊지 못한다' 하였으니 거룩하다 이를 만합니다. …

삼가 생각하건대 하늘과 조종(祖宗)께서 우리나라를 돌보아 도와서 성스러운 여사(女士)를 내려보내어 지존(至尊)의 배필이 되게 함으로써 태평스러운 정치를 돕게 했으며, 두 번이나 수렴청정을 하여 몹시 곤란했던 사세를 크게 구제했습니다. 현비(賢妃)로서 도와준 것이 컸고 성모(聖母)로서 성취시킨 것이 장원(長遠)하였으니, 아! 어찌 거룩하지 않겠습니까? 이로 말미암아 우리 순고(純考)께서는 저승의 멀고 아득한 가운데에서 말없이 돕고 영명하게 돌아보아 받은 바 휴명(休命)을 완결짓고 끝마치지 못한 뜻을 완성시키게 되었습니다. 지금 순고의 뛰어난 공적과 광대한 사업은 오로지 성모께서 남몰래 보좌하고 유순하게 도운 결과인 것이요, 성모의 훌륭하신 모범과 큰 경사도 역시 순고께서 크고 어려운 일을 끼쳐 준 이유인 것입니다. 전(傳)에 이른바 '훌륭하게 여기고 친하게 여기고 이롭게 여기고 즐겁게 여겨 잊을 수 없다'라고 한 것이 참으로 그렇지 않겠습니까?

우리 전하께서는 오랫동안 외방(外方)에서 고생하시다가 태모(太母)의 명을 받들어 들어와 대통(大統)을 이었습니다. 왕위에 올라 예(禮)를 행한 다음 밤낮으로 조선(祖先)의 뜻과 사업을 계승하려는 마음이 간절하였는데, 하늘을 공경하고 조선을 본받고 학문을 부지런히 하고 백성을 애휼하는 것[敬天法祖勤學愛民]은 곧 열성조(列聖祖)의 가법(家法)입니다. 전하께서 사복(嗣服)하신 처음에 태모께서는 전하에게 친히 전수(傳受)하였고 전하께서는 태모에게서 친히 받으셨으니, 이 도(道)가 어찌 다름이 있겠습니까? 이것이 곧 우리 순고께서 35년 동안 더 숭상할 수 없는 덕화(德化)를 이루었던 이유인 것입니다. 전하께서 우리 태모를 섬기심에 있어 기쁘도록 모시고 가르침을 받들었던 것이 지금 9년인데, 태모께서 제시 유도하신 하교(下敎)와 고명(誥命)이 이네 가지의 법칙에서 벗어나지 않았으니, 지금부터 삼가 형평(衡平)함을 맞아서 우리 순고의 성대하신 덕업(德業)을 계승하는 것도 역시 오직 여기에 있습니다. 우리 전하께서 어버이를 드러내시는 효도는 사해(四海)에서 표준으로 삼을 만하니, 무릇 은덕을 갚고 빛남을 이루는 의전(儀典)에 있어서 극진한 방도를 쓰지 않음이 없었습니다. 전(傳)에 이르기를, '큰 덕행(德行)이 있는 자는 대명(大命)을 받는다' 하였습니다. 따라서 순조 대왕의 묘호(廟號)를 의정(議定)함에 있어 마땅히 공렬(功烈)을 찬양함이 있어야 진실로 경례(經禮)에 합당할 것입니다.

『대대례 大戴禮』에 이르기를, '시호(諡號)란 것은 행동에 대한 실적(實蹟)이다'라 하였고, 『예기 禮記』에 이르기를, '그의 시호를 듣고서 그의 정치를 알 수 있다'라고 하였으니, 순고의 행적을 헤아려보고 순고의 정치를 상고해 보건대 조(祖)라 일컫는 것이 역시 마땅하지 않겠습니까? 논하는 자들은 말하기를, '왕업(王業)을 창시한 임금을 조(祖)라 일컫고 계통(系統)을 이은 임금을 종(宗)이라 일컬었음은 고금(古今)의 떳떳한 법식이었습니다. 전한(前漢)·후한(後漢) 4백여 년 동안에는 오직 고조(高祖)와 세조(世祖: 광무제光武帝) 뿐이었고 송(宋)나라 3백여 년에도 오직 태조(太祖)뿐이었으며, 송 고종(宋高宗)의 묘호를 의정할 때에도 더욱 오래도록 곤란해 하였습니다. 명(明)나라에는 오직 태조(太祖)와 성조(成祖)뿐이었고 우리나라에는 오직 태조대왕·세조대왕·선조대왕·인조대왕뿐이었으니, 시호를 내리는 의전(儀典)에 대해서는 지극히 엄중하였습니다. 한 문제(漢文帝), 당(唐)나라의 태종(太宗)·현종(玄宗), 진 원제(晉元帝), 송 고종은 비록 백세토록 불천지묘(不遷之廟)는 되었으나 모두 조(祖)라고 일컫지는 못하였습니다'라고 하기에, 신도 역시 말하기를, '조(祖)는 공로(功勞)요 종(宗)은 덕화(德化)로서 두 가지가 모두 성대하고 아름다워서 조가 반드시 종보다 우월한 것은 아니고 종이 반드시 조보다 깎이는 것은 아니지만 특별히 당면(當面)한 시기에 의하여 그 칭호를 달리했을 뿐이다' 라고 했습니다. 우리 세조대왕과 인조대왕은 계통을 이은 임금으로 조(祖)라고 일컬었으며, 선조대왕은 종계(宗系)를 바르게 밝혔고[40] 왜란(倭亂)을 평정하였기 때문에 조라고 일컬었으니, 이는 참으로 우리 선군(先君)들께서 이미 시행했던 전례(典禮)이었고 우리나라의 예제(禮制)에도 역시 마땅하였습니다. 삼가 원하건대 전하께서는 신의 고루하고 촌스러운 말을 정신(廷臣)들에게 널리 하문하여 만일 경대부(卿大夫)들의 생각이 같다면, 이것은 일국(一國)의 동일하고 공평한 견해이며 영구히 바꾸지 못할 의논이 될 수 있습니다" 하니, 비답하기를, "우리 순고(純考)의 성스러운 덕과 지극하신 선에 대하여 경(卿)의 말이 오늘날 나왔으니, 더욱 미치지 못할 비통함이 간절하다. 일이 막중한 전례에 관계되니, 마땅히 수의(收議)하도록 하겠다" 하였다. 『철종실록』권9. 8년 8월 9일

철종 8년(1857) 8월 10일 영중추부사 정원용이 가례를 상고하여 순조를 '조'로 일컫는 일을 정할 것을 청하였다.

빈청(賓廳)에서 수의하였는데, 영중추부사(領中樞府事) 신 정원용(鄭元容)이 아뢰기를, "순종(純宗)의 묘호(廟號)를 조(祖)로 일컫는 일에 있어 상경(上卿)의 장주(章奏)로 인하여 조정의 신료들

---

40) 선조대왕은 종계(宗系)를 바르게 밝혔고: 조선 왕조의 조상이 명(明)나라 서적에 잘못 기재된 것을 고치고자 주청(奏請)하여 바로잡은 일. 개국(開國) 이후 선조(宣祖) 때까지 말썽이 되었던 명나라 『태조실록 太祖實錄』과 『대명회전 大明會典』에 조선 왕조의 태조(太祖)가 고려 권신(權臣)인 이인임(李仁任)의 아들로 되어 있어 누차 정정(訂正)을 주청하였으나 번번이 거절당하다가 선조 17년(1584) 주청사(奏請使) 황정욱(黃廷彧) 등을 보내 수정하였음. 종계 변무(宗系辨誣)

에게 순문(詢問)하는 일이 있었는데, 예전(禮典)이 매우 중대하니 어렵게 여기고 조심스럽게 해야 합니다. 그런데 덕화(德化)가 있으면 종(宗)이라 일컫고 공로(功勞)가 있으면 조(祖)라고 일컫는 것은 곧 당연히 지켜야 할 떳떳한 도리요 공통(共通)된 분의(分義)입니다. 조·종 두 가지가 모두 성대하고 아름다워서 처음부터 차등이 없는 것이지만 후왕(後王)이 공·덕을 드날려 찬양하는 정성에 있어서는 특별히 뚜렷하게 드러난 것을 표현하여 칭호를 더하는 것입니다. 우리 순고(純考)께서는 하늘에서 낸 자질(資質)로 전성(前聖)의 계통을 이어 인(仁)에는 정미롭고 의(義)에는 익숙하시어 도(道)를 오래 행하여 덕화를 이루었습니다. 문·무(文武)를 모두 갖추었음은 제요(帝堯)의 덕(德)이고 부지런하며 검소함은 대우(大禹)의 덕이니, 깊으신 인자함과 두터우신 은택은 백성의 마음에 협흡(浹洽)하였습니다. 이단(異端)을 배척하여 올바른 도의를 호위하였고 서란(西亂)을 평정하여 큰 기반을 공고하게 한 것에 이르러서는 성대하신 공렬(功烈)이 옛날의 제왕보다도 월등하게 뛰어났으니, 나라 사람들이 백세(百世)토록 잊지 못하여 항상 칭찬하며 은덕 갚을 것을 생각하는 것이, 바로 주(周)나라 백성들이 문왕(文王)의 덕(德)의 순수함을 노래하며 하늘과 짝지우려고 하는 것과 같습니다. 지금 성배(聖配)께서 승하(昇遐)하신 때를 당하여 지난날의 슬픔과 새로운 서러움에 있어 온 나라 백성이 동일한 심정으로 세대가 점차 멀어짐을 슬퍼하고 빛나는 공렬(功烈)을 잊기 어려움을 한탄하였으니, 이것이 중신(重臣)들이 소장(疏章)을 껴안고 궐문(闕門)에서 부르짖게 된 이유인 것인데, 신(臣)은 덕화(德化)를 직접 본 가장 오래된 사람으로서 더욱 찬송(贊頌)하는 정성이 간절합니다. 막중한 예전(禮典)은 진실로 근거(根據)를 끌어댐이 귀중한 것인데, 역대(歷代)에서 상고하고 모방할 데가 드물으나, 우리 조정에는 본디 전해오는 가례(家禮)가 있어 전후 성왕(聖王)의 제도를 계승할 만하니, 오직 널리 의견을 묻고 의논을 채택하여 제도(制度)·문물(文物)과 의식·절차에 부합하게 하는 것이 진실로 마땅하겠습니다" 하였는데, 여러 신료들의 의논도 대략 동일하였다. 『철종실록』권9. 8년 8월 10일

8월 10일 순조의 묘호를 올리는 의식 절차를 도감을 설치하여 거행하게 하였다.

순종대왕(純宗大王)의 묘호(廟號)를 빈청(賓廳)에서 회의하여 수의(收議)한 뒤에 하교하기를, "회의한 것이 이와 같으니, 온 나라가 일제히 같이한 의논이라고 볼 수 있다. 묘호를 올리는 데 대한 의식 절차는 도감(都監)을 설치하여 거행하라" 하였다. 『철종실록』권9. 8년 8월 10일

이날 도감(都監)의 칭호를 묘호 도감(廟號都監)으로 하라고 명하였다. 다음날 8월 11일 묘호 도감을 존호 추상 도감에 합쳐 설행하게 하였다.

8월 23일 예조에서 순조의 묘호와 시호를 개정할 때 신주를 고쳐 쓸 것을 청하였다.

예조에서 아뢰기를, "지금 이 순조실(純祖室)의 묘호(廟號)와 시호(諡號)에 대하여 다시 의정(議定)하여 들였습니다. 의식·절차를 당연히 마련해야 되는데, 묘호와 시호는 사체(事體)가 매우 근엄(謹嚴)하여 아마도 축문(祝文)만 들이고 행할 수는 없을 것 같습니다. 삼가 등록을 상고하여 보니, 숙종 신유년(숙종7, 1681) 12월 정종실(定宗室)의 묘호와 시호를 추상(追上)할 때 잇따라 신주(神主)를 고쳐 쓰는 예(禮)를 행했던 일이 있었으니, 마땅히 이 선례를 원용해야 될 듯합니다. 그러나 이는 방가(邦家)의 아

주 중대한 전례(典禮)에 관계되므로 신조(臣曹)에서 감히 마음대
로 천단(擅斷)하지 못합니다. 청컨대 시임·원임 대신과 외방에
있는 유현(儒賢)들에게 하문하여 처리하소서" 하니, 그대로 윤허
하였다. 『철종실록』권9. 8년 8월 23일

10월 26일 순조실(純祖室)에 존시(尊諡)의 책보(冊寶)와 존호
(尊號)의 책보를 올리고 개제주(改題主)의 작헌례(酌獻禮)를 행하
였다.

종묘(宗廟) 정전(正殿)
유네스코 세계문화유산으로 등록되어 있다.

【철종 9년 순종의 묘호를 순조로 바꾸다】

종묘											
익랑1	익랑2	1칸	2칸	3칸	4칸	5칸	6칸	7칸	8칸	9칸	10칸
		1묘	세실	세실	세실	세실	세실	세실	세실	세실	세실
		태조 신의왕후 신덕왕후	태종 원경왕후	세종 소헌왕후	세조 정희왕후	성종 공혜왕후 정현왕후	중종 단경왕후 장경왕후 문정왕후	선조 의인왕후 인목왕후	인조 인열왕후 장렬왕후	효종 인선왕후	현종 명성왕후

종묘											
11칸	12칸	13칸	**14칸**	15칸	16칸	17칸	18칸	19칸	익랑3	익랑4	
세실	세실	2묘 (세실)	**3묘**	4묘	5묘						
숙종 인경왕후 인현왕후 인원왕후	영종(영조) 정성왕후 정순왕후	정종(정조) 효의왕후	**순조** (순종)	익종	헌종 효현왕후						

영녕전								
서 협 실							정전	
5실	6실	7실	8실	9실	10실		1실	2실
정종 정안왕후	문종 현덕왕후	단종 정순왕후	덕종 소혜왕후	예종 장순왕후 안순왕후	인종 인성왕후		목조 효비	익조 정비

영녕전							
정전		동 협 실					
3실	4실	11실	12실	13실	14실	15실	16실
도조 경비	환조 의비	명종 인순왕후	원종 인헌왕후	경종 단의왕후 선의왕후	진종 효순왕후		

▧ 유현 추숭

28세인 철종 9년(1858) 1월 6일 판부사(判府事) 이헌구(李憲球)가 회근(回卺: 회혼回婚)이 되었으므로 소견(召見)하고 궤장(几杖)을 하사하였다.

전교(傳敎)하기를, "이 판부사(李判府事)의 회근(回卺)이 가까워 졌다고 한다. 세 임금을 섬긴 노인은 내가 경례(敬禮)하여야 하니, 궤장(几杖)의 예(禮)를 곧 거행하도록 하라" 하였다. 『철종실록』권10. 9년 1월 6일

3월 20일 충정공(忠正公) 김성행(金省行)에게 부조(不祧)의 은전(恩典)[41]을 내렸다.

희정당(熙政堂)에서 약원(藥院)의 입진(入診)과 차대(次對)를 행하였다. … 조두순(趙斗淳)이 또 아뢰기를, "충정공(忠正公) 김성행(金省行)에게 부조(不祧)의 은전(恩典)을 시행하소서" 하니, 임금이 이르기를, "김 충정(金忠正)의 높은 충성과 높은 절의는 다만 나만이 세상에 드문 느낌을 받았을 뿐만 아니라, 이미 두 성조(聖朝)에서도 포가(褒嘉)의 전교(傳敎)를 내리셨으니, 아뢴 대로 시행하라" 하였다. 『철종실록』권10. 9년 3월 20일

다시 3월 23일에 특별히 영의정(領議政)을 증직(贈職)하고, 치제(致祭)할 때에는 승지(承旨)가 나아가도록 하였다.
10월 2일에는 문순공(文純公) 권상하(權尙夏)에게도 사판(祠版)

---

41) 부조(不祧)의 은전(恩典): 나라에 큰 공훈이 있는 사람의 신주(神主)를 영구히 사당(祠堂)에 모시고 제사지내게 하는 특전을 말함

을 조천(祧遷)하지 말도록 명하였다.

희정당에서 차대(次對)하였다. 영의정 김좌근(金左根)이 아뢰기를, "문순공(文純公) 권상하(權尙夏)에게 부조(不祧)의 은전(恩典)을 시행하소서" 하니, 그대로 따랐다. 또 아뢰기를, "경외(京外) 부호(富戶)들이 강제로 빼앗는 폐단을 계칙(戒飭)시키소서" 하니, 비답(批答)하기를, "경외의 법을 관장하는 지위에 있는 사람들이 전혀 살펴서 계칙하지 않고 있으니, 어찌 놀랍고 개탄스러운 일이 아니겠는가? 일체 엄중히 다스리겠다는 내용으로 묘당(廟堂)에서 특별히 계칙하도록 하라" 하였다. 좌의정 조두순(趙斗淳)이 아뢰기를, "김신겸(金信謙)에게 좨주(祭酒)의 겸함(兼銜)을 더 추증하소서" 하니, 그대로 따랐다.『철종실록』권10. 9년 10월 2일

철종 9년 11월 9일 친형 이명(李明)에게 봉작(封爵)하여 회평군(懷平君)으로 삼고 효민(孝愍)이라는 시호(諡號)를 내렸으며, 아울러 상계군(常溪君)과 함께 정1품의 벼슬을 추증(追贈)하였다.

철종 11년(1860) 4월 29일 고(故) 상신(相臣) 박순(朴淳)의 주사(主祀)를 정립(定立)하고 이어 부조(不祔)의 은전(恩典)을 시행하게 하였다.

12월 10일에는 선정신(先正臣) 김창협(金昌協)·이재(李縡)를, 철종 12년(1861) 1월 13일에는 고(故) 충신(忠臣) 김제겸(金濟謙)의 사판(祠版)을 조천(祧遷)하지 말도록 명하였다.

철종 13년 3월 22일 영부사(領府事) 정원용(鄭元容)의 문과(文科) 회방(回榜)이 이해이었으므로 궤장(几杖)을 하사하였으며, 편전(便殿)에서 소견(召見)한 다음 직접 사전(謝箋)을 받고는 찬

선(饌膳)을 선사(宣賜)하고 시(詩)를 내려 은혜를 베풀었습니다.

희정당(熙政堂)에 나아가 회방(回榜)을 맞은 대신(大臣) 정원용(鄭元容)의 사전(謝箋)과 신은(新恩)의 사은(謝恩)을 친히 받았다. 임금이 이르기를, "경(卿)이 창명(唱名)되었던 성기(星紀)가 다시 돌아와 전(箋)을 올리고 사은(謝恩)하는 것이 또 오늘 있게 되었으니, 우연한 일이 아니다. 집으로 돌아갈 적에 신은(新恩)들도 아울러 인솔하고 가는 것이 좋겠다" 하고, 또 하교하기를, "오늘의 연회(筵會)는 곧 가국(家國)의 길상(吉祥)이요, 좋은 일이다. 나에게 시(詩) 한 수가 있는데, 이를 선사(宣賜)한다" 하였다. 『철종실록』권14. 13년 3월 22일

창덕궁 희정당 현판

▒ 헌종대왕을 세실로 하다

철종 10년(1859) 9월 14일 영돈녕(領敦寧) 김문근(金汶根)이 소장을 올려 헌종대왕(憲宗大王)을 세실(世室)의 예(禮)로 정할 것을 청하였다.

영돈녕(領敦寧) 김문근(金汶根)이 소장을 올려 헌종대왕(憲宗大王)을 세실(世室)의 예(禮)로 정할 것을 청하니, 하교하기를, "영돈녕의 소장 내용을 2품 이상으로 하여금 내일 빈청(賓廳)에서 회의(會議)하게 하여 입계(入啓)토록 하라" 하였다. 『철종실록』권11. 10년 9월 14일

9월 15일 헌종대왕을 세실로 정하는 의절을 날짜를 가려 거행하게 하였다.

빈청(賓廳)에서 헌종대왕을 세실(世室)로 정하는 일에 대해 수의(收議)하여 아뢰니, 하교하기를, "제신(諸臣)들의 의논이 이러하니, 응당 행해야 할 의절(儀節)을 날짜를 가려서 거행하도록 하라" 하였다. 『철종실록』권11. 10년 9월 15일

10월 12일 헌종대왕을 세실(世室)로 높여 하례를 받고 반사하였다.

【철종 10년 헌종대왕】

익랑1	익랑2	종묘									
		1칸	2칸	3칸	4칸	5칸	6칸	7칸	8칸	9칸	10칸
		1묘	세실	세실	세실	세실	세실	세실	세실	세실	세실
		태조 신의왕후 신덕왕후	태종 원경왕후	세종 소헌왕후	세조 정희왕후	성종 공혜왕후 정현왕후	중종 단경왕후 장경왕후 문정왕후	선조 의인왕후 인목왕후	인조 인열왕후 장렬왕후	효종 인선왕후	현종 명성왕후

종묘										
11칸	12칸	13칸	14칸	15칸	16칸	17칸	18칸	19칸	익랑3	익랑4
세실	세실	2묘 (세실)	3묘 (세실)	4묘	5묘 (세실)					
숙종 인경왕후 인현왕후 인원왕후	영종(영조) 정성왕후 정순왕후	정종(정조) 효의왕후	순조 순원왕후	익종	헌종 효현왕후					

영녕전							
서 협 실						정전	
5실	6실	7실	8실	9실	10실	1실	2실
정종 정안왕후	문종 현덕왕후	단종 정순왕후	덕종 소혜왕후	예종 장순왕후 안순왕후	인종 인성왕후	목조 효비	익조 정비

영녕전							
정전		동 협 실					
3실	4실	11실	12실	13실	14실	15실	16실
도조 경비	환조 의비	명종 인순왕후	원종 인헌왕후	경종 단의왕후 선의왕후	진종 효순왕후		

▨ 민란의 발발과 동학의 성행

농민들은 마침내 철종 13년(1862) 봄 진주민란을 시발로 하여 삼남지방을 중심으로 여러 곳에서 민란을 일으켰다.

임술년 이때 삼남(三南) 지방의 읍민(邑民)들이 소요(騷擾)를 일으켜 왕왕 관원을 협박하고 아전을 해쳤는데, 함흥(咸興)의 백성들은 관찰사(觀察使)의 정당(政堂)을 범하기까지 하였습니다. 임금이 이르기를, '백성들의 습성이 진실로 밉기도 하지만 방백(方伯)이 된 사람이 나의 애휼(愛恤)하는 마음을 본받지 못한 탓으로 그렇게 된 것이다' 하고, 영남(嶺南)에 안핵사(按覈使)와 선무사(宣撫使)를 나누어 보냈으며, 호남(湖南) 난민(亂民)의 수창자(首倡者)를 주참(誅斬)하였고 도신(道臣)과 수신(帥臣)을 처벌하였습니다. 『철종실록』권15. 부록. 「철종대왕 행장」

이에 철종은 삼정이정청(三政釐整廳)이라는 임시 특별기구를 설치하고, 민란의 원인이 된 삼정구폐(三政救弊)를 위한 정책을 수립, 시행하게 하는 한편, 모든 관료에게 그 방책을 강구하여 올리게 하는 등 민란수습에 진력하였다.

적정(糴政: 환곡)·군정(軍政)·전정(田政)이 문란한 것이 모두 백성을 병들게 하는 원인이라는 것으로 이정청(釐整廳)을 설치하였으며, 난간에 나가서 친히 삼정(三政)의 폐단을 구제하는 방법에 대해 책문(策問)하였습니다. 정공(正供) 이외에 더 정한 명색(名色)은 폐지하라고 명하고, 특별히 내탕전(內帑錢) 5만 냥을 하사하여 이정(釐整)하면서 절생(節省)하는 비용에 충당하게 하였으며, 절목(節目)이 완성되자 의논이 모두 귀일되지 않았으므로 구관(舊貫)[42)]에다 조금 증산(增刪)을 가하여 행하였습니다. 『

철종실록』권15. 부록. 「철종대왕 행장」

그러나 뿌리 깊은 세도정치의 굴레를 벗어나 제대로 정치를 펴나갈 수 없었다.

이와같은 사회현상에서 최제우(崔濟愚)가 동학(東學)을 창도하여 사상운동을 전개, 확산시키자 이를 탄압, 교주 최제우를 "세상을 어지럽히고 백성을 속인다"는 죄를 씌워 처형시키기도 하였다.

철종 13년 5월 5일 익산 안핵사 이정현이 올린 난민에 대한 조사를 묘당으로 하여금 품처하게 하였다.

익산 안핵사 이정현(李正鉉)이 난민(亂民)의 조사를 행한 것으로써 장계하니, 하교하기를, "묘당으로 하여금 품처하게 하라. 함평(咸平)의 범죄인에 이르러서는 속히 도신(道臣)으로 하여금 각진(各鎭)의 포졸(捕卒)을 풀어 제때에 체포한 뒤에 장문(狀聞)하는 일을 행회(行會)하도록 하라" 하고, 또 하교하기를, "익산의 사계(査啓)는 이미 들어왔는데 진주에서는 아직 동정(動靜)이 없으니, 또 다른 조사할 만한 것이 있어서 그런 것인가? 그리고 개령(開寧)의 사핵(査覈)도 시일을 끌 우려가 없지 않다. 안동 부사(安東府使) 윤태경(尹泰經)을 안핵사로 차임하여 해현(該縣)으로 달려가 조속히 사사(査事)를 거행할 것을 묘당에서 행회(行會)하라" 하였다.『철종실록』권14. 13년 5월 5일

5월 5일 익산에서 난을 일으킨 임치수·이의식 등을 부대시

---

42) 구관(舊貫): 예전부터 내려오는 관례

로 효수하게 하였다.

비변사(備邊司)에서 익산 안핵사의 사계(査啓)에 의거하여 아뢰기를, "임치수(林致洙)·이의식(李義植)·소성홍(蘇聖鴻) 이 세 사람은 난민들의 거괴(巨魁)이고, 천영기(千永基)·문희백(文希白)·장순복(張順福)·오덕순(吳德順) 이 네 사람은 난민의 동악(同惡)입니다. 임종호(林宗鎬)·임덕호(林德鎬)는 한 사람은 이방(吏房)이고 한 사람은 호장(戶長)인데, 은밀히 서로 표리(表裏)의 관계를 맺고 앉아서 그 성패(成敗)를 살폈으며, 최학초(崔學抄)는 좌수(座首)로서 그 기미를 알고서는 기일에 앞서 집으로 돌아갔다가 변란의 소식을 듣고서는 밤을 틈타 고을로 들어갔습니다. 이러한 전에 없던 변란을 당하여 화응(和應)한 여부에 대해서는 많은 말을 할 필요가 없는 것입니다. 원통하더라도 사형에 해당되고 죄를 졌어도 사형에 해당이 되는 것이니, 이상의 10인은 도신(道臣)으로 하여금 민인(民人)들을 영하(營下)에 대대적으로 모아 모두 부대시(不待時)로 효수(梟首)하는 형벌을 시행하게 하소서. 전 군수(郡守) 박희순(朴希淳)은 도결(都結)이 이미 법 밖에 관계되는 것인데도 그런 정사를 하여 백성들의 원망을 많이 받아서 이민(吏民)이 함께 거사하도록 만들었으며, 드디어 위협받아 쫓겨나는 패욕(悖辱)을 당하였으니, 우선 먼저 찬배(竄配)시키소서. 그리고 받아들인 결잉전(結剩錢)은 일일이 환급(還給)하게 하소서" 하니, 윤허하였다. 『철종실록』권14. 13년 5월 5일

5월 12일 충청 감사 유장환이 아뢴 회덕의 민란을 묘당으로 하여금 품처하게 하였다.

충청 감사 유장환(兪章煥)이 회덕(懷德)의 난민(亂民)들이 소동을 일으킨 일을 치계(馳啓)하니, 하교하기를, "인가(人家)를 불태우고 관장(官長)을 협박하는 패악한 습성이 한결같이 이 지경에

이를 수 있겠는가? 설령 원통한 단서가 있다고 하더라도 말할 수 없는 짓을 버리지 않고 행하여 흔단을 만들어 소란을 야기시킨다면, 이는 곧 난민(亂民)인 것이다. 구핵(鉤覈)하여 다스리는 방도를 조금이라도 완만하게 해서는 안되니, 묘당(廟堂)으로 하여금 품처하게 하라" 하였다.『철종실록』권14. 13년 5월 12일

5월 12일 순영과 병영에서 군사를 파견에 회덕의 민란을 평정하게 하였다.

비변사(備邊司)에서 회덕(懷德)의 난민(亂民)에 대한 일을 아뢰기를, "기전(畿甸)과 지극히 가까운 곳에서 감히 법을 무시한 일을 간범(干犯)하였는데, 이를 만일 고식적으로 놓아둔다면 법을 장차 어떻게 시행할 수 있겠습니까? 해현(該縣)이 순영(巡營)과 병영(兵營) 사이에 있으니, 양영(兩營)에서 힘을 합쳐 장교(將校)와 군졸을 많이 파견해서 수창(首倡)한 몇 사람을 며칠 안에 영옥(營獄)에 잡아가두고, 각별히 구핵(鉤覈)할 일을 삼현령(三懸鈴)으로 행회(行會)하게 하소서" 하니, 그대로 윤허하였다.『철종실록』권14. 13년 5월 12일

철종 13년 5월 16일 공주의 난민들을 체포하는 대로 참수하게 하였다.

비변사(備邊司)에서 충청 감사 유장환(兪章煥)이 장계하여 공주(公州)의 민인(民人)들이 민가에 방화(放火)했다고 한 일을 가지고 아뢰기를, "그들 패란(悖亂)한 백성들은 모두 체포하는 대로 먼저 참수(斬首)한 다음 아뢰게 하라는 뜻으로 일전에 이미 초기(草記)로써 행회(行會)하였습니다. 이 뒤로는 이를 표준으로 삼아 혹시 조금이라도 소홀하여 지완(遲緩)되는 일이 없게 하라는 뜻으로 다시 삼남(三南)의 감영(監營)·병영(兵營)에 관문(關文)을

보내어 신칙하게 하소서" 하니, 그대로 윤허하였다. 『철종실록』
권14. 13년 5월 16일

5월 19일 충청 감사 유장환이 회덕과 공주 은진 등의 난민
을 효수하였음을 장계하였다.

충청 감사 유장환(兪章煥)이 장계하기를, "회덕(懷德)의 난민 김
진옥(金鎭玉), 공주(公州)의 난민 민자함(閔子咸), 은진(恩津)의 난
민 윤희규(尹喜奎)를 백성들을 많이 모은 가운데 효수(梟首)하여
대중들을 경계시켰습니다" 하니, 하교하기를, "각 고을에서 난
동을 일으킨 자들 가운데 수창자(首倡者) 몇 사람에게 이미 법
을 시행하였으니, 이에 잇따라 안집(安集)시키고 무마(撫摩)하는
것은 실로 현재의 급선무이다. 묘당(廟堂)에서 말을 만들어 행회
(行會)하여 한 사람이라도 뜻밖의 재앙에 걸리거나 한 사람이라
도 제자리를 얻지 못하는 걱정이 없게 하라" 하였다. 『철종실록
』권14. 13년 5월 19일

5월 21일 부안현의 민란으로 현감 정직조 등을 종중 추고하
게 하였다.

전라 감사 정헌교(鄭獻敎)가 천 명에 가까운 부안현(扶安縣) 백
성들이 선무사(宣撫使)의 행로(行路)를 가로막고 이인(吏人)을 발
로 차서 죽이고, 금구현(金溝縣)의 난민(亂民)들이 인가를 불태운
일을 치계(馳啓)하면서 청하기를, "부안 현감 정직조(鄭稷朝)와
금구 현령 민세호(閔世鎬)를 모두 파출(罷黜)시키소서" 하니, 하
교하기를, "근일에 민간에서 소란을 부리고 있는 것이 곳곳에서
모두 그렇다 하나, 이에 선무사의 행로에 이런 놀랍고도 패려한
습성이 있으니, 국가에 법이 있다고 할 수 있겠는가? 묘당(廟堂)
으로 하여금 품처하게 하라. 비록 도신(道臣)을 가지고 말하더라

도 진실로 곳에 따라 탄압(彈壓)하고 일이 발생하기 전에 조종하고 단속하였더라면, 어찌 이런 일이 있었겠는가? 경책(警責)이 없을 수 없으니, 우선 먼저 종중 추고(從重推考)하도록 하라" 하였다.『철종실록』권14. 13년 5월 21일

5월 22일 진주 안핵사 박규수가 민란의 원인이 삼정의 문란에 있음을 아뢰었다.

진주 안핵사 박규수(朴珪壽)가 상소(上疏)했는데, 대략 이르기를, "난민(亂民)들이 스스로 죄에 빠진 것은 반드시 이유가 있을 것입니다. 그것은 곧 삼정(三政)이 모두 문란해진 것에 불과한데, 살을 베어내고 뼈를 깎는 것 같은 고통은 환향(還餉)이 제일 큰 일입니다. 진주(晉州)의 허포(虛逋)에 대해서는 이미 사계(査啓)에서 전적으로 논하였고, 단성현(丹城縣)은 호수(戶數)가 수천에 불과하지만 환향(還餉)의 각곡(各穀)이 9만 9천여 석(石)이고, 적량진(赤梁鎭)은 호수가 1백에 불과하지만 환향의 각곡이 10만 8천 9백여 석인데, 이를 보충시킬 방도는 모두 정도를 어기고 사리(事理)를 해치는 이야기입니다. 그러나 조가(朝家)에서 탕감시키는 은전(恩典)을 또 어떻게 계문하는 대로 번번이 시행할 수 있겠습니까? 단지 병폐(病弊)를 받는 것은 우리 백성들뿐입니다. 마땅히 이런 때에 미쳐서는 특별히 하나의 국(局)을 설치하고, 적임자를 잘 선발하여 위임시켜 조리(條理)를 상세히 갖추게 하되, 혹은 전의 것을 따라 수식(修飾)하기도 하고 혹은 옛것을 본받아 증손(增損)시키기도 하면서 윤색(潤色)하여 두루 상세히 갖추게 한 후에 이를 먼저 한 도(道)에다가 시험하여 보고 차례로 통행하게 하소서. 이렇게 하고도 폐단이 제거되지 않고 백성이 편안하지 못하다는 것은 신은 듣지 못했습니다" 하니, 비답하기를, "진달한 내용은 묘당(廟堂)으로 하여금 품처하게 하겠다" 하였다.『철종실록』권14. 13년 5월 22일

5월 22일 은진의 민란을 주동한 자를 잡아내어 효수하게 하였다.

비변사(備邊司)에서 아뢰기를, "은진(恩津)의 백성들이 떼를 지어 여산(礪山)의 민가(民家)를 불태운 일은 양도(兩道)의 진영(鎭營)으로 하여금 기일을 정하여 독찰(督察)해서 꼭 잡아내게 하소서. 그리하여 수창(首倡)한 자는 먼저 효수(梟首)하고 협종(脅從)한 자는 무겁게 감죄(勘罪)할 것을 일체 이에 앞서 행회(行會)한 것에 따라 거행하게 하소서" 하니, 그대로 윤허하였다.

또 아뢰기를, "난민들을 잘 조종하여 단속하지 못한 부안 현감 정직조(鄭稷朝)와 금구 현령 민세호(閔世鎬)는 파출시켰으니, 이제 우선 버려두소서. 그러나 선무사(宣撫使)가 경유하는 여러 고을에서 난민들이 시기를 틈타 완악한 짓을 한 것은 국법이 안중에 없는 처사이니, 이들에게 형륙(刑戮)을 가하지 않는다면 법을 장차 어떻게 시행하겠습니까? 이러한 무리는 체포되는 대로 먼저 참수(斬首)하고 나서 아뢰도록 이미 일전에 행회(行會)한 것이 있습니다. 그런데 선무사가 곧바로 돌아온 뒤 날짜가 상당히 오래 되었는데도 각 진영(鎭營)에서 거행하는 것이 갈수록 더욱 지체되고 소홀하여 아직껏 한두 명도 체포했다는 보고가 없습니다. 도신(道臣)을 규핵(糾劾)하여 경책(警責)을 논하는 것은 이것이 곧 군법(軍法)으로 조처한다는 것을 말하는 것입니다. 각별한 내용으로 분부(分付)하게 하소서" 하니, 그대로 윤허하였다. 또 아뢰기를, "난민들의 패려한 거조는 놀랍고 통분스럽지 않은 것이 아닙니다만, 사명(使命)의 행지(行止)는 실로 여러 사람들이 바라보는 데에 관계되는 것입니다. 그런데 지금 해야 할 일을 미처 강구하기도 전에 곧바로 되돌아왔으니, 경솔하고 구차스러웠다는 것만으로 논할 수는 없습니다. 선무사 조귀하(趙龜夏)에게 견파(譴罷)시키는 형벌을 시행하소서. 은혜로운 윤음(綸音)을 전파하는 것을 겨우 시작하자마자 곧바로 철회하였으므로, 사체(事體)를 이루지 못하고 말았습니다. 따라서 도내 (道內)의 품계가 높은 수령을 일이 있는 고을로 나누어 보내어 백성들을 모두 모아놓고 알리게 할 것으로 도신(道臣)에게 행회 (行會)하게 하소서" 하니, 그대로 윤허하였다. 『철종실록』권14. 13년 5월 22일

5월 23일 진주 민란의 수창자를 부대시로 효수하게 하였다.

비변사에서 진주 안핵사 박규수(朴珪壽)가 사핵(査覈)한 것에 의거해 복계(覆啓)하기를, "유계춘(柳繼春)·김수만(金守萬)·이귀 재(李貴才)가 수창자(首倡者)임은 사계(査啓)에서 나열한 것이 이 미 상세하고도 확실하였습니다. 이계열(李啓烈)·박수익(朴守益) ·정순계(鄭順季)·곽관옥(郭官玉)·우양택(禹良宅)·최용득(崔用 得)·안계손(安桂孫) 등 7명의 죄수는 용의 주도하게 창응(倡應) 하여 시종 능범(凌犯)했으니, 유계춘 등에 견주어 털끝만큼도 다 를 것이 없습니다. 이상 10인은 모두 군민(軍民)을 많이 모은 가 운데 부대시(不待時)로 효수(梟首)하여 대중을 경계시키게 하소 서. 전 교리(校理) 이명윤(李命允)은 지시한 와주(窩主)로 지목되 었으니, 더없이 놀랍고 통분스럽습니다. 잡아다가 국문한 다음 엄중히 감죄(勘罪)하소서. 하나의 옥사(獄事)를 3개월 동안 논단 (論斷)했는데, 그 논단(論斷)이 가끔 지나치게 가벼운 쪽을 따른 점이 있으니, 안핵사 박규수(朴珪壽)에게 간삭(刊削)시키는 법을 시행하소서" 하니, 하교하기를, "이계열(李啓烈) 등 7인은 묘당 (廟堂)에서 복계(覆啓)한 것이 엄하고 정당하니, 진실로 일체 형 법을 시행해야 하겠지만, 다만 생각하건대 사안(査案)을 구별하 여 이런 등급으로 나누어 놓았으니, 죄가 의심스러우면 가벼운 쪽을 따르는 것이 신중하게 다스리는 정사에 해로울 것이 없다. 모두에게 차율(次律)을 시행하도록 하라" 하였다. 『철종실록』권 14. 13년 5월 23일

5월 25일 전라 감사 정헌교가 아뢴 장흥부의 전 군수 고제
환의 난을 묘당으로 하여금 품처하게 하였다.

　전라 감사 정헌교(鄭獻敎)가 장계(狀啓)하기를, "장흥부(長興府)
의 전 군수(郡守) 고제환(高濟煥)이 향유(鄕儒) 정방현(鄭邦賢)·임
재성(任在星)과 서로 도당(徒黨)을 불러 모아 인가를 불태우고
공해(公?)를 태워버리기에 이르렀습니다" 하니, 하교하기를, "불
을 놓고 민가를 겁탈하는 것으로도 오히려 부족하여 기필코 공
해(公?)까지 태워버리려고 했다 하니, 진실로 조금이나마 돌보아
두려워하는 마음을 지녔다면 완악하고 패려한 습성이 어찌 이
처럼 극도에 이를 수 있겠는가? 그리고 명색이 조관(朝官)으로
서 도당(徒黨)을 불러 모아 난동을 일으켰으니, 그 통분스러움이
다른 사람에 견주어 갑절이나 더하다. 묘당(廟堂)으로 하여금 품
처하게 하라" 하였다.『철종실록』권14. 13년 5월 25일

5월 25일 팔도의 삼정에 대해 묘당에서 국청을 설치하여 강
구하게 하였다.

　하교하기를, "근일 삼남(三南)에서 발생한 민요(民擾)는 이것이
진실로 어떠한 변괴인가? 이 백성은 삼대(三代) 때에도 함께 겪
으며 행하여 왔었으므로, 진실로 덕으로 인도하고 예(禮)로 다스
림으로써 위로 부모를 섬기고 아래로 처자를 양육하면서 편안
히 살며 생업을 즐길 수 있게 한다면, 비록 한두 명의 완악하고
패려한 무리들이 있다 하더라도 어찌 선동하여 이런 짓을 할
수가 있겠는가? 탐오(貪汚)한 긴쉬(官倅)가 침학하고 간사한 향
임(鄕任)과 교활한 서리(胥吏)들이 주구(誅求)하니, 뼈를 깎는 듯
한 원통함과 살을 에이는 듯한 고통으로 살 수도 죽을 수도 없
으므로, 스스로 분수를 범하고 기강을 범하는 데 귀착됨을 깨닫
지 못한 것이니, 그 실정을 따져본다면 또한 슬프다고 할 수 있

다. 대저 민사(民事)에 관계되어 크게 제거해야 할 부분은 오로
지 삼정(三政)이라고 하고, 난민들이 구실로 삼고 있는 것도 여
기에 있지 않은 적이 없었다. 팔도(八道)의 삼정에 대해 묘당(廟
堂)에서 국청(鞫廳)을 설치하고 강구하게 하되, 개혁(改革)할 만
한 것은 개혁하고 교정(矯整)할 만한 것은 교정하여 저 가난하
고 의지할 곳 없어서 울부짖는 무리로 하여금 모두 편안히 휴
식(休息)하면서 차별없이 똑같게 여기는 은정(恩政)을 고루 입게
하라" 하였다. 『철종실록』권14. 13년 5월 25일

6월 10일 삼정의 폐단을 바로잡기 위해 문관·음관의 당상
등에게 책문할 것임을 일렀다.

하교하기를, "삼정(三政)의 폐단을 바로잡기 위해 이정청(釐整
廳)을 설치하여 강구하는 일이 있기에 이르렀다. 그리하여 묘당
(廟堂)의 제신(諸臣)이 지금 바야흐로 상확(商確)하여 교정(矯正)
하고 있는데, 이는 조가(朝家)에서 크게 경장(更張)하는 데 관계
된 것이므로, 널리 묻고 널리 의견을 채집하여 사리(事理)에 꼭
맞도록 힘쓰지 않을 수 없다. 모레에는 마땅히 인정전(仁政殿)에
몸소 나가서 문관(文官)·음관(蔭官)의 당상(堂上)·당하(堂下)·
참하(參下)와 생원(生員)·진사(進士)·유학(幼學)에게 책문(策問)
을 시험할 것이니, 이정청(釐整廳)의 총재관(摠裁官)을 모두 독권
관(讀券官)으로 삼도록 하라. 응제(應製)하는 사람은 시장(試場)에
들어가 출제(出題)한 다음 물러 나가서 10일을 기한으로 집에서
지어 올리되, 문사(文辭)의 공졸(工拙)에 구애받지 말고 다만 시
행할 만한 것을 따르도록 하라. 그리고 의견에 따라 진대(陳對)
한 시권(試券)은 태학(太學)으로 하여금 수취(收聚)하여 품(禀)하
게 하라" 하였다. 『철종실록』권14. 13년 6월 10일

▓ 휘경원 천봉

철종 6년(1855) 10월에는 휘경원(徽慶園)을 순강원(順康園)의 오른쪽 산등성이로 천장(遷葬)하였다. 그러나 형가(形家: 풍수가 風水家)43)의 의논이 끝내 갑론 을박(甲論乙駁)이 있었으므로 몸소 택조(宅兆)를 간심(看審)하였고, 철종 14년(1863) 5월에 광릉(光陵)의 국내(局內)에 있는 달마동(達摩洞)으로 천봉하였는데 원(園)을 모두 두 번 천봉하였다.

33세인 철종 14년(1863) 2월 7일 시·원임 대신과 휘경원의 천봉에 대해 의논하였다.

시임(時任)·원임(原任) 대신(大臣)을 소견(召見)하였다. 임금이 이르기를, "휘경원(徽慶園)을 천봉(遷奉)한 지가 지금 9년이 되었는데, 형가(形家)의 의논이 끝내 내 마음에 흡족하지 못한 점이 있으니, 송구스러움이 마땅히 다시 어떠하겠는가? 이는 지극히 중대한 일이니, 잘 살피고 신중을 기하기 위해 경(卿) 등과 함께 의논해 결정하려고 하는데, 경 등의 의견은 어떠한가?" 하니, 영의정 정원용(鄭元容), 영부사(領府事) 김흥근(金興根), 판부사(判府事) 김좌근(金左根)·조두순(趙斗淳) 등이 아뢰기를, "이미 하문(下問)을 받들었으니, 누가 이의(異議)를 제기하겠습니까? 길지(吉地)를 널리 구하여 예사(禮事)를 끝마치기를 복축(伏祝)합니다" 하였다. 임금이 이르기를, "연전에 인릉(仁陵)을 천봉(遷奉)할 때 달마동(達摩洞)을 내가 직접 간심(看審)했는데, 형국(形局)이 과연 좋았다. 이번에 먼저 이 곳을 간심하는 것이 좋겠다"

---

43) 형가(形家): 지사(地師). 지관(地官)

하니, 정원용이 말하기를, "그때 신 등도 모두 진참(進參)했었는데, 보기에 매우 좋았습니다. 여러 지사(地師)들이 논한 것도 모두 매우 칭찬하였습니다" 하니, 하교하기를, "달마동을 처음 간심할 때 시임·원임 대신(大臣)들은 도감 당랑(都監堂郎)과 함께 가도록 하라" 하였다. 『철종실록』권15. 14년 2월 7일

2월 10일 간심(看審)한 대신(大臣)들을 소견(召見)하였다.

임금이 이르기를, "달마동을 경(卿) 등이 간심하여 보니, 형국(形局)이 과연 어떠하던가?" 하니, 영의정 정원용(鄭元容)이 말하기를, "신이 연전에 간심했었는데 지금 또 간심하여 보니, 보기에 전처럼 매우 아름다웠습니다. 여러 상지관(相地官)들이 논한 것도 상길(上吉)이라고 했습니다" 하고, 영부사(領府事) 김흥근(金興根), 판부사(判府事) 김좌근(金左根)·조두순(趙斗淳) 등은 말하기를, "신 등도 이견(異見)이 없습니다" 하였다. 『철종실록』권15. 14년 2월 10일

3월 4일 원소(園所)를 달마동(達摩洞)으로 정하였다.
5월 1일 휘경원(徽慶園)의 현실(玄室)을 파낼 때에 명정문(明政門) 밖에서 망곡(望哭)하였다. 5월 5일 휘경원의 찬실(攢室)을 열 때 망곡(望哭)하였다. 5월 6일 휘경원의 발인(發靷) 때 망곡(望哭)하였다.

휘경원 전경
경기도 남양주시 진접읍 부평리. 사적 제360호

▓ 종계 변무와 존호 추상

철종 14년 1월 8일 지사 윤치수가 전사를 보내어 『이십일사약편』에 잘못 기록되어 있는 국계를 바로잡을 것을 청하였다.

지사(知事) 윤치수(尹致秀)가 상소(上疏)했는데, 대략 말하기를, "신이 삼가 국계 변무(國系辨誣)를 상고하여 보건대 개국(開國)한 처음에서부터 시작하여 선조조(宣祖朝)에 이르러서야 비로소 준청(準請)을 획득하여 개간(改刊)된 『회전 會典』 판본을 선시(宣示)하였으니, 이에 우리 동방의 군신 상하(君臣上下)가 2백 년 동안 가슴속에 숨겨 온 통한이 하루아침에 비로소 신설(伸雪)되었습니다. 따라서 모두 황은(皇恩)에 감사하고 조종(祖宗)의 영령을 기쁘게 위로한 것 또한 지금까지 2백 년이 되었습니다. 그리고 강희(康熙) 무렵에 웅사리(熊賜履)·왕홍서(王鴻緒)가 찬수한 『명사고 明史藁』와 옹정(雍正) 무렵에 장정옥(張廷玉)·서건학(徐乾學)이 찬수한 『명사 明史』에 우리나라에서 변주(辨奏)한 글을 두루 기재하였은즉, 『회전 會典』 초간본(初刊本)의 잘못됨은 저절로 환히 밝아졌으니, 천만세(千萬世)에 영원토록 다행스런 일입니다. 그러나 야승(野乘)이나 쇄록(瑣錄)에 여기저기 산발적으로 보이는 것을 다 고칠 수는 없는 것이기 때문에 주인(朱璘)의 패사(悖史)가 나오게 되어 무와(誣訛)된 것이 그전과 다름이 없으므로, 드디어 사신을 보내어 변무(辨誣)하는 거조가 있기에 이르렀던 것입니다. 신이 마침 근일 북경(北京)에서 구입하여 가지고 온 이른바 『이십일사약편 二十一史約編』이라는 책을 보니, 그 내용 가운데 본국 조항에 대한 종계(宗系)와 수선(受禪)은 그대로 무와된 것을 답습하여 그것이 한정이 없을 정도이므로, 가슴이 놀라 뛰고 뼈를 깎는 듯하게 통분스러워 살고 싶지 않은 마음이었습니다. 정사(正史)의 기록에는 전후의 변주(辨奏)를 모

두 기재하였으니, 이런 황당하고 사실과 어긋난 글에 대해서는
변해(辨解)할 가치도 없는 것 같지마는, 이는 전혀 그렇지 않은
점이 있습니다. 주인의 패사가 제작된 것도 사성(史成)의 찬차
(纂次)에서 나온 것은 아니었습니다만, 영조대왕(英祖大王)께서는
척연(惕然)히 깜짝 놀라 급급히 변무의 진달을 행했었으니, 이것
이 어찌 오늘날 거울로 삼아 본받아야 할 일이 아니겠습니까?
신의 생각에는 전사(專使)를 보내어 갖추어 주달(奏達)하여 속히
전정(鐫正)하도록 청하는 것이 곧 조종(祖宗)께서 쌓아온 정성과
간절한 바람을 계술(繼述)하는 의리로서 온 나라 신민(臣民)들의
가슴이 무너지는 듯하게 통박(痛迫)한 심정을 위로할 수 있을
것입니다. 삼가 바라건대 먼저 신의 이 소장(疏章)을 가져다 조
정에 내려 널리 묻고 의논하게 하는 바탕으로 만드소서" 하니,
비답하기를, "이제 경(卿)의 소장을 보건대 너무도 놀랍고 통분
스러워 감히 잠시도 스스로 편안할 수가 없다. 변주(辨奏)를 청
하는 것은 경의 말이 과연 절당(切當)하다. 마땅히 시임(時任)·
원임(原任) 대신(大臣)들에게 하순(下詢)하겠다" 하였다. 『철종실
록』권15. 14년 1월 8일

철종 14년 5월 29일 국계를 바로 잡은 것으로 신하들이 존
호를 올릴 것을 청하였다.

　시임(時任)·원임(原任) 대신(大臣)과 예당(禮堂)을 불러서 접견
했는데, 청대(請對)했기 때문이었다. 영의정 정원용(鄭元容) 등이
말하기를, "패사(稗史)의 잡찬(雜纂)에 무설(誣說)이 유포되어 성
심(聖心)이 놀라고 두려워하였었는데, 사개(使价)가 변무(辨誣)하
여 주달하자, 신성(宸誠)이 믿고 감응하여 계무(系誣)가 환히 신
설(伸雪)되었으니, 이는 진실로 더없는 경사입니다. 변무가 이루
어진 뒤 포고하는 것은 곧 우리 선조(宣祖)·영조(英祖)께서 이
미 행한 예(禮)입니다. 속히 예조로 하여금 좋은 날을 가려서 거

행하게 하소서" 하니, 임금이 이르기를, "사사(使事)가 과연 순조롭게 이루어졌으니, 진실로 더없는 경행(慶幸)이다. 변정(辨正)한 뒤 포고하는 것은 당연히 거행해야 할 것이다" 하였다.

정원용이 말하기를, "신 등은 이로 인하여 앙청(仰請)할 것이 있습니다. 우리 전하께서 임어(臨御)하신 이래로 하늘을 공경하고 조선(祖先)을 본받으며 어버이에게 효도하고 백성을 사랑하신 성대한 덕과 지극한 행실은 항상 온 나라의 신민(臣民)들이 흠앙(欽仰)하고 찬송하는 것으로서 누군들 본뜨고 찬양하려는 소원이 없겠습니까? 더구나 이제 패기(稗記)의 거짓은 이륜(彝倫)에 관계되어 있으니, 이런 등류의 문자(文字)가 세간(世間)에 유포된 것은 곧 우리 나라 상하 신민(臣民)이 놀랍고 통분스럽게 여기는 것으로 하루라도 스스로 편안할 수 없는 것이었는데, 하늘이 낸 성상(聖上)의 효도에다가 사개(使价)가 잘 변정(辨正)하여 일월(日月)이 다시 밝아지고 우주(宇宙)가 빛을 회복하였으니, 조선을 생각하고 근본에 보답하는 정성과 선왕(先王)의 뜻을 계승하고 사업을 이어 가려는 생각으로 전대를 잇고 후손(後孫)을 여유 있게 한 것은 고금에 드문 일입니다. 옛날 선조(宣祖)께서 변정하였을 적에 군신(群臣)들이 존호(尊號)를 올릴 것을 청하자 윤종(允從)하셨습니다. 우리 조가(朝家)에서 이미 행한 예(禮)를 어떻게 오늘날엔 행하지 않을 수 있겠습니까? 이에 감히 서로 인솔하고 와서 앙청(仰請)하는 바이니, 여러 신하들의 심정(心情)을 굽어 따르시어 속히 유음(兪音)을 내리소서" 하니, 임금이 이르기를, "이것이 무슨 말인가? 실로 이는 천만 뜻밖의 말이다. 진실로 망령된 것이니, 모쪼록 다시 말하지 않는 것이 마땅하겠다" 하였다.

판부사(判府事) 김좌근(金左根)이 아뢰기를, "이미 변무(辨誣)는 되었으나 일이 막중한 데에 관계되니, 쇄록(瑣錄)과 영편(零編)이라고 해서 소홀히 해서는 안됩니다. 성상의 효도가 빛을 발하여 소청에 대한 준허(準許)를 얻었으니, 온 나라의 신민(臣民)들은 비로소 일성(日星)이 회식(晦蝕)되는 가운데서 벗어날 수 있게 되었습니다. 더구나 선조[宣廟] 경인년에 있었던 고사(故事)가 오늘날 우러러 계술(繼述)할 만한 확실한 증거가 되니, 성명(聖明)께서 여기에 대해 겸손하는 미덕(美德)으로써 일체 윤허를 아끼시는 것은 부당한 조처인 것 같습니다. 다만 속히 힘써 따르겠다고 허락하시기를 기원합니다" 하니, 임금이 이르기를, "선조조(宣祖朝)에는 성스러운 덕과 높은 공이 있어서 찬양하는 욕례(縟禮)를 거행한 것이지만, 이제 나는 치법(治法)이 옛날의 성대했던 때에 견줄 만한 것이 전혀 없다. 더구나 종계(宗系)에 대한 변무(辨誣)는 내가 행해야 할 우리 집안의 일인 것으로 곧 상사(常事)인 것인데, 무슨 공덕이 칭도(稱道)할 만한 것이 있겠는가? 진실로 절대 불가한 일이다" 하였다.

판부사(判府事) 조두순(趙斗淳)이 말하기를, "임어(臨御)한 이래 지대(至大)한 인덕(仁德)이 사람들의 살과 뼈에 흡족히 젖었고 풍성한 공렬(功烈)이 백성들의 눈과 귀에 흠씬 배어 있으므로, 국사(國史)와 야승(野乘)에서 장차 이루 다 기록할 수 없을 정도인 것은 진실로 신 등의 말을 기다릴 것도 없습니다. 생각건대 이번의 진주(陳奏)에 관한 한 가지 일은 성상의 효도에 저들이 믿고 감응한 것으로서, 성상의 효도를 천명(闡明)하는 것은 조종(祖宗)의 큰 경사를 대양(對揚)하고 조종께서 계우(啓佑)하신 것을 펴서 넓힘에 있어 성대하게 하는 것입니다. 따라서 전하(殿下)께서 여기에 대해 겸양하여 피하려고 하신들 되겠습니까? 조속히 유음(兪音)을 내리시기를 기원합니다" 하니, 임금이 이르기를, "나는 부덕(不德)한 자질로 나이도 많지 않다. 더구나 지금은 민우(民憂)와 국계(國計) 때문에 다른 일에 겨를이 없는데, 어떻게 이런 형식적인 일을 행할 수가 있겠는가? 다시는 이런 말을 하지 않는 것이 좋을 것 같다" 하였다.

정원용이 말하기를, "누차 하교를 받들었습니다만, 성스러우면서도 성스러움을 자처하지 않으시니 겸양하여 사양하는 성덕(盛

德)에는 비록 크게 빛남이 되겠으나, 임어(臨御)하신 이후 지극한 선정(善政)과 큰 공덕의 은택이 백성에 입힌 것은 이루 다 기록할 수 없습니다. 이번에 성효(誠孝)의 감동된 소치로 사사(使事)가 준청(準請)되었는데, 이에 대해 성조(聖朝)에서 이미 행하여 온 예법(禮法)이 있고 여정(輿情)에서도 막을 수 없는 논의가 있습니다. 전하께서는 비록 유양(揄揚)하자는 요청을 굽어 따르려고 하지 않더라도 속히 예대(豫大)하는 거사를 행하여야 되겠는데, 그것은 조선(祖先)의 미덕(美德)을 계승하고 큰 경사에 보답하는 의리에 있어 사양하지 못할 점이 있는 것입니다. 연석(筵席)에서 감히 누차 번거롭게 할 수 없으므로 퇴출(退出)한 뒤 여러 재신(宰臣)들과 빈청(賓廳)에 모여 계사(啓辭)로 앙청(仰請)하겠습니다" 하니, 임금이 이르기를, "다시는 뜻밖의 말을 하지 않는 것이 마땅하겠다" 하였다. 『철종실록』권15. 14년 5월 29일

빈청(賓廳)에서 누차 계청(啓請)하였으나 따르지 않자 마침내 백관(百官)을 거느리고 정청(庭請)하면서 모두 10여 차례 계청하니, 임금이 마지못해서 따랐다.

그리하여 철종 14년 6월 1일 빈청에서 대전과 중궁전의 존호를 의망하였다.

빈청(賓廳)에서 아뢰기를, "대전(大殿)의 존호(尊號) 망(望)은 희륜 정극 수덕 순성(熙倫正極粹德純聖)으로 하고, 중궁전(中宮殿)의 존호 망은 명순(明純)으로 하였습니다" 하였다. 『철종실록』권15. 14년 6월 1일

그리고 철종 14년 11월 23일 지사(知事) 김병국(金炳國)이 잇따라 인원왕후(仁元王后)의 고사(故事)를 원용하여 자휘(慈徽)를 천명(闡明)할 것을 청하였다.

 지사(知事) 김병국(金炳國)이 상소(上疏)했는데, 대략 말하기를, "봄 무렵에 중국의 패사(稗史)가 거짓된 것을 표절(剽竊)하여 답습한 것 때문에 사신(史臣)을 보내어 이를 진변(陳辨)하였습니다. 이는 우리 선조(宣祖)와 영조(英祖)의 고사(故事)를 준행(遵行)한 것인데, 사사(使事)를 순조롭게 끝마치고 돌아옴에 이르러서는 종계(宗系)가 잘 바루어져 선무(先誣)가 통쾌히 신설(伸雪)되었으므로, 열성(列聖)의 영령이 기뻐하고 온 나라의 신민(臣民)들이 경축하였으니, 이는 진실로 우리 동방을 융숭히 하고 성대히 할 의문(儀文)인 것입니다. 신이 삼가 살피건대 영조 경신년(영조16, 1740)·임신년(영조28, 1752)·병자년(영조32, 1756)에 군신(群臣)들이 성대한 공렬(功烈)을 양려(揚厲)하고 의휘(懿徽)를 천명(闡明)하기 위해 그때마다 인원 성모(仁元聖母)에게 존호(尊號)를 더 올리는 예식(禮式)을 행했었으니, 이는 진실로 대경(大慶)이요 대혜(大惠)인 것으로, 은택을 온 나라에 두루 베푼 조처인 것입니다. 따라서 이를 기념하기 위한 성대한 의식을 행하는 전례(典禮)를 의당 존봉(尊奉)하는 분에게 먼저 해야 하는 것이니, 이는 세상에 세워 놓아도 도리에 어긋나지 않고 백세(百世) 뒤를 기다려도 의혹스럽지 않을 것임은 물론, 우리 조가(朝家)에서 이미 행하였던 것이고 오늘날 마땅히 본받아야 할 것입니다. 삼가 바라건대 성명(聖明)께서는 신의 이 소장(疏章)을 내려서 정신(廷臣)들에게 하문하시고, 이어 예조(禮曹)에 명하여 속히 대왕 대비전(大王大妃殿)과 왕대비전(王大妃殿)에 존호(尊號)를 더 올리는 예식을 거행함으로써 옛 법도를 따르고 신성(宸誠)을 펴도록 하소서" 하니, 비답하기를, "내가 여름 무렵에 경(卿) 등과 대내(大內)에서 충분히 의논하지 않은 것이 아니었으나, 막중한 전례(典禮)라서 감히 경솔히 결단할 수가 없었던 것이다. 그리하여 그때 미처 모두 거행하지 못하였으므로 항상 서글프고 송구스런 마음이 간절했었다. 지금 경의 상소를 보니, 고사(故事)를 원인

(援引)하여 나로 하여금 이를 계술(繼述)하게 함으로써 정성과 예절에 부족함이 없게 하려는 것이므로, 실로 흠탄(欽歎)을 금할 수 없다. 이제 대신(大臣)들에게 순문(詢問)할 것이니, 경은 그리 알고 있으라" 하였다. 『철종실록』권15. 14년 11월 23일

마침내 11월 27일 대왕 대비(大王大妃)의 존호를 올려 홍덕 (弘德)이라 하였고, 왕대비(王大妃)의 존호는 정목(正穆)이라 하였다.

대왕 대비전과 왕대비전의 존호를 정하고 인정전(仁政殿)에 나아가 직접 전문(箋文)을 올렸다. 대왕 대비전에 가상(加上)하는 존호의 망(望)은 홍덕(弘德)이고, 왕대비전에 가상하는 존호의 망(望)은 정목(正穆)이다. 『철종실록』권15. 14년 11월 27일

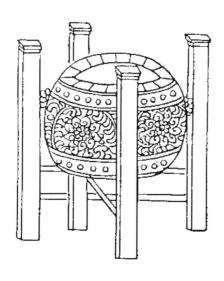

▦ 국구 김문근 졸하다

철종 14년(1863) 11월 6일 영돈녕부사 영은 부원군 김문근(金汶根)이 졸했다.

영돈녕부사(領敦寧府事) 영은 부원군(永恩府院君) 김문근(金汶根)이 졸(卒)하였다. 하교하기를, "돈후(敦厚)한 자질은 세상에 모범이 될 만하였고, 원대(遠大)한 식견은 여러 사람을 주재(主宰)할 만하였다. 그리고 충애(忠愛)스런 성품과 의리를 굳게 지키는 확고함은 곧 이 집안의 가법(家法)인 것이다. '근신 검약(謹愼儉約)' 네 글자로 우리 자훈(慈訓)을 받들어 주야로 10여 년을 하루처럼 복응(服膺)하여 왔다. 더구나 연전에 올린 한 통의 소장(疏章)은 또 백세(百世) 뒤에도 말이 전해질 것임이겠는가? 나 소자(小子)가 융숭하게 위임하여 대우한 것은 그의 처지 때문에 그런 것만은 아니었다. 병환이 위독해질 때 급박한 상황을 생각하지 않은 것은 아니었지만, 어찌 오늘 졸서(卒逝)했다는 단자(單子)가 갑자기 이를 줄이야 생각이나 했겠는가? 너무도 슬픈 나머지 마음을 가눌 수가 없는 지경이다. 졸(卒)한 영돈녕 영은 부원군의 상(喪)에 동원 부기(東園副器) 1부(部)를 수송하여 주고 성복(成服)하는 날에는 승지(承旨)를 보내어 치제(致祭)하라. 이어 고자(孤子)를 돌보아 위로하고 부의(賻儀)와 수의(襚衣)에 드는 물품을 넉넉하게 수송하며 봉록(俸祿)은 3년을 기한으로 종전대로 지급하게 하라. 예장(禮葬) 등의 절차는 전례에 따라 거행하고 역명(易名)[44]의 은전(恩典)은 시장(諡狀)을 기다릴 것 없이 성복(成服)하기 전에 의정(議定)토록 하라" 하였다. 『철종실록』권15. 14년 11월 6일

---

44) 역명(易名): 시호(諡號)를 내리는 일

　김문근(金汶根, 1801~1863)의 본관은 안동(安東), 자는 노부(魯夫), 시호는 충순(忠純)이다. 아버지는 김인순(金麟淳)이며, 김이순(金蓬淳)에게 입양되었다. 형이 이조판서 김수근(金洙根)이며, 사위가 철종이다. 헌종 7년(1841) 음직으로 가감역(假監役)이 된 뒤 현감을 지내다가 철종 2년(1851) 딸이 왕비로 책봉되어 영은부원군(永恩府院君)에 책봉, 영돈녕부사가 되었고, 제2차 안동김씨 세도정치의 중심인물이 되었다. 또, 금위대장·총융사·훈련대장 등의 군사요직을 거쳤다.

　철종 11년(1860) 대사헌 서대순(徐戴淳)이 상소하여, 헌종이 죽은 뒤 왕위계승의 가장 유력한 인물이던 경평군 호(慶平君珢)가 판중추부사 김좌근(金左根) 등과 그를 비난한다고 하며 경평군의 처벌을 주장하였다. 이에 철종은 경평군을 전라도 강진으로 유배보내고, 한편으로 종정부(宗正府)에 명하여 속적(屬籍)을 끊어 경평군의 작호를 환수하였다.

　김좌근·김병국(金炳國)·김병기(金炳冀) 등과 함께 성밖으로 한때 퇴출되었으나 왕명으로 곧 돌아왔다. 철종 13년(1862)에는 돈녕부도정(敦寧府都正) 이하전(李夏銓)의 역모를 빨리 처분하도록 청하여 왕족을 모해하고 안동 김씨의 세도정치를 강화하도록 노력하였다. 이듬해 죽자 철종은 부기(副器) 일부를 수송하도록 하고, 성복일에는 승지를 보내어 제사지내고 3년간 녹봉을 그대로 지급하며, 예장(禮葬) 등속은 전례를 따르도록 하였다. 영의정에 추증되었다. 『민문』

▦ 승하

철종 14년(1863) 12월 8일 환후가 위독해져 묘사(廟社)·전궁
(殿宮)·산천(山川)에 날짜를 가릴 것 없이 기도(祈禱)를 설행하
라고 명하였다.

그러나 대보(大寶)를 대왕 대비전(大王大妃殿)에 봉납(捧納)하
게 하고, 궁성(宮城)을 호위(扈衛)하게 하라고 명하였다.

그리고는 묘시(卯時: 오전 5시~7시까지)에 창덕궁 대조전에
서 재위 14년 만인 향년 33세를 일기로 승하하였다.

무오년(철종9, 1858)에 곤전(坤殿: 왕비)께서 원자(元子)를 탄생
하였으나 첫 돌도 못되어 졸서(卒逝)하였으며, 후궁(後宮) 가운데
출산(出産)이 있었으나 또한 일찍 요절(夭折)한 경우가 많았습니
다. 임금께서는 이런 일을 사리에 의거해 달래면서 비록 얼굴과
말씀에는 드러내지 않았으나 영위(榮衛)[45]는 점차 손상이 되어
갔습니다. 그런데도 능원(陵園)의 전성(展省), 묘궁(廟宮)의 전향
(傳香), 법전(法殿)의 조하(朝賀)를 오히려 조금도 해이함이 없이
힘써 행하였는데, 12월 7일 병세가 매우 위독하여졌고 다음날
경진일(庚辰日)에 창덕궁(昌德宮)의 대조전(大造殿)에서 예척(禮陟:
승하昇遐) 하였습니다. 춘추(春秋)는 33세이고, 재위(在位)는 14년
이었습니다. 경(卿)·사대부(士大夫)들이 가슴을 치며 울부짖으면
서 말하기를, '우리 임금의 대덕(大德)으로써 이 지경에 그치고
만단 말입니까? 덕이 있는 이는 반드시 장수를 한다고 했는데
하늘을 기필할 수 있는 것입니까? 하늘을 기필할 수 없는 것입
니다. 나라가 장차 어찌 되겠습니까?' 하였고, 도하(都下)의 사녀

---

45) 영위(榮衛): 몸을 보양(保養)하는 혈기(血氣)

(士女)들이 달려와서 시일(時日)을 보전하지 못할 듯이 통곡하며 들끓었습니다. 대왕 대비(大王大妃)께서 대신(大臣)에게 명하여 금상 전하를 봉영(奉迎)하여 들어와서 대통(大統)을 계승하게 한 다음 상사(喪事)를 주관하게 하였으며, 대소(大小) 신하들과 함께 임금의 공덕(功德)을 의논하여 시호(諡號)를 올리기를 문현무성헌인영효(文顯武成獻仁英孝)라 하고, 묘호(廟號)를 철종(哲宗)이라 하였습니다. 『철종실록』권15. 부록.「철종대왕 행장」

창덕궁 대조전

고종 1년(1864) 4월 7일 예릉(睿陵)에다가 장사지냈다.

　다음해 갑자년(고종1, 1864) 4월 7일에 예릉(睿陵)에 장사지냈으니, 곧 희릉(禧陵)의 오른쪽 산등성이의 자좌(子坐)의 언덕인데 임금이 을묘년(철종6, 1855)에 몸소 간심할 적에 성의(聖意)에 점쳐 둔 곳이었습니다.『철종실록』권15. 부록.「철종대왕 행장」

예릉 전경
경기 고양시 덕양구 원당동 서삼릉 내

▓ 평가

철종대왕 행장 중

임금은 기우(氣宇)가 엄정(嚴正)하고 우뚝한 콧대에 용의 눈동자를 하고 있으므로 둘러볼 때에는 영채(英彩)가 번뜩여 위엄을 차리지 않아도 근엄하였고 살피지 않아도 환히 알았습니다. 그의 인효(仁孝)에 대해서는 타고난 천성이 그러하였습니다. 어릴 적에 완양(完陽)·용성(龍城) 두 부대부인(府大夫人)을 섬김에 있어 전혀 차이가 없었으며, 용성 부대부인(龍城府大夫人)의 상사(喪事) 때에 빈실(殯室)에 들어가 영결(永訣)하지 못한 것을 평생의 한으로 삼았으며, 11세 때 대원군(大院君)의 상사(喪事)를 당했을 적에는 곡용(哭踊)과 애척(哀戚)이 다 함께 지극하였습니다.

등극(登極)한 뒤 순원 성모(純元聖母)를 모실 적에는 거처를 반드시 같은 궁전(宮殿)에서 하였고, 음식은 반드시 같은 주방(廚房)에서 하게 하였으며, 경연(經筵)이나 시사(視事)가 있는 이외에는 잠시도 그 곁을 떠난 적이 없었음은 물론, ─ 순원 성모께서 ─ 체후(體候)가 미령할 적에는 부축하고 주무르고 긁어주는 것을 말하기 전에 뜻을 받들었는가 하면 주야로 의대(衣襨)를 풀지 않았는데, 9년을 하루처럼 하였습니다.

정사년(철종8, 1857) 이후 찬선(饌膳)을 대하면 그때마다 눈물을 흘리면서 이르기를, '성모(聖母)께서 밥을 드시면 나도 밥을 먹었었는데, 이제 어찌 차마 혼자서 먹을 수 있겠는가?' 하였으므로, 측근의 신하들이 소리없이 울었습니다. 대원군(大院君)의 온 가문(家門)을 전석(全釋)시킨 것이 임오년(순조22, 1822)에 있었는데, 이는 순고(純考)의 특은(特恩)이었습니다. 임금이 효성을 극진히 하려는 생각을 번번이 제사(祭祀)와 전배(展拜)에 나타내었으며, 아름다운 공렬을 천양(闡揚)하는 일을 한 번만이 아니라 누차 거행하여 거의 거르는 해가 없었는데, 이렇게 하지 않으면 마음에 유쾌하지 않았기 때문이었습니다. 묘궁(廟宮)의 사향(祠饗)은 반드시 몸소 거행하였으며 희생(犧牲)을 살펴보고 깨끗한가를 점검하였으며 의용(儀容)은 공손하게 하였습니다. 조종조(祖宗朝)의 탄강(誕降), 승하(昇遐), 등극(登極), 주량(舟梁)이 있었던 해를 당하면 혹은 직접 능침(陵寢)에 나아가기도 하고, 혹은 대신(大臣)을 대신 보내기도 하며 반드시 행사에 대비하였습니다. 헌종(憲宗)의 빈전(殯殿)을 받듦에 있어서는 원내(苑內)의 과일이 익으면 천신(薦新)하도록 명하면서 이르기를, '이것은 선왕(先王)께서 상완(賞翫)하시던 것이다' 하였습니다. 두 분 자전(慈殿)을 섬김에 있어 정성껏 공경함이 돈독하고도 경건하였으므로 궁위(宮闈) 안에 상서로운 화기가 넘쳐흘렀는데, 이는 임금께서 어버이를 섬기고 선왕을 받드는 효도이었습니다. 임금께서 강화(江華)에 계실 적에 어떤 수신(守臣)에게 가혹한 조절(操切)을 당했었는데, 등극(登極)한 뒤 그 수신이 승지가 되어 입대(入對)했었습니다. 물러나간 다음 임금이 측근의 신하에게 이르기를, '그의 강대(講對)를 살펴보니 고의로 나를 괴롭히려는 것이 아니었다. 지난날의 일은 국법에 따른 것이었다' 하고, 대우하기를 여러 신하들과 다름이 없게 했습니다. 정령(政令)을 시행할 적에는 한결같이 백성을 사랑하고 백성을 보호하는 것으로 마음을 삼아서 '안민(安民)'이라는 두 글자를 크게 써서 전벽(殿壁)에 걸어놓았으며, 수재나 화재를 당하면 임금이 수축(修築)할 것을 파고(播告)한 말이 애긍(哀矜)하고 측달(惻怛)하였으므로, 이민(吏民)들이 귀를 기울여 듣고 감격하여 눈물을 흘렸습니다. 삼남(三南) 지방과 관북(關北) 지방에 안핵사(按覈使)를 보낼 적에는 곡진하게 계유(戒諭)하여 한 사람의 필부(匹夫)라도 억울하게 죄에 걸리는 일이 있을까 걱정하면서 오직 위무(慰撫)하고 편안하게 하였습니다.

궁인(宮人)이 임금이 쓰는 은기(銀器)를 잃어버리자 임금께서는 그 죄루(罪累)가 여러 사람에게 미치게 될 것을 폐구루(弊構漏)된다' 하였으며, 또 고기를 즐겨하지 않으면서 이르기를, '내가 이를 즐기게 되면 사서인(士庶人)들이 다투어 본받게 될 것이니, 가축(家畜)들의 화(禍)가 반드시 더 많아지게 될 것이다' 하였으며, 궁인(宮人)들이 새나 벌레를 잡는 경우가 있으면 속히 놓아 주라고 명하면서 이르기를, '한 마리를 잡게 되면 여러 마리가 상하게 된다' 했는데, 이는 임금께서 사람을 사랑하여 동물에게까지 미치게 한 인덕(人德)인 것입니다. 『대학 大學』에 이르기를, '임금이 되어서는 인(仁)을 행하고 아들이 되어서는 효(孝)를 행한다' 했는데, 효(孝)는 백행(百行)의 근원이고 인(仁)은 마음의 덕이요 사랑의 이치인데, 임금께서 타고나신 천분(天分)이 이러하였습니다. 그런데다 우리 순원 왕후(純元王后)께서 또 여덟 글자의 전심부(傳心符)를 가지고 사복(嗣服)한 처음에 순서가 있게 교회(敎誨)하였습니다. 그가 말한 극경 극신(克敬克愼)과 극근 극검(克勤克儉)이란 것은 요(堯) 순(舜)이 서로 전수(傳授)한 정일(精一)의 심법(心法)입니다.

　임금께서는 조심스럽게 마음속에 간직하여 행하였고 띠에 써서 유념하였습니다. 14년 동안 임어(臨御)하면서 이룩한 성덕(盛德)·대업(大業)이 이것에 근본하지 않은 것이 없었습니다. 근엄하고 공손하고 두려운 마음가짐으로 상천(上天)을 섬겼기 때문에, 혜성(彗星)이 나타나고 천둥하는 경고(警告)가 있을 때면 그때마다 마음을 재계하고 행동을 조심하여 양도(禳禱)하였습니다. 장마가 지고 가뭄이 드는 것이 성심(聖心)에 관계되는 것이므로 여러 해 동안 큰 풍년이 들었으며, 거의 3년을 계속 풍년이 든 때도 있었습니다. 대신(大臣)을 예우하여 사대(賜對)할 때마다 사령(辭令)을 반드시 근신하였고 의관(衣冠)은 반드시 정제(整齊)하였으며, 기구신(耆舊臣)을 우대하여 경수연(慶壽宴)에는 반드시 은혜로운 하사가 있었으니, 임금께서는 이제야 극경(克敬)을 행했다고 할 수 있습니다. 상사(賞賜)에 신중을 기하면서 충현(忠

賢)을 표창하여 드러내는 데 정성을 다하였으므로 국조(國朝)의 명유(名儒)와 신신(藎臣) 가운데 정량(貞亮)하고 절의(節義)가 있는 사람에게는 벼슬과 시호를 추증(追贈)하고, 사손(祀孫)을 녹용(錄用)하게 했으며, 혹은 집이 분묘에 사제(賜祭)하기도 하여 거의 빠뜨린 것이 없었습니다. 학문을 강론하고 사도(斯道)를 호위하여 사림(士林)에 아름다운 은혜를 내리고, 의(義)를 취하여 인(仁)을 이루고, 왕실을 위하여 복근(服勤)한 사람에게는 특별히 세사(世祀)를 허락하였으며, 여러 옥송(獄訟)과 금계(禁戒)에 대해 흠휼(欽恤)하고 애경(哀敬)하여 살리기를 좋아하여서는 차라리 실형(失刑)의 책임을 지기도 하였습니다. 항상 한 사람이라도 제자리를 얻지 못하는 일이 있을까 걱정하여 세신(世臣)과 고가(古家) 가운데 오래도록 단서(丹書: 죄적罪籍)에 기재되어 있거나 초야(草野)의 횡의(橫議)에 올라 한때 문망(文網: 법금法禁)에 걸렸던 사람들을 모두 신석(伸晳)시켜 자신(自新)할 수 있는 길을 열어 주었으며, 큰 옥사(獄事)에서 국문을 행할 때에도 목숨을 건진 사람이 많았고, 죄수들을 심리(審理)하여 소결(疏決)할 때는 모두 사유(赦宥)시키는 경우도 있었지만, 다만 장률(贓律)에 대해서만은 조금도 용서하지 않았으니, 임금께서는 여기에서 극신(克愼)을 잘 행하였다고 할 수 있습니다. 성모(聖母)께서 훈계하기를, '사람이 글을 읽지 않으면 고사(古事)에 어두워져 나라를 잘 다스릴 수가 없다' 하였는데, 이 때문에 등극(登極)한 원년(元年)부터 맨 먼저 경악(經幄)을 열었습니다. 그리하여 육경(六經)에 본원을 두고 사전(史傳)으로 보익(補翼)하여 강론하고 탐구하였으므로 계발(啓發)한 것이 매우 많았습니다. 일찍이 자경잠(自警箴) 열 조항을 병풍에 써 놓았는데, 시신(侍臣) 가운데 우러러 칭찬하는 사람이 있자 임금께서 이르기를, '쓰는 것이 어려운 것이 아니라 행하는 것이 어렵다' 하였습니다. 더욱 민생(民生)의 휴척(休戚)에 마음을 쏟았으므로 모든 방백(方伯)과 수령(守令)들이 사폐(辭陛)할 적에는 반드시 면유(面諭)하였으며, 어사

(御史)를 나누어 보내어 장부(臧否)를 규찰하게 하였습니다. 그리고 뜻을 겸손하게 지녀 귀에 거슬리는 말도 도리를 헤아려 절충(折衷)하였고 유술(儒術)을 숭장(崇獎)하여 궁정(弓旌)의 초빙(招聘)이 산골까지 두루 미쳤으니, 임금께서는 여기에서 극근(克勤)을 행했다고 할 수 있습니다.

 법장(法章) 이외에는 항상 명주와 면포를 입었고 두세 번씩이나 세탁하여 입었으며, 궁실(宮室)이나 원포(苑圃)는 수리만 할 뿐이었으며, 진기한 찬선(饌膳)을 물리치고 기이한 완구(玩具)는 끊어버렸기 때문에 담박(淡泊)하여 기호(嗜好)가 마음에 접촉하는 일이 없었습니다. 이런 때문에 임금이 일생 동안 흥작(興作)하거나 선색(宣索)하는 번거로움이 없었으니, 임금께서는 여기에서 극검(克儉)을 행했다고 할 수 있습니다. 이런 때문에 믿음성이 넘쳐흘렀고 치도(治道)가 융숭하여져 온갖 경사가 찬연히 이루어졌으며 깊은 인덕(仁德)과 후한 은택(恩澤)이 두루 충일하였으니, 성모(聖母)의 부탁을 저버리지 않았고 영원히 천만세(千萬世)까지 할말이 있게 되었습니다. 옛날 은(殷)나라 고종(高宗)은 오래도록 외방에서 노고를 겪었으므로 그가 즉위(卽位)하게 되자 감히 정무를 폐거나 편안하게 있지 않았으므로 나라가 잘 다스려져 평안하였으며, 한(漢)나라 선제(宣帝)는 여염(閭閻)에서 일어나 백성에 관한 일의 어려움을 알았으므로 명실(名實)을 종합하여 분명히 밝혔기 때문에 서업(緖業)을 중흥시킬 수 있었던 것입니다. 하늘이 우리 선왕(先王)에게 큰 임무를 내린 것도 이와 같았는데, 향국(享國)한 역년(歷年)이 멀리는 은 고종에게 미치지 못하였고 가까이는 한 선제만도 못하게 됨으로써 중흥하여 잘 다스려진 정치로 하여금 장구히 이어가는 교화를 이루지 못하게 하였는데, 이는 실로 하늘이 한 것이니, 말한들 무엇하겠습니까? 아! 원통합니다. 신(臣)은 고루한 몸으로 우악(優渥)한 은택을 많이 받았고 벼슬을 역임하여 보필(輔弼)하여 온 지 여러 해가 되었습니다. 그런데 이제 검석(劍舃)을 어루만질 수 없

게 된 뒤에 차마 모사(摹寫)하여 그려 내는 소기(小技)를 바치게
되니, 말이 글을 이루지 못했을 뿐만이 아니므로 크게 송구스러
울 뿐입니다. 아! 원통합니다. — 의정부 좌의정 조두순(趙斗淳)
이 지었다. 『철종실록』권15. 부록. 「철종대왕 행장」

▬▬▬▬▬▬▬

▓ 철종대왕

【생몰년】순조 31년(1831) ~ 철종 14년(1863). 향년 33세
【성　명】이변(李昪, 初名 원범元範)
【재위년】철종 즉위년(1849) 6월 ~ 철종 14년(1863) 12월. 14년 6개월
【본　관】전주(全州)
【　자　】도승(道升)
【　호　】대용재(大勇齋)
【시　호】희륜 정극 수덕 순성 흠명 광도 돈원 창화 문현 무성 헌인
　　　　　영효(熙倫正極粹德純聖欽命光道敦元彰化文顯武成獻仁英孝)
【묘　호】철종(哲宗)
【능　호】예릉(睿陵)
　　　　　경기 고양시 덕양구 원당동 서삼릉 내

예릉 장명등

예릉 문인석

예릉 무인석

제2편 철종의 왕비

제1장 철인왕후

철인왕후(哲仁王后)
부: 김문근(金汶根)
외조부: 이용수(李龍秀)
외조부: 민무현(閔懋鉉)
1. 1남 원자(元子)

▦ 철인왕후(哲仁王后)

철인왕후(哲仁王后, 1837~1878)
부: 김문근(金汶根, 1801~1863). 안동(安東)
외조부: 이용수(李龍秀, 1776~1838). 연안(延安)
외조부: 민무현(閔懋鉉, 1773~1851). 여흥(驪興)

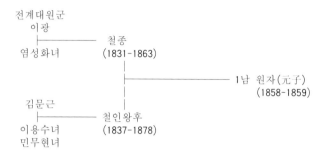

조선 제25대 왕 철종의 비(妃)이다.

아버지는 영은부원군(永恩府院君) 충순공(忠純公) 김문근(金汶根)이다. 영돈녕(領敦寧)을 지냈다. 어머니는 이용수(李龍秀)의 따님 증연양부부인(贈延陽府夫人) 연안 이씨(延安李氏)와 민무현(閔懋鉉)의 따님 흥양부부인(興陽府夫人) 여흥 민씨(驪興閔氏)이다.

슬하에 1남을 두었는데 어려서 졸하였다.

철인왕후 김씨는 헌종 3년(1837) 3월 23일 순화방(順和坊) 사제(私第)에서 탄생하였다.

15세인 철종 2년(1851) 윤8월 3일 초간택을 거행하였고 13일 재간택을 거행하였다.

윤8월 24일 삼간택을 거행하여 김문근(金汶根)의 집으로 정하고 현조부인 김제겸(金濟謙)과 고조부인 김성행(金省行)의 시호를 의논하라고 하교하였다.

희정당에서 중궁전(中宮殿)의 삼간택(三揀擇)을 거행하였다. 대왕 대비전에서 대혼(大婚)을 김문근(金汶根) 집에 정하라고 명하고, 이어 하교하기를, "주량(舟梁: 임금의 성혼)의 예(禮)를 이미 정하였다. 4세(世)의 충정(忠貞)한 의열(義烈)을 어찌 이루 추념(追念)할 수 있겠는가? 임인년(경종2, 1722)에 절의(節義)를 세운 여러 집안을 모두 특별히 절혜(節惠: 시호諡號)의 은전(恩典)을 내렸는데 하물며 이 집안이겠는가? 증 찬성(贈贊成) 김제겸(金濟謙)은 시장(諡狀)을 기다리지 말고 시호를 의논할 것이며, 증 이조 참의(贈吏曹參議), 김성행(金省行)에게는 찬성(贊成)을 더 추증하되 일체 시장을 기다리지 말고 시호(諡號)를 의논하라" 하였다. 『철종실록』권3. 2년 윤8월 24일

9월 25일 책비례(冊妃禮)를, 9월 27일 친영(親迎)을 하였다.

10월 15일 종묘에 나아가 전알(展謁)하고 묘현례(廟見禮)를 행하였고 경모궁(景慕宮)에 나아가 전배(展拜)하였다.

22세인 철종 9년(1858) 8월 15일 도제조 정원용(鄭元容)이 산실청 설치와 중궁을 진찰할 것을 청하였는데 산실청 설치는 후로 미루고 진찰을 윤허하여 20일에 정원용이 중궁의 평안함을 아뢰었다.

10월 17일 신시(申時)에 원자(元子)가 창덕궁(昌德宮)의 대조전(大造殿)에서 탄생하여 다음 날인 18일 원자 탄생을 축하하여 구환곡 증렬미 등을 탕감하였다.

하교하기를, "하늘과 조종(祖宗)이 나의 가방(家邦)을 돌보아준 덕분에 원자(元子)가 탄생하여 종사(宗社)에 주인이 있게 되었으니, 억만년토록 끝이 없는 아름다움이 실로 오늘날에 기반을 다진 것이다. 이는 또한 우리 순원 성모(純元聖母)의 영령(英靈)이 오르내리시면서 묵묵히 도와주신 덕분이기도 한 것이다. 지극히 자애롭고 지극한 은덕은 갚으려 해도 끝이 없으니, 죽은 이를 산 사람 섬기듯이 한다는 의리에 있어 어찌 기쁨을 고하는 의

절(儀節)이 없을 수 있겠는가? 효정전에서 직접 작헌례(酌獻禮)를 행하겠으니, 해조(該曹)로 하여금 택일하여 들이게 하라. 삼가 또 생각하건대 큰 경사에 널리 베푸는 것은 우리 성모(聖母)께서 평일 정성스러운 인애(仁愛)가 미쳤던 것으로, 나 소자가 늘 흠송(欽誦)하던 것이었다. 이제 천년에 한 번 있는 기회를 당하였으니, 견휼(蠲恤)하는 정사는 의당 먼저 유의(遺意)를 우러러 본받아야 한다. 제도(諸道)의 구환곡(舊還穀)과 증렬미(拯劣米) 5분의 1과 각 공물(貢物)의 오래 된 것은 1만 석(石)까지, 시민(市民)의 요역(徭役)은 1개월까지, 현방속(懸房贖)은 30일까지를 아울러 탕감(蕩減)시키라" 하였다. 『철종실록』권10. 9년 10월 18일

창덕궁 대조전

23세인 철종 10년(1859) 4월 23일 진시(辰時)에 원자(元子)가 졸서(卒逝)하였다.

27세인 철종 14년(1863) 6월 1일 명순(明純), 30세인 고종 3년(1866) 2월 10일 휘성(徽聖), 4월 4일 정원(正元)이라는 존호를 받았다.

36세인 고종 9년(1872) 12월 24일 빈청에서 수녕(粹寧)이라는 존호망을 올렸다.

고종 15년(1878) 5월 12일 42세로 승하하였다.

당일 빈전(殯殿)은 환경전(歡慶殿)으로 하고 혼전(魂殿)은 문정전(文政殿)으로 하였다.

그리고 오례의에는 없지만 주다례로 하기로 하였다.

예조(禮曹)에서 아뢰기를, "『오례의 五禮儀』에는 조석(朝夕)의 상식(上食)만 행한다고 하였으나 종전의 국휼(國恤) 때에는 주다례(晝茶禮)까지 모두 행하였습니다. 이번에도 전례대로 거행하는 것이 어떻겠습니까?" 하니, 윤허하였다.

또 아뢰기를, "『오례의』에는 초상(初喪)부터 졸곡(卒哭)까지는 대사(大祀), 중사(中祀), 소사(小祀)를 모두 정지하되, 초빈(草殯)한 뒤에는 사직(社稷)에만 제사지낸다고 기록되어 있습니다. 이대로 거행하는 것이 어떻겠습니까?" 하니, 윤허하였다.

또 아뢰기를, "소렴(小斂) 때 환질(環絰)을 갖추는 의절은 『상례보편 喪禮補編』에 기록되어 있는데 백관(百官)의 환질이 구분되어 있지는 않습니다. 하지만 지난 국휼 때의 수교(受敎)에 따라 이번 의주(儀註) 중 백관의 환질을 전례대로 마련하는 것이 어떻겠습니까?" 하니, 윤허하였다. 『고종실록』권15. 15년 5월 12일

한편 같은 날에 5월 12일 빈전 도감, 국장 도감, 산릉 도감

의 제조들을 임명하였다.

김병덕(金炳德)·민겸호(閔謙鎬)·김수현(金壽鉉)을 빈전도감 제조(殯殿都監提調)로, 민치상(閔致庠)·이우(李㙉)·윤자승(尹滋承)을 국장도감 제조(國葬都監提調)로, 김보현(金輔鉉)·김유연(金有淵)·조석여(曺錫輿)를 산릉도감 제조(山陵都監提調)로 삼았다. 『고종실록』권15. 15년 5월 12일

같은 날 유시(酉時)에 대왕 대비전(大王大妃殿)의 염습을 행하고 의례대로 제사를 지냈고, 13일 진시(辰時)에 소렴(小斂)을 하고 의례대로 전제(奠祭)를 지냈다.

5월 14일 술시(戌時)에 대행대비전(大王大妃殿)의 영상(靈牀)을 환경전(歡慶殿)에 옮겨 모시고, 15일에 대렴(大斂)을 행하였다. 그리고 재궁(梓宮)을 안치하고, 성빈(成殯)하여 의례대로 전제(奠祭)를 설행하였다.

5월 17일 성복하였다.

상(上)이 빈전(殯殿)에 나아가 성복(成服)하였다. ― 복제 의주(服制儀註)는 다음과 같다. 전하는 자최(齊衰) 3년이고, 대왕 대비(大王大妃)는 소공복(小功服)이며, 왕대비(王大妃)는 대공복(大功服)이고, 중궁전은 자최 3년이며, 대원군(大院君)과 부대부인(府大夫人)은 자최 기년(期年)이고, 경빈(慶嬪)은 대공복(大功服)이며, 내명부(內命婦)의 숙의(淑儀) 이하와 상궁(尙宮) 이하는 자최 3년이다. 종친(宗親)과 문무 백관(文武百官), 각도(各道)의 높고 낮은 사신(使臣)과 시방 관리, 전직 관리는 자최 기년이다. 종친과 문무 백관의 아내는 졸곡(卒哭) 때에 복을 벗는다. 동성(同姓)과 이성(異姓)으로서 시마복(緦麻服) 이상을 입는 친척들과 딸은 자최

기년이다. 수릉관(守陵官)과 시릉내시(侍陵內侍)는 자최 3년이고, 내시(內侍)·사알(司謁)·사약 (司鑰)·반감(飯監)은 자최 3년이며, 사서인(士庶人)은 기년에 복을 벗는다. 자최를 받지 않은 사람의 아내와 서인의 딸은 모두 백의를 입고 졸곡이 지나면 복을 벗는다 ─『고종실록』권15. 15년 5월 17일

같은 날인 5월 17일 산릉을 간심할 때 예릉의 구역 안부터 하고 오도록 하였다.

전교하기를, "이번에 산릉(山陵)을 간심(看審)하러 갈 때 우선 예릉(睿陵)의 구역 안부터 하고 오라" 하였다. 또 전교하기를, "호조(戶曹)의 경비가 몹시 부족하다고 하니, 내하전(內下錢) 3만 냥을 세 도감(都監)에 나누어 보내어 군색한 근심을 조금이라고 펴게 하라" 하였다.『고종실록』권15. 15년 5월 17일

그날 시호와 휘호, 전호, 능호를 결정하였다.

빈청(賓廳)에서 제의하기를, "죽은 대비전의 시호망(諡號望)은 '철인(哲人)' ─ 사랑을 베풀고 의리를 간직하였다는 의미에서 '인(人)'이라고 하였다 ─ 이고 휘호망(徽號望)은 '경헌 장목(敬獻莊穆)'인데 그대로 하고, 전호망(殿號望)은 '효휘(孝徽)', '효단(孝端)', '효희(孝僖)',이고 능호망(陵號望)은 '헌릉(憲陵)', '희릉(熙陵)', '숙릉(肅陵)'이었는데 전호와 능호망에서 첫 번째 안대로 하였습니다"라고 하였다.『고종실록』권15. 15년 5월 17일

5월 22일 빈전 향관(殯殿享官)으로 남녕위(南寧尉) 윤의선(尹宜善), 금릉위(錦陵尉) 박영효(朴泳孝)·김병주(金炳注)·이재원(李載元)을 임명하였다.

5월 24일 오시(午時)에 예릉(睿陵) 동원(同原)에 산릉 봉표(山陵封標)하였다.

같은 날인 5월 24일 예릉과 같은 언덕에 산릉을 정하였으므로 능호를 정하지 말도록 하였다.

전교하기를, "산릉(山陵)은 이미 예릉(睿陵)과 같은 언덕에 정하였으니 새로 능호(陵號)를 정할 필요는 없다. 해조(該曹)에서는 그리 알라" 하였다. 『고종실록』권15. 15년 5월 24일

그 다음날 산릉에서 할 절차들을 빈청에서 보고하였다.

빈청(賓廳)에서, '산릉(山陵) 각 항목에 대한 길일을 정밀하게 가려 별단(別單)에 써서 들입니다. 풀을 베고 땅을 파는 일은 7월 6일에 하고, 후토신(后土神)에게 제사지내고 선릉(先陵)에 고하는 것은 같은 날 먼저 합니다. 옹가(甕家)를 만드는 일은 8월 2일에 하고, 금정(金井) 틀을 놓고 땅을 파는 것은 같은 달 17일에 하되 혈(穴)의 깊이는 6척(尺) 2촌(寸) — 영조척(營造尺)을 쓴다 — 입니다. 외재궁(外梓宮)을 모시고 나가는 날은 9월 3일이고, 외재궁을 내려놓는 것은 같은 달 4일에 합니다. 발인은 같은 달 16일이고, 현궁(玄宮)에 하관하는 때는 같은 달 18일 인시(寅時)입니다' 라고 아뢰었다. 『고종실록』권15. 15년 5월 25일

6월 29일 손시(巽時)에 재궁(梓宮)에 '상(上)'자(字)를 쓰고 신시(辰時)에 결과(結裹)하였다. 이어 별전(別奠)을 행하였다.

7월 11일 발인(發引)할 때의 봉사(奉辭)하는 것과 반우(返虞)할 때에 지영(祗迎)하는 의식은 을축년(1865)의 규례대로 마련하라고 명하여 봉사는 대궐문 밖에서 하고 지영은 성문 밖에서 하기로 하였다.

8월 6일 현궁을 묻을 때 망곡하는 처소는 문정전 전정으로 정하였다.

8월 10일 모레는 마땅히 친히 진향(進香)하고, 제문(祭文)은 친히 지었다. 제물은 마땅히 대내(大內)에서 마련하며 집사(執事)는 종친(宗親)과 외척(外戚)들로 삼으라고 전교하였다.

8월 11일 종묘(宗廟)에 시호(諡號)를 청하였다.

8월 12일 빈전에 나아가 시호(諡號)를 올리고 이어 개명정별전(改銘旌別奠)을 지냈는데 친히 진향(進香)하였다.

8월 15일 빈전에 나아가 망제(望祭)를 지내고 이어 추석제(秋夕祭)를 지냈다.

8월 17일 산릉에 갈 대신 이하를 여차에서 소견하다

산릉(山陵)에 갈 대신(大臣) 이하를 여차(廬次)에서 소견(召見)하였다. 하교하기를, "동조(東朝)께서 하교하기를, '우제(虞祭) 후에 신백(神帛)을 혼전(魂殿) 근처에 묻어야 하는데, 저번에 궁궐 담장을 수리할 때 신백함의 흔적이 궁궐 담장 근처에서 노출되어 비록 내관(內官)을 시켜 곧 불사르게 했으나 지면과 가까워서 정결하지 못하니 지극히 편안하지 못하였다. 이후에는 능소(陵所)에 묻는 것이 좋을 것 같다.'라고 하셨다. 그러나 계해년(철종14, 1863)에는 미처 하교하지 못하였는데, 이번에 비로소 하교한다. 여러 대신들의 생각은 어떠한가?" 하니,

영중추부사(領中樞府事) 이유원(李裕元)이 아뢰기를, "열성조(列聖朝)에서는 수교(受敎)가 많이 있어 『상례보편 喪禮補編』의 소주(小註)에 증보하였습니다. 이번에 만약 특별히 하교가 있다면 그대로 시행해야 할 것입니다" 하였다. 영돈녕부사(領敦寧府事) 김병학(金炳學), 판중추부사(判中樞府事) 홍순목(洪淳穆), 영의정(領議政) 이최응(李最應), 판중추부사 김병국(金炳國)이 아뢴 바도

같았다. 하교하기를, "그 의절(儀節)을 어떻게 마련하겠는가?" 하
니, 이최응이 아뢰기를, "전교가 있은 연후에 해조에서 초기(草
記)로 거행할 수 있을 것입니다" 하였다. 『고종실록』권15. 15년
8월 17일

9월 15일 찬궁(攢宮)을 열고 조전(祖奠)을 지냈다. 9월 16일
친히 견전(遣奠)을 행하였다.

9월 16일 돌아가신 대비의 영가(靈駕)가 출발하여 산릉(山陵)
에 이르렀다. 9월 16일 홍화문(弘化門) 밖에 나아가 영가(靈駕)
에 봉사(奉辭)하였다.

9월 18일 인시(寅時: 오전 3시~5시)에 천전(遷奠)과 하현궁(下
玄宮)을 행하다. 그날 효휘전(孝徽殿) 서정(西庭)에 나아가 망곡
례(望哭禮)를 행였다.

그리고 입주전(立主奠)을 지내고 반우(返虞)하고 숭례문(崇禮
門) 밖에 나아가 영여(靈與)를 지영(祗迎)하였다.

그날 효휘전(孝徽殿)에 나아가 석상식(夕上食)과 초우제(初虞
祭)를 지냈다.

9월 19일 두 번째 우제(虞祭)를, 9월 21일(정묘) 세 번째 우제
를, 9월 23일 네 번째 우제를 지냈다.

9월 23일 총호사와 세 도감의 당상 이하에게 시상하다.

총호사(總護使)와 세 도감(都監)의 당상(堂上官) 이하에게 차등
있게 시상(施賞)하였다. 국장도감 제조(國葬都監提調) 이우(李㙉),
배종 승지(陪從承旨) 김영목(金永穆)과 조제화(趙濟華), 우주 서사
관(虞主書寫官) 서상익(徐相翊), 빈전도감 도청(殯殿都監都廳) 조창
하(趙昌夏), 국장도감 도청(國葬都監都廳) 김홍집(金弘集)과 이호

철(李鎬喆), 산릉도감 도청(山陵都監都廳) 윤치담(尹致聃)과 심동헌(沈東獻), 봉폐관(封閉官) 기우현(奇禹鉉)에게 모두 가자(加資)하였다. 『고종실록』권15. 15년 9월 23일

9월 25일 다섯 번째 우제를, 9월 27일 여섯 번째 우제를, 9월 28일 일곱 번째 우제를, 9월 30일에는 졸곡제(卒哭祭)를 지냈다.

10월 9일 예릉(睿陵)과 산릉(山陵)에 나아가 친히 제사를 지내고 친제 때 아헌관 이하에게 시상하였다.

예릉(睿陵)과 산릉(山陵)에 친히 제사지낼 때의 아헌관(亞獻官) 이하에게 차등 있게 시상하고, 예방 승지(禮房承旨) 박이도(朴履道), 대축(大祝) 이정래(李正來)에게 가자(加資)하였다. 『고종실록』 권15. 15년 10월 9일

고종 16년(1879) 5월 12일 효휘전에 나아가 연제를 행하였다.

고종 17년(1880) 3월 28일 대왕 대비의 부묘예식을 추향대제와 겸하여 거행하도록 하였다.

예조(禮曹)에서 아뢰기를, "효휘전(孝徽殿) 담제(禫祭) 후에 부묘(祔廟)하는 예식을 마땅히 마련해야 하겠으나 삼가 『오례의 五禮儀』와 『상례보편 喪禮補編』을 상고해보니 모두 시향(時享) 때에 부제(祔祭)를 지낸다고 하였습니다. 또 영조(英祖) 때의 하교(下敎)에는, '담제를 지내는 달이 만약 사맹삭(四孟朔)이나 납월(臘月)과 만나면 오향(五享)을 겸하여 지냄으로써 예문(禮文)을 따를 것이다' 라고 하였다고 『상례보편』의 수교(受敎)에 실려 있습니다. 이번의 담제(禫祭) 달은 바로 추맹삭(秋孟朔)입니다. 철인왕후(哲仁王后)의 부묘(祔廟) 예식은 추향 대제(秋享大祭)와

겸하여 거행하는 것이 어떻겠습니까?" 하니, 윤허하였다. 『고종실록』권17. 17년 3월 28일

고종 17년(1880) 5월 12일 효휘전(孝徽殿)에 나아가 상제(祥祭)와 별다례(別茶禮)를 지내고 혼전의 향관, 산릉관, 수릉관 이하에게 시상하였다.

혼전(魂殿)의 향관(享官), 산릉관(山陵官), 수릉관(守陵官) 이하에게 차등 있게 상을 주었다. 향관(享官) 민희식(閔羲軾)・윤용구(尹用求)・김흥균(金興均)・이재순(李載純)에게는 모두 가자(加資)하였다. 『고종실록』권15. 17년 5월 12일

6월 30일 효휘전(孝徽殿)에 나아가 재숙(齋宿)하였다. 7월 1일 효휘전(孝徽殿)에 나아가 삭제(朔祭)를 행하고 겸하여 담제(禫祭)를 지냈다.

고종 17년 7월 5일 효휘전에 나아가 고동가제를 행하고 7월 6일 부묘 대제를 거행하였다.

종묘(宗廟)의 추향 대제(秋享大祭) 겸 철인왕후(哲仁王后)의 부묘 대제(祔廟大祭)를 행하였다. 『고종실록』권17. 17년 7월 6일

고종 17년(1880) 7월 6일 인정전에 나아가 진하를 받고 사면을 반포하다

인정전(仁政殿)에 나아가 진하(陳賀)를 받고 사면(赦免)을 반포하였다. 교문(教文)에, "왕은 다음과 같이 말한다. 중월(仲月)에 담제(禫祭)를 지내는 것은 선왕(先王)이 제정한 예법이니 감히 지나칠 수 없으며, 가을에 지내는 제사를 상(嘗)이라 하니 종묘

(宗廟)의 체제(禘祭)와 부제(祔祭)가 순서 지어진 까닭이다.

삼가 생각건대, 명순 휘성 정원 수녕 경헌 장목 철인 왕후(明純徽聖正元粹寧敬獻莊穆哲仁王后)는 우리 영효 대왕(英孝大王)의 배필로서 순원 성모(純元聖母)의 뒤를 이었다. 조상 대대로 충정(忠貞)을 돈독히 하고 집안에서 시(詩)와 예(禮)를 전수받아 스승의 가르침을 받지 않고도 아름다운 덕을 이루었으며 밖으로는 임금을 돕고 안으로는 곤덕(壼德)을 펼쳤으니, 삼가 부도(婦道)를 어기지 말라는 가르침에 유념하셨고 제향을 올릴 때에는 아름답게 도왔다. 왕궁에 있을 때에는 차분하고 공손하여 내칙을 경계로 삼았고 대비전을 받듦에는 조심스럽고 정성스러웠다. 사람들의 방문이 많을수록 사사로운 청탁을 경계하셨고 임금의 총애가 지극할수록 정사를 게을리할까 걱정하셨다.

생각건대, 계해년(1863)에 운수가 기박하여 선왕께서 승하하시고 나 소자가 왕후의 보살핌에 힘없어 왕통을 이어받았다. 왕통을 잇는 일은 더없이 중대하니, 의리로는 어머니를 섬기는 일보다 더 중대하며, 선왕을 생각하라는 말로써 과인을 권면하셨는데, 성인이 되는 것은 인류의 표준이 되어야 하기 때문이다. 한 나라의 임금으로서 왕후를 잘 봉양하여 효성을 만 분의 일이라도 펴려 하였고 온 궁중이 존경하면서 모두 만수무강을 기원하였다. 다만 건강이 몇 해 동안 좋지 못하였지만 보령은 50살도 못 되었다. 아침 해가 돋는 듯이 환하던 그 모습이 어제 같은데 한밤중에 병환이 드셨다 하니 이 무슨 뜻밖의 소식이란 말인가? 무성(婺星)이 빛을 잃어 왕후께서 갑자기 돌아가시고, 패옥 소리가 잠잠해지자 왕궁에는 아름다운 모습이 보이지 않는다.

아! 전왕(前王)의 대를 잇기를 잊지 못했는데 어느덧 대상(大祥)과 담제(禫祭)도 끝났다. 아침저녁으로 쳐다볼 때 그래도 혼전(魂殿)을 가까이 모시는 것이 위로되더니 세월이 빨라서 장막을 선뜻 걷어치우는 것이 슬프다. 제사를 지냄에는 미리 희생을 마련했으며 이달에는 부제(祔祭)를 정중히 드렸다. 3년 간의 거상을 마치면 다시금 슬프고 허전하지만 7대의 덕을 볼 수 있으니 종묘에 신주를 높이 모시기 때문이다. 이달 7월 6일에 종묘에 제를 지냈으니, 감실(龕室)을 같이하는 것은 신령의 뜻에 맞는 것이어서 선왕의 영혼과 함께 언제나 오르내릴 것이며, 묘실에 들면 얼굴과 말소리를 보고 듣는 듯하니 소목(昭穆)도 정연하다. 금옥처럼 빛나는 생전의 자태는 왕후의 아름다운 덕을 생각게 하고 갖가지 보배로운 악기는 왕후의 훌륭한 덕을 노래하는 듯 하다. 이에 첫가을에 태실(太室)에 협사(祫祀)를 지내고 좋은 날에 온 나라에 널리 고한다. 슬픔이 아직도 남아서 제물을 풍성하게 준비하지는 못했지만 하늘땅의 큰 덕이 만물을 살리는 뜻을 본받아 어찌 대사령(大赦令)의 은혜를 늦출 수 있겠는가? 사람들에게 끼쳐준 혜택은 깊어 당시에 그 혜택을 널리 누렸으며, 지극한 선을 죽은 뒤에도 잊을 수 없어 오늘날 감옥을 텅 비게 하였다.

7월 6일 동트기 전에 잡범(雜犯)으로서 사형에 해당하는 죄인을 제외하고 모두 용서하여 면제해주라.

아! 예식을 어기지 않았으니 내가 제사를 지내고 복을 받으리라. 축하하는 뜰에 악기를 벌여놓은 것은 한 달 후에 음악을 한다는 규례에 따른 것이고, 대사령 내리는 날을 높이 게시한 것은 다같이 하늘이 주는 복을 받자는 것이다. 그러므로 이에 교시(敎示)하노니, 잘 알았을 것이라 생각한다" 하였다. — 예문관 제학(藝文館提學) 김재현(金在顯)이 지었다 —『고종실록』권17. 17년 7월 6일

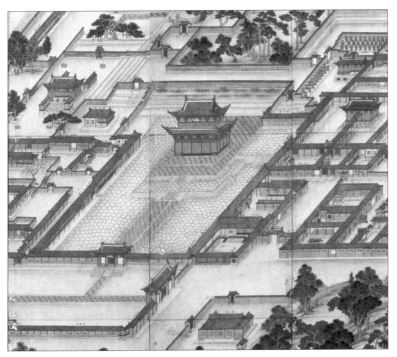

동궐도(東闕圖)의 인정전(仁政殿)

고종 17년(1880) 7월 6일 부묘도감 도제조 이하와 부제와 친
제 때의 아헌관 이하에게 시상하였다.

부묘도감 도제조(祔廟都監都提調) 이하와 부제(祔祭)와 친제(親
祭)때의 아헌관(亞獻官) 이하에게 차등 있게 시상하였다. 제조(提
調) 홍우길(洪祐吉)·김수현(金壽鉉)·한돈원(韓敦源)·윤자승(尹
滋承), 도청(都廳) 황기연(黃耆淵)·박제성(朴齊晠), 예방 승지(禮房
承旨) 이응신(李應辰), 대축(大祝) 이만교(李萬敎)는 모두 가자(加
資)하고, 지종정경(知宗正卿) 이휘중(李彙重)에게는 백관가(百官加)
를 친수(親授)하였다. 『고종실록』권17. 17년 7월 6일

9월 18일 판중추부사 김병국이 지은 묘지문은 다음과 같다.

대행 대비(大行大妃)의 지문(誌文)에, "우리 철종 대왕비(哲宗大
王妃)께서 병으로 편치 않다가 무인년(고종15, 1878) 5월 12일
인시(寅時)에 창경궁(昌慶宮) 양화당(養和堂)에서 승하(昇遐)하셨으
니, 춘추는 42세이다. 우리 전하께서는 엄숙한 여막에서 두려워
서 어쩔 줄을 모르셨다. 신은 대비의 가까운 친척으로서 지문을
지으라는 명을 받았는데, 이어 친히 지은 행록(行錄)을 내려 보
냈으니, 다음과 같았다.
'대비께서는 정유년(헌종3, 1837) 3월 23일 신시(申時)에 순화방
(順化坊)의 사제(私第)에서 탄강(誕降)하였다. 어려서부터 성품이
효성스러워 부모의 뜻을 공순히 받들었는데 크고 작은 일을 가
리지 않고 혹시라도 자기 마음대로 하지 않았다. 병이 있으면
걱정하는 표정이 매우 불안하였고 병이 회복되면 처음과 같았
다. 동기를 사랑하는 것이 지성에서 나왔으며 어른을 섬기는 예
설을 게을리 하지 않고 능하였다. 점점 자라면서 침묵하며 말이
적었고 기쁨과 노여움을 얼굴에 나타내지 않았다. 덕과 도량이
일찍 성숙하여 근엄하기가 마치 어른 같았고 내외의 친척들이

칭송하지 않는 사람이 없었다.

신해년(철종2, 1851)의 초간택(初揀擇) 전 며칠 동안 상서로운 무지개가 연달아 대청 앞 물 항아리에 보이고 온 마을을 한 광채가 가로지르니 보는 사람들이 모두 이상하게 여겼다. 삼간택(三揀擇) 후에는 별궁(別宮)에서 거처하였는데 규례대로 『소학 小學』을 받아서 한 번 문장의 뜻을 해석하면 반드시 말하는 것이 거침없어서 막히는 데가 없었다. 몇 달이 못 되어 문리(文理)가 크게 통하였으나 오히려 만족하지 못한 듯 자신만만하지 않았다.

이미 혼례를 치른 후에는 행동거지가 법도가 있었고 주선하는 바가 규례에 맞았다. 편안하고 자상하며 온순하고 너그러운 마음이 안으로 간직되고 겉으로 드러나 상서롭고 화순한 기운이 온종일 궁중에 넘쳤다. 우리 순원 성모(純元聖母)를 섬기면서 기쁜 마음으로 헤아려 살피고 뜻에 맞는 물품을 모두 갖추어 드렸다. 아침과 저녁으로 정성(定省)을 다한 외에도 궁녀(宮女)를 시켜 때때로 안부를 살핀 다음에야 마음을 놓았다. 만년에 성모의 몸이 이따금 편치 않으면 몹시 걱정하면서 항상 좌우에서 모시며 조섭하고 부축하였으며 곁의 사람들에게 모시도록 맡기지 않았다. 성모께서 그의 수고를 측은히 여겨 잠자리로 돌아가라고 명하여도 끝내 물러가서 휴식하지 않았다. 정사년(철종8, 1857)에 가슴 아픈 순원 성모의 초상이 나자 곡하고 울며 슬퍼하는 모습은 차마 쳐다볼 수 없었고 3년 동안 하루같이 극진히 추모하였으니, 하늘이 내린 효성으로 모두 감복하였다.

순원 성모의 초상을 마친 뒤에는 우리 태모(太母)를 섬기는 일을 성모 섬기듯 하였다. 매사를 반드시 아뢰어 시행하였고 항상 말하기를, 「가르쳐 이끌어주고 돌보며 사랑해주는 은혜에 어떻게 보답하겠는가?」라고 하였다. 지난 가을 태모께서 편치 않았는데 그때 그도 몸이 편안치 않았으나 오히려 매일 문안하였다. 태모께서 병이 더할까봐 걱정되어 급히 사람을 시켜 그만두게 하니 잠자는 것도 잊고 밥상을 드려도 맛을 모를 지경이었다. 문안하는 궁녀들이 서로 이어 건강이 회복되었다고 아뢰니, 기뻐하면서 경축하는 마음이 얼굴과 맘에 넘쳤으니 그의 돈독한 효성이 이와 같았다.

계해년(철종14, 1863)에 큰 상사를 당하여 슬퍼하여 몸이 여윔이 예를 넘어섰다. 그때 날씨가 추웠지만 오히려 날마다 찬궁(攢宮)에 가서 현궁(玄宮)을 봉심(奉審)하고 이른 아침부터 밤늦도록 의대(衣襨)를 풀지 않으면서 3년상을 마치었다. 이로부터 한여름이 되었으나 부채질을 하여 더위를 쫓지 않았고 추운 겨울에도 따뜻한 자리에 눕지 않았으며 일이 없으면 혹시라도 뜰에 나가지 않았다. 경서(經書)와 사서(史書)를 항상 보았는데 늘 『오륜행실도 五倫行實圖』의 「효자편 孝子編」을 읽다가 문득 여러 차례 눈물을 흘렸으니, 대개 순원 성모를 7년밖에 모시지 못하였기 때문에 그것을 지극히 원통해하며 스스로 마음이 상하여 금하지 못하고 그랬던 것이다. 매번 제삿날을 당하면 반드시 기일에 앞서 소복(素服) 차림을 하였고 아침저녁으로 오르는 반찬 중에 혹시라도 고깃국물이 섞였을까 걱정하여 젓가락을 대지 않았고, 수라를 드실 때에는 채소만 들었다. 제삿날 밤이 되면 새벽이 되도록 촛불을 켜놓고 있다가 철향(徹享)하기를 기다려 비로소 잠자리에 들었다. 친정 부모의 기제사를 당해서도 그러하였다.

옷은 비단을 입지 않았고 다만 겨울에는 무명옷을 여름에는 모시옷을 항상 입었는데 검소한 것을 좋아하는 덕은 자못 옛날의 왕비들에게도 없었던 일이었다. 전계 대원군(全溪大院君) 사당의 은제기(銀祭器)가 일찍이 없어졌을 때 조사하게 되면 혹시 죄 없는 사람이 억울하게 걸려들지 않을까 걱정하여 급히 명하여 그만두게 하고 같은 모양으로 제기를 만들어 보냈으니 이것으로도 생명을 귀중히 여기는 덕을 볼 수 있다. 선왕의 궁인(宮人)으로 은총을 입은 자는 모든 것을 돌보아주어 다하지 않음이 없었으므로 밑에까지 미치는 덕에 육궁(六宮)이 모두 칭송하였다. 영혜 옹주(永惠翁主)에 대해서는 특별히 사랑하였는데 혼례를 치르자 배나 스스로 기뻐하였고 항상 병에 잘 걸리는 것을 몹시 걱정하였다. 마침내 그가 세상을 떠나자 매우 슬퍼하였는데 세월이 흐를수록 더욱 잊지 못해하였다. 궁인으로서 나이 많은 사람은 잘 돌봐주었고 나이 어린 사람은 사랑해 주었으며 매번 선물을 주고 한결같이 대해 주었기 때문에 모두 은덕에 감격하지 않는 사람이 없었다. 그리고 평소에 거짓말하는 것을 좋아하지 않았고 혹시 남을 헐뜯는 사람이 있으면 잠자코 대답을 하지 않음으로써 스스로 부끄러움을 알게 하였기 때문에 말했던 자가 황송해서 다시는 감히 말하지 못하였다.

승하하기 하루 전에도 오히려 직접 머리를 빗고 세수를 하였으며 비록 본 가의 사람이라 하더라도 속옷 차림으로 만나지 않았다. 각전(各殿)이 왔을 때에는 부축하여 일어나서 맞이하고 공경스럽게 대하면서 조금도 해이하지 않았다. 11일 한밤중에 우레 소리가 일자 증세가 갑자기 더하였는데 좌우에 있는 사람들에게 묻기를, 「우레 소리가 왜 저렇게 큰가?」 라고 하였다. 12일 새벽이 되자 우레 소리가 더욱 요란해지면서 장수(長壽)를 상징하는 별이 갑자기 빛을 잃었는데 이것은 하늘이 암시한 징조가 아니겠는가?

아아! 원통하다! 생각건대 우리 성후(聖后)의 높은 덕과 지극한 행실을 어떻게 창졸간에 그려낼 수 있겠는가? 그러나 대략 평시에 전해들은 것과 직접 보고 느낀 것을 가지고 삼가 만 분의 하나를 적은 것이다' 신은 삼가 읽은 뒤 손을 모아 쥐고 머리를 숙여 말한다.

아아! 성대하다. 신이 어떻게 감히 빼고 더할 수 있겠는가? 이에 대해서는 신이 그전에 대궐에 있을 때 안부를 물으니 후비께서 신에게 말씀하시기를, '양전(兩殿)께서 늘 나에게 대해 주시기를 일마다 지극하지 않음이 없으니 내 마음은 몹시 기쁘다' 라고 하셨다. 갑술년(고종11, 1874) 큰 경사 때 후비께서는 흔연히 기뻐하며 말씀하시기를, '명철한 사람을 세자로 맞아 온 나라를 밝게 비치니 억만 년을 무궁할 것이다. 이제부터 나라의 터전은 우리 열조(列祖)께서 종묘(宗廟)와 사직(社稷)을 돌보아주시지 않음이 없을 것이니, 또한 우리 성상의 어진 덕이 하늘에서 밝은 세상을 받게 될 것이다' 라고 하셨다. 훌륭하다! 신이 어찌 감히 여기에 기록하지 않겠는가?

일찍이 신에게 조령(詔令)을 내리기를, '벼슬하여 재상에 이르는 것은 신하로서 매우 영예롭고 중요한 자리이다. 형과 동생이 의정부(議政府)에서 일을 잘하니 우리 가문이 더욱 빛나는 경지에 이르게 되었다. 어느 자리에 있든 마땅히 이 말을 명심하라'고 두세 번 거듭 타일렀는데, 삼가 바라보니 조심하고 두려운 기색이었다. 그러니 신이 또한 어찌 감히 사적인 일이라고 해서 빼버리고 여기에 기재하지 않겠는가?

아아! 원통하다. 신은 생각건대, 효라는 것은 모든 행실의 근원이다. 그래서 공자(孔子)는 일찍이 이르기를, '행실은 여기에 달려있다' 라고 하였고 글로 써서 경서를 만들었다. 그러므로 그것이 지극한 지경에 이르면 귀신과도 통하고 사해를 빛내게 된다. 아, 그 위대함이여! 왕후가 그것에 극진하였다.

공경이라는 것은 한마음의 주장이 되는 것이다. 지극하도다, 왕후여! 지극히 유순하면서 강직하고 지극히 조용하면서 떳떳하였다. 왕비로 있으면서 공순하게 임금을 받들며 자기 자리에 꿋꿋이 서 있었고 마음이 독실하였으니, 우리 왕후가 바로 그러하였다. 어진 마음은 모든 착한 것의 으뜸으로, 인자하고 선량하고 공경하는 것을 포함한다. 그것이 나타나 보일 때에는 측은한 생각으로 차마 하지 못하는 마음이 되는 것이다. 처음에는 벌레처럼 변변치 않게 보이지만 어미가 자식을 기르듯 품어 기르는 가운데 자라지 않음이 없어 확대되고 충실해져 마치 불길이 타오르거나 샘줄기가 뻗어 올라가듯이 되어가는 것이다. 아, 그

광대함이여! 왕후의 행실이 검소하여 백성 교화의 근본이 되었
으니, 이미 부유하고 이미 귀한 처지에서도 오히려 그런 덕을
지니고 있었다. 잠관(蠶館)에서 실을 뽑다가 옷을 더럽히게 되면
아랫사람들의 옷을 얻어 입기까지 하였으니, 아, 고상하다! 왕후
가 그렇게 하였다.

신이 감히 역사에서 칭송한 바를 상고하건대, 중국 한(漢) 나
라의 명덕 마황후(明德馬皇后)는 허름한 천으로 옷을 지어입고
푸른 겉옷을 몸에 걸치고 집안을 경계하였으니, 그 검소함으로
수신제가하였다. 또 화희 등황후(和熹鄧皇后)는 많은 음식을 차
려놓는 것을 경계하였고 풀을 뜯어먹게 된 기근이 들었을 때
자신의 음식상을 걷어 내주어 굶주린 무리들을 구원하였으니,
어질고 살리기를 좋아하였다. 당(唐) 나라 고종(高宗)의 황후 태
목(太穆)은 옷을 벗을 틈이 없이 언제나 부지런히 일하기를 좋
아하였고, 태종(太宗) 때 문덕 황후(文德皇后)는 예의를 숭상하고
『여칙 女則』을 본받아 효도하고 공경하는 것을 스스로 거울삼
았으니, 모두 타고난 천성이었다. 그러나 네 가지의 덕성 중에
서 각기 한 가지를 칭송하였으니. 만약 이상의 네 가지 덕성을
겸비한다면 모든 좋은 점이 구비되는 것이다. 여자 중에 이것을
모두 갖추어 이룩한 인물은 오직 삼대(三代) 이상이라야 아마도
찾아볼 수 있을 것이다. 그런데 황제(皇帝)의 아내라든가 당요
(唐堯)의 어머니라든가 그런 여인들은 훌륭했지만 경서(經書)에
기록해 놓은 것이 아주 소략하였다. 삼가 우순(虞舜) 이후부터
주(周)나라 시대까지 상고해보면 우순(禹舜)의 배필인 당요(唐堯)
의 두 딸 아황(娥皇)과 여영(女英)은 총명하고 절개 있는 점에서
본보기가 되었고, 하우(夏禹)의 배필인 도산씨(塗山氏)는 의리에
통달하고 공훈이 있어 뛰어났다. 은탕(殷湯)의 배필인 유신씨의
가르침으로 순위가 올바르게 되었고, 주 문왕(周文王)의 어머니
인 태임(太任)의 단정함으로 전일하고 성실하면서 엄정하였다.
주 문왕(周文王)의 배필인 태사(太姒)로 말하면 모든 덕을 겸비

한 동시에 부녀자의 도리도 다하였기 때문에 『모시 毛詩』의 「권이 卷耳」·「심관 審官」·「교목 樛木」 등의 노래에 실려 있다.

우리 왕후로 말하면 우리나라의 태사이다. 이미 하늘이 내려준 덕이 있었고 정일한 심법(心法)을 전수하여 임금의 배필이 되어서 왕실의 계통을 이었다. 만물을 마땅하게 다스리려면 그 몸을 잘 보살펴 그 수명을 길게 해 주어야 할 것인데, 어찌 공사(公私) 간에 언짢은 일을 당하게 하여 건강이 나빠져서 40세도 되기 전에 세상을 떠나게 하여, 어쩌자고 이 나라 백성으로 하여금 갑자기 어머니를 잃은 것과 같은 지극한 슬픔을 당하게 만들었는가? 어찌 이른바 귀신의 일이란 밝히기 어렵고 세상의 이치란 가늠하기 어렵다고 한 것이 그런 것인가?

아아! 원통하다. 왕후는 신해년(철종2, 1851)에 왕비로 책봉되었고 무오년(철종9, 1858)에 원자(元子)를 낳았으나 일찍 죽었다. 계해년(철종14, 1863)에 여러 신하들이 명순(明純)이라는 존호를 올렸고 금상(今上)이 즉위하여 대비(大妃)라는 칭호를 올렸다. 3년 병인년(고종3, 1866)에는 휘성(徽聖)이라는 존호를 더 올렸으며, 같은 해 여름에는 정원(正元)이라는 존호를 더 올렸다. 10년 계유년(1873)에 수녕(粹寧)이라는 존호를 더 올렸고, 이때에 와서 철인(哲仁)이라는 시호(諡號)를 올렸다. 휘호(徽號)는 경헌 장목(敬獻莊穆)이고 전호(殿號)는 효휘(孝徽)이다. 산릉(山陵)은 예릉(睿陵)과 같은 언덕에 정하고 초하루가 정미일(丁未日)인 9월 18일 갑자일(甲子日)에 왼쪽에 부장하는 예식을 거행하였다. 이렇게 하면 평상시 매우 가까이하던 뜻을 위로할 수 있겠는가?

돌이켜보건대 신의 어리석은 생각에는 차마 이 일을 하면서 구구한 마음으로 조금이나마 그 지극한 슬픔을 막아보려고 하였으나, 28년 동안의 숨은 노력과 너그러운 교화를 신의 변변치 못한 글재주로 다 표현할 수 없었다. 그리하여 성상께서 지어 내려주신 글을 공경히 받들어 첫머리에 제시하였다.

아아! 백대토록 내려가도 여기에서 장차 교훈을 찾을 것이니,

아아! 아름답다, 아아! 원통하다" 하였다. ― 판중추부사(判中樞府事) 김병국(金炳國)이 지었다 ―『고종실록』권15. 15년 9월 18일

고종 17년(1880) 3월 28일 철인왕후의 부묘예식을 추향대제와 겸하여 거행하도록 하였다.

예조(禮曹)에서 아뢰기를, "효휘전(孝徽殿) 담제(禫祭) 후에 부묘(祔廟)하는 예식을 마땅히 마련해야 하겠으나 삼가『오례의 五禮儀』와『상례보편 喪禮補編』을 상고해보니 모두 시향(時享) 때에 부제(祔祭)를 지낸다고 하였습니다. 또 영조(英祖) 때의 하교(下敎)에는, '담제를 지내는 달이 만약 사맹삭(四孟朔)이나 납월(臘月)과 만나면 오향(五享)을 겸하여 지냄으로써 예문(禮文)을 따를 것이다' 라고 하였다고『상례보편』의 수교(受敎)에 실려 있습니다. 이번의 담제(禫祭) 달은 바로 추맹삭(秋孟朔)입니다. 철인왕후(哲仁王后)의 부묘(祔廟) 예식은 추향 대제(秋享大祭)와 겸하여 거행하는 것이 어떻겠습니까?" 하니, 윤허하였다.『고종실록』권17. 17년 3월 28일

7월 6일 부묘 대제를 거행하였다.

종묘(宗廟)의 추향 대제(秋享大祭) 겸 철인왕후(哲仁王后)의 부묘 대제(祔廟大祭)를 행하였다.『고종실록』권17. 17년 7월 6일

▓ 철인왕후

【생몰년】 헌종 3년(1837) ~ 고종 15년(1878). 향년 42세
【본   관】 안동(安東)
【휘   호】 명순 휘성 정원 수녕 경헌 장목 철인장왕후
           (明純徽聖正元粹寧敬獻莊穆哲仁章王后: 선원계보)
【능   호】 예릉(睿陵)
           경기 고양시 덕양구 원당동 서삼릉 내
【문   헌】『선원계보 璿源系譜』
           『철종실록 哲宗實錄』『고종실록 高宗實錄』

예릉 정자각

철인왕후 아버지

김문근(金汶根)

시조: 김선평

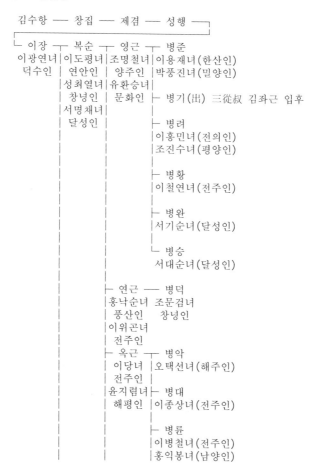

김수항 ── 창집 ── 제겸 ── 성행 ─┐
└ 이장 ┬ 복순 ┬ 영근 ┬ 병준
이광연녀│이도평녀│조명철녀│이용재녀(한산인)
덕수인 │ 연안인 │ 양주인 │박풍진녀(밀양인)
　　　　│성최열녀│유환승녀│
　　　　│ 창녕인 │ 문화인 ├ 병기(出) 三從叔 김좌근 입후
　　　　│서명채녀│　　　　│
　　　　│ 달성인 │　　　　├ 병려
　　　　│　　　　│　　　　│이홍민녀(전의인)
　　　　│　　　　│　　　　│조진수녀(평양인)
　　　　│　　　　│　　　　│
　　　　│　　　　│　　　　├ 병황
　　　　│　　　　│　　　　│이철연녀(전주인)
　　　　│　　　　│　　　　│
　　　　│　　　　│　　　　├ 병완
　　　　│　　　　│　　　　│서기순녀(달성인)
　　　　│　　　　│　　　　│
　　　　│　　　　│　　　　└ 병승
　　　　│　　　　│　　　　　서대순녀(달성인)
　　　　│　　　　│
　　　　│　　　　├ 연근 ── 병덕
　　　　│　　　　│홍낙순녀 조문겸녀
　　　　│　　　　│ 풍산인　 창녕인
　　　　│　　　　│이위곤녀
　　　　│　　　　│ 전주인
　　　　│　　　　├ 옥근 ┬ 병악
　　　　│　　　　│이당녀│오택선녀(해주인)
　　　　│　　　　│ 전주인│
　　　　│　　　　│윤지렴녀├ 병대
　　　　│　　　　│ 해평인│이종상녀(전주인)
　　　　│　　　　│　　　　│
　　　　│　　　　│　　　　└ 병륜
　　　　│　　　　│　　　　│이병철녀(전주인)
　　　　│　　　　│　　　　│홍익봉녀(남양인)

```
│        │        ├─ 녀=서필보(대구인)
│        │        ├─ 녀=임백규(풍천인)
│        └─ 녀   ├─ 녀=최원영(수원인)
│        조병간 ├─ 녀=채항묵(평강인)
│        풍양인 └─ 녀=홍종연(남양인)
│
├─ 태순 ┬系)교근 ┬ 병조      (교근 生父 김호순)
│박종덕녀│유한유녀│심령상녀
│ 반남인 │ 기계인 │ 청송인
│        │오재선녀│
│        │ 해주인 ├─ 병교
│        │        │이희년녀
│        │        │ 한산인
│        │        │
│        │        ├─ 병소(出) 仲父 김시근 입후
│        │        ├─ 병고(出) 從叔 김유근 입후
│        │        │
│        └─ 녀   ├─ 녀=서두보(달성인)
│        한상리 │
│        청주인 └─ 녀=이창우(연안인)
│
├─ 인순(出)
│ 從叔 김이직 입후
│
├─ 이순 ┬系)문근 ┬ 병필 ┬系)홍규      (문근 生父 김인순)
│홍찬해녀│이용수녀│심능구녀│조경호녀    (홍규 生父 김병훈)
│ 남양인 │ 연안인 │ 청송인 │ 임천인
│이관수녀│민무현녀│유치형녀│
│ 전주인 │ 여흥인 │ 기계인 └─ 증균
│        │        │          연안이씨
│        │        │
│        │        └─ 녀 철인왕후
│        │          철종왕비
│        │
│        ├─ 한근 ┬ 병오
│        │이의노녀│정주영녀(초계인)
│        │ 전주인 │
│        │        ├─ 병구
│        │        │유한주녀(기계인)
│        │        │
│        │        └─ 녀=이긍익(연안인)
│        │
└─ 녀   └─ 녀
  홍수영   송완규
  풍산인   은진인
```

※ 본서 부록 293쪽 참조

김문근(金汶根)의 할아버지는 김이장(金履長)이다. 김이장은 장악원정(掌樂院正)을 지냈다. 할머니는 이광연(李廣淵)의 따님 증정경부인(贈貞敬夫人) 덕수 이씨(德水李氏)이다.

생부는 김인순(金麟淳)이다.

아버지는 김이순(金頤淳, 1761~1802)이다. 김이순은 영의정(領議政)에 추증되었다. 첫째 어머니는 홍찬해(洪纘海)의 따님 남양 홍씨(南陽洪氏)이다. 둘째 어머니는 이관수(李觀洙)의 따님 증 정경부인(贈貞敬夫人) 전주 이씨(全州李氏)이다. 이관수는 봉사(奉事)를 지냈다.

김문근의 첫째 부인은 이용수(李龍秀)의 딸 증연양부부인(贈延陽府夫人) 연안 이씨(延安李氏)이다. 이용수는 이조판서(吏曹判書)를 지냈다. 둘째 부인은 민무현(閔懋鉉)의 딸 홍양부부인(興陽府夫人) 여홍 민씨(驪興閔氏)이다. 민무현은 이조참판(吏曹參判)에 추증되었다.

1남은 김병필(金炳弼)이다. 예조판서(禮曹判書)를 지냈다. 첫째 부인은 심능구(沈能矩)의 딸 정부인(貞夫人) 청송 심씨(靑松沈氏)이다. 둘째 부인은 유치형(兪致亨)의 딸 정부인(貞夫人) 기계 유씨(杞溪兪氏)이다. 유치형은 현령(縣令)을 지냈다.

1녀는 철종 비 철인왕후(哲仁王后)이다.

김문근은 순조 1년(1801) 11월 25일에 태어났다.

51세인 철종 2년(1851) 윤8월 13일 동부승지(同副承旨)에 제수되었다.

윤8월 24일 딸이 왕비에 삼간택 되어 고조부 김제겸(金濟謙)과 증조부 김성행의 시호를 의논하게 되었고 같은날 본인은 영은부원군(永恩府院君)에 봉작되고 영돈녕부사(領敦寧府事)에 제수되었다.

52세인 철종 3년(1852) 1월 13일 금위대장(禁衛大將)에 제수되었다. 56세인 철종 7년(1856) 1월 9일 총융사(摠戎使)에 제수되었다. 57세인 철종 8년(1857) 9월 6일 금위대장(禁衛大將)에 제수되었다. 58세인 철종 9년(1858) 6월 11일 호위청대장(扈衛廳大將)에 제수되었다.

59세인 철종 10년(1859) 9월 14일 소장을 올려 헌종대왕(憲宗大王)을 세실(世室)의 예(禮)로 정할 것을 청하였다.

60세인 철종 11년(1860) 11월 5일 경평군(慶平君) 이호(李晧)가 안동 김씨 세도를 비판한 것에 대해 자인(自引)하였다.

영돈녕(領敦寧) 김문근(金汶根)이 상소하여 스스로 인구하니, 비답하기를, "감히 하지 못할 말을 그가 감히 남에게 가하였으니, 이것이 이미 저의 단안(斷案)인 것이다. 따라서 벌써 처분(處分)이 있었으니, 경(卿)은 반드시 이와 같이 할 것이 없다. 또 황교(荒郊)에서 머물고 있는 것은 매우 자중(自重)하는 도리가 아니니, 즉시 집으로 돌아와서 나의 권권(眷眷)해 하는 소망에 부응토록 하라" 하였다. 『철종실록』권12. 11년 11월 5일

62세인 철종 13년(1862) 6월 23일 낭청(郎廳)에 차하(差下)되었다.

철종 13년 7월에는 돈녕부도정(敦寧府都正) 이하전(李夏銓)의 역모를 빨리 처분하도록 청하여 왕족을 모해하고 안동 김씨의

세도정치를 강화하도록 노력하였다. 『민문』

63세인 철종 14년(1863) 11월 6일 졸하였다.

영돈녕부사(領敦寧府事) 영은 부원군(永恩府院君) 김문근(金汶根)이 졸(卒)하였다. 하교하기를, "돈후(敦厚)한 자질은 세상에 모범이 될 만하였고, 원대(遠大)한 식견은 여러 사람을 주재(主宰)할 만하였다. 그리고 충애(忠愛)스런 성품과 의리를 굳게 지키는 확고함은 곧 이 집안의 가법(家法)인 것이다. '근신 검약(謹愼儉約)' 네 글자로 우리 자훈(慈訓)을 받들어 주야로 10여 년을 하루처럼 복응(服膺)하여 왔다. 더구나 연전에 올린 한 통의 소장(疏章)은 또 백세(百世) 뒤에도 말이 전해질 것임이겠는가? 나 소자(小子)가 융숭하게 위임하여 대우한 것은 그의 처지 때문에 그런 것만은 아니었다. 병환이 위독해질 때 급박한 상황을 생각하지 않은 것은 아니었지만, 어찌 오늘 졸서(卒逝)했다는 단자(單子)가 갑자기 이를 줄이야 생각이나 했겠는가? 너무도 슬픈 나머지 마음을 가눌 수가 없는 지경이다. 졸(卒)한 영돈녕 영은 부원군의 상(喪)에 동원 부기(東園副器) 1부(部)를 수송하여 주고 성복(成服)하는 날에는 승지(承旨)를 보내어 치제(致祭)하라. 이어 고자(孤子)를 돌보아 위로하고 부의(賻儀)와 수의(襚衣)에 드는 물품을 넉넉하게 수송하며 봉록(俸祿)은 3년을 기한으로 종전대로 지급하게 하라. 예장(禮葬) 등의 절차는 전례에 따라 거행하고 역명(易名)의 은전(恩典)은 시장(諡狀)을 기다릴 것 없이 성복(成服)하기 전에 의정(議定)토록 하라" 하였다.

순종 4년(1910) 3월 27일 순종이 사손(祀孫)인 김흥규(金興圭)가 노쇠하고 집안이 몰락하여 1,000원을 하사하였다.

▥ 철인왕후 아버지

【생몰년】 순조 1년(1801) ~ 철종 14년(1863). 향년 63세
【성　명】 김문근(金汶根)　　　　【본　관】 안동(安東)
【　자　】 노부(魯夫)　　　　　　【　호　】 사교재(四敎齋)
【시　호】 충순(忠純)
【　묘　】 여주충헌공조좌신좌(驪州忠獻公兆坐申坐: 안동김씨세보)
　　　　　여주 등신면 초현(驪州嶝神面草峴, 충헌공 김창집 묘)
【문　헌】『안동김씨세보 安東金氏世譜』

철인왕후 외조부

이용수(李龍秀)

```
이단상 ── 하조 ─系)숭신─┬─────────┐
                                          │
└系)민보─┬─ 태원(出)
서명성녀 ├─ 시원 ─┬─ 봉수 ─┬─ 현우
대구인   │ 김안묵녀 │ 김명연녀 │ 홍인모녀(풍산인)
         │ 청풍인   │ 청풍인   │
         │          │ 심헌지녀 ├─ 면우(出)
         │          │ 청송인   │
         │          │          ├─ 대우
         │          │          │ 심의석녀(청송인)
         │          │          │ 서효순녀(달성인)
         │          │          │
         │          │          └─ 녀=오경선(해주인)
         │          │
         │          ├─ 학수 ─系)면우
         │          │ 김노성녀 서준보녀
         │          │ 경주인   달성인
         │          │
         │          └─ 녀=한성리(청주인)
         │
         ├─ 조원 ─┬─ 용수 ─┬─ 종우 ─系)교익
         │ 홍문호녀 │ 조진택녀 │ 오치성녀 심정규녀
         │ 풍산인   │ 풍양인   │ 해주인   청송인
         │          │          │
         │          │          ├─ 경우 ─系)신익
         │          │          │ 홍이간녀 │ 유찬생녀
         │          │          │ 남양인   │ 전주인
         │          │          │          │
         │          │          │          └─ 녀=윤범구(파평인)
         │          │          │
         │          │          ├─ 녀=김문근(안동인)
         │          │          │
         │          │          └─ 녀=심의창(청송인)
```

```
│          ├ 린수 ─┬─ 증우 ─┬─ 현익
│          │민태혁녀│권경리녀├─ 교익(出)
│          │ 여홍인 │ 안동인 ├─ 규익
│          │        │        └─ 병익
│          │        │
│          │        │
│          │        └─ 창우 ─┬─ 건익
│          │         김교근녀 ├─ 신익(出)
│          │          안동인  └─ 정익
│          │         구응화녀
│          │          능성인
│          │         김영조녀
│          │          안산인
│          │
│          │
│          ├ 상수 ─┬─ 승우
│          │조진순녀│김준근녀
│          │ 양주인 │ 안동인
│          │        │구수칠녀
│          │        │ 능성인
│          │        │심노규녀
│          │        │ 청송인
│          │        │
│          │        ├─ 웅우
│          │        │윤초선녀
│          │        │ 해평인
│          │        │송문순녀
│          │        │ 여산인
│          │        │
│          │        └─ 녀=심종택(청송인)
│          │
│          │
│          ├ 원수 ─系)겸우
│          │서봉순녀 이황원녀
│          │ 대구인   전주인
│          │민서용녀
│          │ 여홍인
│          │
│          │
│          ├─ 녀=서유여(대구인)
│          │
│          └─ 녀=윤의술(파평인)
│
└─ 녀
   조인철
   양주인
```

※ 본서 부록 299쪽 참조

이용수(李龍秀)의 할아버지는 효정공(孝貞公) 이민보(李敏輔)이다. 이민보는 형조판서(刑曹判書)를 지냈다. 할머니는 서명성(徐命聖)의 따님 대구 서씨(大邱徐氏)이다. 서명성은 정사(正師)를 지냈다.

아버지는 문경공(文景公) 이조원(李肇源, 1758~1832)이다. 이조판서(吏曹判書)를 지냈다. 어머니는 홍문호(洪文浩)의 따님 풍산 홍씨(豊山洪氏)이다. 홍문호는 현감(縣監)을 지냈다.

이조원은 정조 16년(1792) 식년문과에 장원으로 급제, 이듬해 호서암행어사로 나갔다. 이후 예문관제학·병조판서·좌빈객·호조판서·이조판서·공조판서 등 현직을 두루 역임하였다. 순조 27년(1827) 승지 이해청(李海靑)과 양사가 순조 14년(1814) 순조의 병환이 위독하였을 때 김기서(金基敍)·김기후(金基厚) 등과 반역을 도모하였다고 탄핵하자 봉조하(奉朝賀)로서 그 사실은 무고라고 상소를 올렸지만, 결국 흑산도에 안치되어 있던 중 물고(物故)되었고, 사후 참시당하였다. 헌종 1년(1835) 대왕대비의 명에 의하여 신원(伸冤)되었다. 글씨를 잘 썼고 특히 전각(篆刻)에 뛰어났다.

이용수의 부인은 조진택(趙鎭宅)의 딸 풍양 조씨(豊壤趙氏)이다. 조진택은 감사(監司)를 지냈다. 슬하에 2남 2녀를 두었다.

1남은 문헌공(文憲公) 이종우(李鍾愚)이다. 이조판서(吏曹判書)

를 지냈다. 오치성(吳致成)의 딸 해주 오씨(海州吳氏)와 혼인하였다. 오치성은 이조판서(吏曹判書)에 추증되었다.

2남은 이경우(李敬愚)이다. 해미현령(海美縣令)을 지냈다. 홍이간(洪履簡)의 딸 남양 홍씨(南陽洪氏)와 혼인하였다. 홍이간은 참판(參判)을 지냈다.

1녀는 영은부원군(永恩府院君) 김문근(金汶根)과 혼인하였다. 김문근은 영돈녕(領敦寧)을 지냈다.

2녀는 청송인(靑松人) 심의창(沈宜昌)과 혼인하였다. 심의창은 오위장(五衛將)을 지냈다.

정조 즉위년(1776)에 태어났다.

35세인 순조 10년(1810) 4월 11일 대교(待敎)에 제수되었다.

6월 10일 대교 직위를 체차당하고 나문(拿問) 당하였다.

36세인 순조 11년(1811) 윤3월 5일 대교에 제수되었다.

39세인 순조 14년(1814) 6월 24일 정종 대왕 어제(正宗大王御製)와 열성 어제(列聖御製)을 올려 가선대부에 가자되었다.

42세인 순조 17년(1817) 8월 15일 어제(御製)의 교정본을 올려 표피(豹皮)를 하사받았다.

10월 11일 홍문관 부제학에 제수되었으나 아버지인 이조원이 홍문 제학을 겸하여 인피(引避)하여 체직되었다.

43세인 순조 18년(1818) 1월 20일 비변사 제조(備邊司提調)에 제수되었고 4월 5일 규장각 직제학(奎章閣直提學)에 제수되었다. 10월 8일 이조참판(吏曹參判)에 제수되었다.

44세인 순조 19년(1819) 5월 9일 사간원 대사간(司諫院大司諫)에 제수되었다.

45세인 순조 20년(1820) 1월 28일 사간원 대사간(司諫院大司諫)에 제수되었고 3월 17일 이조참판(吏曹參判)에 제수되었다.

5월 9일 사간원 대사간(司諫院大司諫)에 제수되었고 성균관 대사성(成均館大司成)에 제수되었으며 12월 5일 황해도 관찰사(黃海道觀察使)에 제수되었다.

47세인 순조 22년(1822) 7월 15일 황해감사로서 서홍(瑞興) 등의 익사한 사람들의 구호를 청하여 윤허받았다.

48세인 순조 23년(1823) 1월 21일 성균관 대사성(成均館大司成)에 제수되었다. 10월 21일 동지부사로 홍의호(洪義浩) 등과 함께 하직 인사하기 위해 알현하였다.

49세인 순조 24년(1824) 4월 15일 개성부 유수(開城府留守)에 제수되었다.

51세인 순조 26년(1826) 6월 1일 우부빈객(右副賓客)에 제수되었고 8월 18일 형조판서에 제수되었으며 12월 11일 좌빈객(左賓客)에 제수되었다.

52세인 순조 27년(1827) 3월 29일 아버지 이조원(李肇源)을 모함한 서유규의 벌을 청하였다.

지사(知事) 이용수(李龍秀)가 북을 울려 원통함을 하소연하면서 말하기를, "신이 오늘 호종(扈從)하는 반열에 있다가 엄수(嚴囚)한 죄인 서만수의 아들 서유규가 징을 친 원정(原情)을 보았는데, 그가 신의 아비에 대하여 터무니 없는 거짓말을 만들어 내고, 신의 아비를 추악하게 욕한 것이 극히 낭자하여 거의 여지

없이 공격하였습니다. 그리고 그 말미에 붙여 있는 글에, 중신(重臣) 김기후(金基厚)와 수작한 한 구절의 말은, 곧 감히 말할 수 없고 차마 옮길 수 없는 것이었습니다. 그가 의도하는 바는 곧 신의 집안을 멸명시켜 버리고야 말려는 것이었으니, 그 글을 끝까지 보기도 전에 넋이 다 나간 듯하여 온몸이 떨림을 깨닫지 못하였습니다. 신의 집안이 서만수와 10년 전부터 원수로 지냄은 성조(聖朝)께서 부촉(俯燭)하시는 바이고, 온 나라 사람들이 자세히 아는 바입니다. 신이 여기에 대하여 다시 번거롭게 아뢸 필요는 없겠으나, 그 시초가 되는 유래에 대하여서는 또한 대략이나마 진달하지 않을 수 없습니다.

신의 아비가 기영(箕營)에 관찰사로 갔을 때에 서만수는 그 관할 아래의 수령으로서 잔학하게 재물을 거두어 들이니 온 경내(境內)에 원성(怨聲)이 가득 차고, 기거하던 백성들이 거의 흩어져서 장차 사람이 없는 읍이 되어갔습니다. 이미 안찰의 책임을 맡은 이상 불법(不法)이 이와 같은 것을 알고 속히 출파(黜罷)하는 율을 시행하는 것은 바로 맡은 바 직무였습니다. 이 일이 있은 뒤로 원망을 품고 독을 뿜어대는 일을 안하는 곳이 없었습니다. 지난 10년 동안에 공거(公車)에 낸 글이 몇번인지 모릅니다. 그럴 때마다 신의 아비를 천고에 악역(惡逆)의 죄로 몰아붙였으니, 사람들이 누군들 미친 자의 욕지거리로 지목하지 않겠습니까? 다행히 대조(大朝)의 살피심을 힘입어, 그의 지극히 흉칙하고 패역된 정상을 통촉하시어 혹은 견책을 가(加)하고 혹은 출삭(黜削)을 내리시니 처분의 엄격하기가 부월(鈇鉞)같을 뿐만이 아니었습니다. 그런데 지금 그 죄악이 환하게 드러나 상형(常刑)을 벗어날 수 없게 되자 이에 죽을 데에서 살 꾀를 구하여 그의 패역된 자식을 시켜 감히 이와 같이 방자스럽게 스스로 하소연하는 거조를 하게 하였습니다. 그가 초산(楚山)에 있을 때 허다하게 저지른 탐학한 일들은 천벌(天罰)을 자초(自招)한 데에 지나지 않을 뿐입니다. 이것이 신의 집안과 무슨 상관이 있기에 신의 집안에 앙갚음을 하고자 하여 이와 같이 방자하고 흉측한 말을 스스로 만들어 무함할 계획을 함부로 자행하였으니, 이것이 또한 무슨 까닭입니까?

그가 이른바, ─ 중신 김기후와 수작했다[重臣金基厚酬酢]는 ─ 7자(七字)로 운운(云云)한 것은 누구에게 들었으며 누구에게 전하여 주었는지 모르겠습니다. 그가 이른바, 이미 초(草)잡았다고 하는 상소는 어찌 곧바로 올리지않고, 10여년이 지나 그 아비가 장차 국법(國法)에 걸려들 때를 당하여 갑자기 원정(原情)의 말미에 덧붙여 올렸으니 이는 무슨 까닭입니까? 아! 진실로 일분이라도 사람다운 마음이 있었다면 어찌 차마 이런 말이 마음속에 싹트고 입에서 나온단 말입니까? 그가 말한 그 당시에 수작(酬酢)한 사람 또한 지금 그대로 살아 있는데, 그가 아무리 남을 해치기에 급급하여 이것을 가지고 무고하려고 한들 어찌 가히 이룰 수 있겠습니까? 이는 그의 부자가 자기네끼리 주고받은 말에 불과한 것인데, 끝내는 이것을 가지고 여러해 동안 틈이 벌어져 왔던 신의 집에 벌이 독을 쏘듯이 한 것이니, 한탄스럽고 참담합니다. 엎드려 바라건대, 속히 처분을 내리시어 신의 아비가 받은 애매한 정상을 밝게 펴도록 하여 주소서" 하니, 하령하기를, "경이 아무리 억울한 사연을 호소하는데 급급하지마는, 어찌 이러한 거조를 하여 마치 그들과 쟁변(爭辨)한 것처럼 하는가? 또한 그의 원정(原情)이 이미 금중(禁中)에 머물러 있는데 또 어떻게 이 일을 노출시키겠는가? 그 말이 감히 말할 수 없는 처지에 핍박되는 것은 생각치 않는가? 내가 그의 원정을 본 뒤에 놀랍고 송구스러워서 마음을 스스로 진정시킬 수가 없었다. 다시는 이 일을 끌어내지 말아서 나의 마음을 편하게 하라. 경은 또한 생각하기 바란다.

경의 집안이 저들의 무함을 입었다는 사실은 스스로 공의(公議)가 정해져 있는데, 저들이 이것을 가지고 원수를 삼고 거짓을 얽어 무함하니, 사람들이 누가 믿을 것이며 내가 더욱 그것을 믿겠는가? 경이 비록 박절한 감정을 어쩔 수 없어서 이러한 거조를 하였겠지마는, 이 다음부터는 다시 이 일을 가지고 마음에 둔다든지 입에 올리지 말라" 하였다. 『순조실록』권28. 27년 3월 29일

김기후(金基厚, 1747~1830)의 본관은 청풍(淸風), 자는 사중(士重), 시호는 효헌(孝憲)이다. 아버지는 판돈령부사 김지묵(金持默)이다. 이구상(李龜祥)의 문인이다. 영조 50년(1774) 생원시에 합격, 음보(蔭補)로 기용되어 영릉참봉(寧陵參奉)이 되었고, 이어 금위대장·공조판서·지돈령부사·도총관·한성부 판윤 등을 두루 역임하였다. 순조 26년(1826) 노령으로 정헌대부(正憲大夫)에 승진하였다가, 서만수(徐萬修)의 무고를 받아 외진 고을에 유폐된 지 수년 만에 죽고 말았다.

4월 19일 선혜청 제조(宣惠廳提調)에 제수되었고 4월 20일 한성부 판윤(漢城府判尹)에 제수되었다.

7월 11일 대동포(大同布)를 돈으로 대납(代納)하게 하였다.

관동(關東) 열여섯 고을의 대동포(大同布)를 내년부터 돈으로 대신 받으라고 영을 내렸다. 선혜청 당상 이용수(李龍秀)의 아룀으로 인한 것이었다. 『순조실록』권29. 27년 7월 11일

8월 4일 서유규(徐有圭)가 자신의 아버지 서만수가 이용수의 아버지 이조원에게 모함받았다고 하여서 소란을 일으켜 귀양 갔다.

… 지금 사단으로 인하여 제 아비의 상소 내용을 말씀드리겠습니다. 그 대강의 내용을 말씀드리면 이러합니다. 운운(云云)하

고, ─ 입달한 뒤에 먹으로 지워버렸습니다 ─ 생각건대 저 흉도(凶徒)들이 제 아비를 무함한 것이 갈수록 더욱더 참혹하였으니, 제 아비가 무함받은 것을 조열(條列)하자면, 정말로 저희 온 집안이 모두 죽음을 당해야 하였습니다. 그런데 제 아비는 살아서 옥문(獄門)을 나왔고, 저는 귀양갔다가 석방되었으니, 이는 모두 관대하고 인자하신 특별한 은혜인데도 간당(奸黨)은 반드시 죽이려고 하였습니다. 의금부에서 형장(刑杖)을 가하는 것은 법에 벗어난 것인데, 형관(刑官)이 그 인척이기 때문에 역적을 위하여 원수를 갚으려 하였고, 위리(圍籬)를 처마까지 치는 것은 국법이 아닌데 의금부의 낭관이 사주(使嗾)를 받아 조종하였으며, 아들이나 종이 왕래하는 것은 조정에서 경계한 일이 없는데 그 고을 수령이란 자가 촉탁을 받아 금지하였으니, 여러 가지로 겪은 일들이 살려서 안치하신 성상의 뜻과 일체 상반되었습니다. 한 명의 아들이나 한 명의 종이 보살펴 주지 못하고, 한번 마시거나 한번 씻는 일도 권해 보지도 못한 채, 전후 두 달 동안에 마침내 굶어 죽은 외로운 넋이 되고 말았습니다. 제 아비가 애매하게 죄에 걸려 비명(非命)에 죽은 것은 모두 역적 이조원 부자가 발설할 입을 없애기 위한 계략에 말미암은 것입니다. 아! 역적 이조원이 갑술년(순조14, 1814)에 꾸민 흉측한 역적 모의는 어느 지경에 이를지 모를 정도였는데, 다행히 그때의 정승이 엄히 배척한 데에 힘입어 계략을 부리지 못하였습니다만, 그때 화의 덫이 어느 사람치고 간담이 서늘하고 뼈속이 오싹하지 않겠습니까? 또 더구나 제 아비가 미처 올리지 못했던 상소를 본 뒤에도 충성하려는 신하와 곧은 말을 하는 선비가 한 사람도 역적을 성토하지 않고 지금까지도 적막한 것은, 한번 제 아비가 비명에 죽은 뒤로 분개한 마음을 숨기고 그들의 흉독(凶毒)한 예봉이 두려워서 먼저 나서서 토벌하자고 청하려고 하지 않았기 때문인데, 따라서 역적 이조원의 위세가 이토록 극도에 이른 것입니다. 다만 이용수(李龍秀)의 원정(原情)으로 말하면, 이른바 억울한 사정을 하소연했다는 것이 조금도 흉측한 모의를 변명하는 데에 그럴싸한 것이 없어서 그 아비의 역적 행위를 엄폐하지 못하였습니다. 비록 김기후(金基厚)의 상서(上書)로 보더라도, 그 변명한 것이 모두 궁색하게 도피하는 말로써 이리저리 미봉한 정상만 드러났습니다. 역적 이조원의 소로 말하면, 그가 범한 죄를 스스로 변명할 말이 없는데 처음부터 조사하자고 청하지 않고 감히 뜻밖에 당한 재앙이라는 따위의 말로 난잡하게 말하였으니, 그 무엄하고 거리낌없는 것이 어찌 이 지경에 이르렀단 말입니까? 다만 생각하건대, 저의 아비가 이 때문에 무함당한 자초지종에 대해 이미 대강 말씀드렸으므로 굽어 살피셨을 것으로 여깁니다.

그런데 안핵사(按覈使)가 보고한 뒤, 저의 아비가 공초를 바칠 때에 현기증으로 인사불성이었을 뿐만 아니라, 엄한 문초에 황송하여 어쩔 줄 몰라 오직 죄를 지었다고 자책만 한 채 낱낱이 말하여 밝히지 못함으로써, 살아서는 한을 머금고 죽어서는 눈을 감지 못하게 되었습니다. 이에 감히 가슴을 어루만지고 정성을 피력하여 거듭 성상께 호소하니, 불쌍히 여겨 특별히 살펴주소서. 이른바 사람이 억울하게 죽었다는 것은, 저의 아비가 고을살이를 열여덟 달 하는 동안에 곤장을 맞아 병을 얻어 죽은 자가 하나도 없었으니, 이는 수백 명의 관속(官屬)이 본 바이고 13면(面)의 백성들이 아는 바로써, 일곱 사람이 죽었다는 말은 전적으로 무함한 것입니다. 그리고 밀상(密商)의 일은, 법으로 금할 뿐만 아니라, 감영(監營)의 신칙이 매우 엄하였기 때문에 이로써 신칙한 것이었습니다.

그뒤 두어 달을 지나 밀상들이 수삼(水蔘)을 의주에서 몰래 판다고 면에서 알려 오고 백성이 고하였는데, 그 수가 10여 명이나 되었기 때문에 사소(査所)에 넘겨 추문(推問)하고 다짐을 받게 하였습니다. 그런데 밀상들이 혹 의주의 장사꾼 한테서 삼을 되찾아 오기도 하고, 삼을 판 돈을 가져 오기도 하였다고 사소에서 물었기 때문에, 금하는 물건이 발각된 경우 관청에 넘기는 것이 당연하다고 한 것입니다. 그 삼은 1백 30여 본(本)이었는데, 마침 임무 교체의 때를 당하여 미처 넘기지 못한 채, 죄다 본읍(本邑)에 두고 영읍(營邑)에서 처리하게 하였습니다. 그리고 돈은 1천 2백 50냥이었는데, 관용(官用) 1백 85냥을 보태 1천 4백 35냥으로 전답을 사서 관청에 넘기어 그 수입으로 백성들이 바치는 꿩의 대금을 대신 메꾸게 하였는데, 숫자와 떼어 넘긴 것을 온 고을 사람이 모두 알고 있습니다. 기찰(譏察)에 있어서는 삼을 생산하는 각 고을에서 으레 해마다 차정(差定)하는데, 그 고을 자체에서 거행하기 때문에 차출을 허가할 뿐입니다. 어찌 조금이라도 기찰에게 억지로 징수할 리가 있겠습니까? 몇 근(斤)의 금·은·삼이나 한 벌의 초서피(貂鼠皮)·달피(㺚皮)도 모두 거짓말을 하여 오직 무함하려고 한 것이니, 이처럼 사리에 벗어나 행할 수 없는 일은 조목조목 변명하지 않아도 알 수 있습니다. 이른바 창고의 폐단과 포탈한 것을 감사(監査)한 것은, 살펴서 바로잡기 위해 20여 명을 발하여 감사의 일을 끝마쳤습니다. 그런데 따로 사소(査所)를 설치하고 또 사징 감관(査徵監官)을 정하여 삼을 받아들이게 하였다고 하였는데, 이것이 어찌 밀상을 위하여 따로 설치한 것이겠습니까? 각 창고의 감관(監官)·색리(色吏)에게 곡물을 사징(査徵)한 것은, 저의 아비가 창고의 잘못된 점을 세밀히 조사하여 그 폐단을 통렬히 바로잡은 것입니다.

본래부터 이익을 꾀하는 무리가, 감관·색리들과 함께 나라의 곡물을 가지고 꾀를 부려 개인의 곡물로 바꾸어서 창고에 두고 농간을 부려 왔는데, 이를 조사해내어 모두 각면(各面) 각고(各庫)·각청(各廳)에다 떼어 주어 백성에게 긁어모으는 것을 막았습니다. 이 밖의 여러 조항은 매우 더럽고 잗달은 일이므로 죄다 변명하지 않습니다. 도백의 장계에 온통 무함하고 안핵사가 갖가지로 뒤집어씌운 것은 오직 역적 이조원의 세력만 믿고 전혀 공정하게 감사를 하지 않았기 때문이니, 제 아비가 무함당한 것이 모두 이토록 심합니다. 바라건대, 궁중에 놔둔 제 아비의 상소를 빨리 하달하여 조정의 신하들에게 명백히 보이고 나서, 역적 이조원에게 해당된 법을 빨리 시행하여 제 아비가 무함으로 비명에 죽은 원한을 분명히 씻어 주소서' 하였습니다.

서유규가 마구 궐문(闕門)에 들어온 죄는 물론 법을 상고하여 처리해야 하겠습니다마는, 아비를 위하여 원통한 사연을 하소연한다고 하면서 사람을 망측하게 논하였으니, 그의 말이 매우 중대한 데에 관계되므로 신의 부서에서 마음대로 결단할 수 없습니다. 저하께서 재결하소서" 하니, 하령하기를, "금문(禁門)을 마구 들어와 방자하게 북을 쳤고 허황된 말이 올봄의 원정보다 더 심하니, 원정을 가볍게 논죄할 수 없다. 법을 상고하여 멀리 귀양보내도록 하라" 하였다. 형조에서 서유규를 홍원현(洪原縣)에 귀양보냈다고 보고하였다. 『순조실록』권29. 27년 8월 4일

8월 5일 홍영관이 아버지 이조원을 탄핵하였는데 오히려 무함(誣陷)한다고 하여 사적(士籍)에서 삭제되었다.

사간 홍영관(洪永觀)이 상서하였는데, 대략 이르기를, "신이 서유규의 원정을 보고 뼈속이 오싹하고 간담이 써늘하여 견디지 못하겠습니다. 아! 갑술년(순조14, 1814) 이후 운운한 말은 신하로서 차마 말할 수 없고 감히 말할 수 없는 흉측한 모의이고 역적의 행위입니다. 올 봄에 서유규가 징을 치고 공초한 것을 마침내 반포하지 않았고, 이용수(李龍秀)가 신문(申聞)한 사연도 명백한 처분이 없었습니다. 이 때문에 뭇사람의 입을 막기 어렵게 되었고 사람들의 마음이 점점 격분해졌는데, 지금 형조 판서의 상서가 나오자 서유규의 공초가 드러났습니다. 지금 공초한 말을 보면 맥락과 증거가 모두 조사해 볼 만한 꼬투리가 있는데, 사실이 드러날 경우 반역할 뜻을 가진 부도한 자에 대한 처

벌을 잠시도 늦출 수 없다는 것은 명백합니다. 그리고 이조원 스스로 하소연한 글은 어쩌면 그렇게도 방자하고 무엄할 수 있단 말입니까? 지금 공론이 울분해 하고 처분이 내려지기 전에 방자하게 사람으로 자처하고 감히 상서하였으니, 이것만도 이미 너무나도 당돌하여 전혀 꺼리는 것이 없는데, 더구나 그가 대질시켜 달라고 청하였으니 이게 왠 말입니까?

참으로 대질해야 될 원통함이 있다면, 어찌하여 봄에 스스로 하소연할 때 하지 않고 이제 서만수가 죽은 뒤에 하였단 말입니까? 스스로 대질할 사람이 없다고 여겨 감히 이 말을 입밖에 내어 현혹시키려고 꾀하였으니, 이게 더욱 그가 해명하기 어려운 단안입니다. 빨리 의금부로 하여금 엄히 구명하게 하소서" 하였는데, 답하기를, "이번에 상서한 것은 징계하고 토벌하려는 데에서 나온 것인가? 협잡을 부리는 데에서 나온 것인가? 다만 구명하자고 청하였다면 말이 될 수도 있겠으나, 꺼리는 것이 없다느니 해명하기 어려운 단안이니 하는 따위 말을 하여 사람을 악역(惡逆)으로 몰아부쳤으니, 사람의 마음이 왜 이처럼 극도로 좋지 못하단 말인가? 그리고 이 중신(重臣)의 처지와 명망이 본디 어떠한데 이처럼 논단(論斷)할 수 있단 말인가? 너처럼 일 만들기를 좋아하는 무리는 대각의 신하라고 하여 논하지 않을 수 없으므로, 지금 우선 사적(仕籍)에서 삭제하는 법을 시행한다" 하였다. 『순조실록』권29. 27년 8월 5일

헌종 4년(1838) 63세로 졸했다.

▒ 철인왕후 외조부

【생몰년】정조 즉위년(1776) ~ 헌종 4년(1838). 향년 63세
【성　명】이용수(李龍秀)　　　　　【본　관】연안(延安)
【　자　】자전(子田)　　　　　　　【　호　】홍관(紅舘)
【시　호】효간(孝簡)
【　묘　】양주군 마곡 계좌 합부(楊州郡麻谷癸坐合祔: 파보)
【문　헌】『연안이씨관동파보 延安李氏館洞波譜』

철인왕후 외조부

민무현(閔懋鉉)

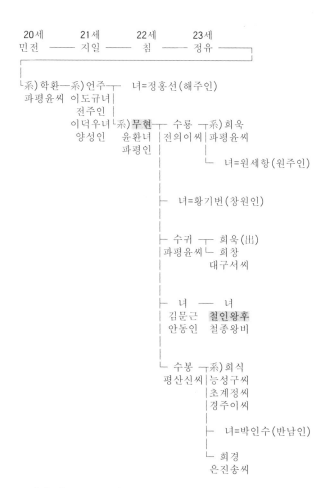

```
        20세        21세        22세        23세
       민전 ──── 지일 ──── 침 ──── 정유 ──┐
  ┌────────────────────────────────────────┘
  │
  └系)학환─系)언주─┬─ 녀=정홍선(해주인)
   파평윤씨 이도규녀│
          전주인  │
          이덕우녀 └系)무현─┬─ 수룡 ─系)희욱
          양성인   윤환녀 │ 전의이씨 파평윤씨
                  파평인 │         │
                        │         └─ 녀=원세항(원주인)
                        │
                        │
                        ├─ 녀=황기번(창원인)
                        │
                        │
                        ├─ 수귀 ─┬─ 희욱(出)
                        │ 파평윤씨└─ 희창
                        │          대구서씨
                        │
                        │
                        ├─ 녀 ── 녀
                        │ 김문근  철인왕후
                        │ 안동인  철종왕비
                        │
                        │
                        └─ 수봉 ─┬系)희식
                          평산신씨│능성구씨
                                │초계정씨
                                │경주이씨
                                │
                                ├─ 녀=박인수(반남인)
                                │
                                └─ 희경
                                   은진송씨
```

※ 본서 부록 296쪽 참조

민무현의 생조(生祖)는 민택환(閔宅煥)이다. 할아버지는 민학환(閔學煥, 1713~1784)이다. 할머니는 파평 윤씨(坡平尹氏)이다.

생부(生父)는 민제(閔濟)이다. 생모는 이서(李墅)의 따님 전주 이씨(全州李氏)이다.

양부(養父)는 민언주(閔彦周)이다. 첫째 어머니는 이도규(李道揆)의 따님 전주 이씨(全州李氏)이다. 둘째 어머니는 이덕우(李德宇)의 따님 양성 이씨(陽城李氏)이다.

민무현의 부인은 윤환(尹懽)의 딸 파평 윤씨(坡平尹氏, 1771~1786)이다.

민무현은 슬하에 3남 2녀를 두었다.

1남은 민수룡(閔洙龍)이다. 대흥군수(大興郡守)를 지냈다. 전의 이씨(全義李氏)와 혼인하였다.

2남은 민수구(閔洙龜)이다. 파평 윤씨(坡平尹氏)와 혼인하였다.

3남은 민수봉(閔洙鳳)이다. 이조판서(吏曹判書)에 추증되었다. 평산 신씨(平山申氏)와 혼인하였다.

1녀는 창원인(昌原人) 황기번(黃基磻)과 혼인하였다.

2녀는 영은부원군(永恩府院君) 안동인(安東人) 김문근(金汶根)과 혼인하였다.

민무현은 영조 49년(1773)에 태어났다. 철종 2년(1851) 9월 8일 졸했다.

집의(執義)를 지냈고 통정대부(通政大夫) 이조참의(吏曹參議) 겸 성균관제주(兼成均館祭酒)에 추증되었다.

▦ 철인왕후 외조부

【생몰년】 영조 49년(1773) ~ 철종 2년(1851). 향년 79세
【성 명】 민무현(閔楙鉉)   【본 관】 여흥(驪興)
【 자 】 면지(勉之)   【 호 】 삼석재(三惜齋)
【시 호】
【 묘 】 월곶면 가오노리 술좌(月串面佳五老里戌座: 여흥민씨세보)
【문 헌】『여흥민씨세보 驪興閔氏世譜』,『여흥민씨족보 驪興閔氏族譜』

1. 원자(元子)

원자(元子, 1858~1859)

```
철종
(1831-1863)
     │
     ├──────────────────── 1남  원자(元子)
     │                           (1858-1859)
철인왕후
(1837-1878)
```

※ 본서 부록 292쪽 참조

철종 9년(1858) 10월 17일 탄생하였다.

　신시(申時)에 원자(元子)가 창덕궁(昌德宮)의 대조전(大造殿)에서 탄생하였다. 『철종실록』권10. 9년 10월 17일

다음날 탄생을 축하하여 구환곡과 증렬미 등을 탕감시켰다.

　하교하기를, "하늘과 조종(祖宗)이 나의 가방(家邦)을 돌보아준 덕분에 원자(元子)가 탄생하여 종사(宗社)에 주인이 있게 되었으니, 억만년토록 끝이 없는 아름다움이 실로 오늘날에 기반을 다진 것이다. 이는 또한 우리 순원 성모(純元聖母)의 영령(英靈)이 오르내리시면서 묵묵히 도와주신 덕분이기도 한 것이다. 지극히 자애롭고 지극한 은덕은 갚으려 해도 끝이 없으니, 죽은 이를 산 사람 섬기듯이 한다는 의리에 있어 어찌 기쁨을 고하는 의절(儀節)이 없을 수 있겠는가? 효정전에서 직접 작헌례(酌獻禮)를 행하겠으니, 해조(該曹)로 하여금 택일(擇日)하여 들이게 하라. 삼가 또 생각하건대 큰 경사에 널리 베푸는 것은 우리 성모(聖母)께서 평일 정성스러운 인애(仁愛)가 미쳤던 것으로, 나 소자가 늘 흠송(欽誦)하던 것이었다. 이제 천년에 한 번 있는 기회를 당하였으니, 견휼(蠲恤)하는 정사는 의당 먼저 유의(遺意)를 우러러 본받아야 한다. 제도(諸道)의 구환곡(舊還穀)과 증렬미(拯劣米) 5분의 1과 각 공물(貢物)의 오래 된 것은 1만 석(石)까지, 시민(市民)의 요역(徭役)은 1개월까지, 현방속(懸房贖)[1]은 30일까지를

아울러 탕감시키라" 하였다.『철종실록』권10. 9년 10월 18일

10월 23일 약원에서 초 7일이기 때문에 진찰을 청하였다.

11월 2일 차비문(差備門)을 이극문(貳極門)으로 정하였고 9일 원자 탄생에 대한 작헌례(酌獻禮)를 행하였다.

　효정전(孝定殿)에 나아가 작헌례(酌獻禮)를 행하였다. 친히 제문 (祭文)을 지었는데, 그 내용에 이르기를, "소자(小子)가 이제 아 들을 두었으니, 천지 조종(祖宗)이 부탁할 데가 있고 방본(邦本) 인 민심(民心)이 의지할 데가 있게 되었습니다. 이는 곧 우리 성 모(聖母)께서 평일 기망(祈望)하시던 것이었고 적경(積慶)의 소치 인 것입니다. 소자가 외방에서 오랫동안 노고에 시달리다가 들 어와 큰 통서(統緒)를 잇게 된 것도 성모의 명에 의한 것이고, 하늘이 정해 준 배위(配位)를 곤전(坤殿)에 자리하게 하신 것도 성모(聖母)의 명에 의한 것이었습니다. 그리고 백성을 사랑하고 임금 노릇하는 도리에 대해 자상하게 훈회(訓誨)하여 이끌어 주 시고 기거(起居)와 음식(飲食)의 절차에 대해 은혜롭게 돌보아 감싸주시어 소자로 하여금 팔짱을 끼고 완성되기를 기대하였으 며 허물을 면할 것을 생각하게 하였으니, 이는 모두 성모(聖母) 께서 내려 주신 것입니다. 소자의 나이 이미 한창인데도 아들을 두는 것이 아직 더디어 성모께서 깊이 우려하신 나머지 항상 하교하시기를, '원량(元良)이 탄생하게 되면 국세도 더한층 공고 하게 될 것이니, 내가 다시 무엇을 바라겠는가?' 하셨습니다. 자 애로운 가르침으로 간절히 말씀하신 그 옥음(玉音)이 아직도 귀 에 쟁쟁합니다. 그런데 지금은 종석(宗祏)의 제사를 주관할 중임 (重任)을 부탁할 데가 있게 되었습니다만, 장락궁(長樂宮)2)에서

---

1) 현방속(懸房贖): 현방은 곧 다림방으로 푸줏간을 말하고 속은 속전(贖錢) 으로, 푸줏간에서 내는 속전임

자손을 희롱하는 즐거움을 어기게 되었으니, 즐겁고 기쁜 마음을 장차 어디에 고하겠으며 슬프고 애달픈 감회를 어찌 억제할 수 있겠습니까?

아! 대상(大喪)을 당한 이후 걱정과 비통에 젖어 의지할 데 없는 외로운 마음이 마치 큰 물을 건널 적에 나루가 없는 것과 같았습니다. 운향(雲鄕)에서 오르내리시는 영령(英靈)이 걱정하시면서 묵묵히 도와주심을 받아 이렇게 극히 드문 경사(慶事)가 있게 해주심으로써 소자로 하여금 그에 의거 국명이 장구하게 할 수 있게 하였습니다. 가을과 겨울의 즈음에 관상감(觀象監)에서 재앙을 고하여 왔는데, 혜성(彗星)이 태미원(太微垣)의 궤도에 나타났고 천둥 번개가 순음(純陰)의 계절에 발생하였으며 굶주림에 신음(呻吟)하는 민생(民生)이 혼란에 빠져 진정(鎭定)할 길이 없으니, 사방에 흩어질 상황에 놓여 있습니다. 그러나 일단 원자(元子)가 탄생함으로부터 민지(民志)가 아주 확정되고 근거 없는 와언(訛言)이 완전히 종식되어 평안히 거처하지 못하던 부류들이 거개 편안히 살면서 생업(生業)을 즐기게 되었으며 눈을 닦고 목을 길게 빼고서 기꺼운 마음으로 서로 고하여 가까이는 서울에서부터 멀리는 벽촌이나 해변에 이르기까지 환호하여 외치고 화협한 기운이 충만된 가운데서 떨치고 일어나 춤추었는데, 마치 우역(郵驛)을 설치하고 명령을 전하는 것같이 빨리 전파되었습니다. 따라서 국가가 억만년토록 끝없이 이어갈 아름다움이 실은 오늘에야 그 기반이 다져진 것입니다. 소자가 무슨 덕이 있어서 이를 감당할 수 있겠습니까? 또한 우리 성모(聖母)께서 하사하여 준 것입니다.

---

2) 장락궁(長樂宮): 한(漢)나라 고조(高祖) 5년에 모후(母后)를 받들기 위하여 세운 궁전. 혜제(惠帝) 이후 황제의 모후는 모두 이 곳에 거처했다. 황제가 거처하는 미앙궁(未央宮)은 서쪽에 있었는데 반해, 이 궁은 동쪽에 있었으므로 동조(東朝)라고 하며, 흔히 대왕 대비(大王大妃)와 대비전(大妃殿)을 가리키는 말로 쓰임

기쁜 일을 당하여 은혜를 널리 베푸는 데에는 행하여 온 이전(彝典)이 있는 것인데, 하자(瑕疵)를 씻어주고 조세(租稅)와 부역(賦役)을 견감시켜 준 것은 성모(聖母)께서 백성들과 아름다움을 함께 하신 덕의(德意)를 추술(追述)한 것입니다. 자애스런 하늘이 우로(雨露)를 내려 온 천하를 훈훈하게 적셔 주듯 한 그 은혜에 팔역(八域)의 생령(生靈)들이 더욱 그리워 찬탄하는 생각이 간절하니, 아! 거룩합니다. 원자(元子)가 탄생한 날이 이제 막 삼칠일(三七日)이 지났는데, 타고난 외모가 영걸스럽고 뛰어나게 숙성하여 큰 기국을 지닌 것 같으니, 소자가 감히 그 기쁨을 사사로이 할 수 없습니다. 성모께서 혹 이런 마음을 하감(下鑑)하신다면, 유명(幽冥)에서도 융융한 기쁨을 느끼실 것입니다. 지난달에는 섭행(攝行)으로 고하였던 탓으로 보잘것없는 정성이나마 펼수가 없었습니다. 삼가 길일(吉日)을 선택하여 공경히 형작(泂酌)을 올려 산 사람을 섬기듯이 하는 의리를 붙여서 돌보아 흠향(歆饗)하시기를 바랍니다. 삼가 바라건대 자령(慈靈)께서는 아름답게 여겨 돌보아주소서. 아! 슬프다" 하였다. 『철종실록』권10. 9년 11월 9일

2세인 철종 10년(1859) 1월 27일 백 일이 되어 철종이 시임대신(時任大臣) 등과 익풍부원군(益豊府院君)을 대조전(大造殿)에서 소견하였다.

3월 30일 영의정 정원용(鄭元容)이 원자를 안고 있는 철종에게 경하하였다.

약원(藥院)에서 희정당(熙政堂)에 입진(入診)하였다. 임금이 원자궁(元子宮)을 안고 나와서 제신(諸臣)들로 하여금 우러러보게 하였다. 영의정 정원용이 말하기를,
"전하의 복록은 임금으로서 드물게 있는 일입니다. 조종(祖宗)

께서 쌓아 오신 덕업(德業)을 계승하고 종사(宗社)가 억만년을 이어갈 경사를 받으셨으며, 곤전(坤殿)께서는 관저(關雎)와 인지(麟趾)의 덕이 있고 원자(元子)께서는 천일(天日)과 용봉(龍鳳)의 자태를 지니셨으니, 전하께서는 참으로 아무런 근심이 없다는 문왕(文王)이십니다" 하였다. 『철종실록』권11. 10년 3월 30일

철종(1859) 10년 4월 23일 졸하였다.

진시(辰時)에 원자(元子)가 졸서(卒逝)하였다. 『철종실록』권11. 10년 4월 23일

───────────────

▦ 원자

【생몰년】 철종 9년(1858) ~ 철종 10년(1859). 향년 2세
【본　관】 전주(全州)
【　묘　】 고양 의령원 좌이강(高陽懿寧園左二岡: 선원계보)
【문　헌】 『선원계보 璿源系譜』

제3편 철종의 후궁

제1장 귀인 박씨

▦ 귀인 박씨(貴人朴氏)
부: 미상(未詳)
외조부: 미상(未詳)

▥ 귀인 박씨(貴人朴氏)

귀인 박씨(貴人朴氏)
부: 미상
외조부: 미상

철종의 후궁으로 슬하에 1남을 두었으나 어려서 졸하였다.

철종 5년(1854) 7월 10일 인시(寅時: 오전 3시~5시)에 왕자를 낳아 귀인에 봉해졌다.

하교하기를, "궁인(宮人) 박씨(朴氏)가 오늘 인시(寅時)에 생남(生男)하였으니, 호산(護産) 등의 절차는 전례에 의하여 거행하고, 궁인 박씨를 귀인(貴人)으로 봉작(封爵)하라" 하였다. 『철종실록』권6. 4년 7월 10일

━━━━━━━━━━━━━

▓▓▓ 귀인 박씨

【생몰년】 ? ~ ?
【본　관】 미상
【　묘　】
【문　헌】『선원계보 璿源系譜』『철종실록 哲宗實錄』

▦ 귀인 박씨 아버지

【생몰년】 ? ~ ?
【성　명】미상(未詳)　　　　　【본　관】미상(未詳)

▦ 귀인 박씨 외조부

【생몰년】 ? ~ ?
【성　명】미상(未詳)　　　　　【본　관】미상(未詳)

제2장 귀인 조씨

귀인 조씨(貴人趙氏)
부: 미상(未詳)
외조부: 미상(未詳)

▓ 귀인 조씨(貴人趙氏)

귀인 조씨(貴人趙氏)
부: 미상
외조부: 미상

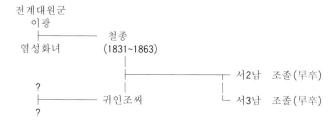

철종의 후궁으로 슬하에 2남을 두었으나 모두 어려서 졸하였다.

철종 10년(1859) 10월 13일 아들을 낳아 15일에 귀인(貴人)에 봉작되었다.

궁인 조씨를 귀인(貴人)으로 봉작(封爵)할 것을 명하였다.『철종실록』권11. 10년 10월 15일

철종 12년(1861) 1월 15일 인시(寅時)에 아들을 낳았다.

인시(寅時)에 귀인(貴人) 조씨(趙氏)가 생남(生男)하였다.『철종실록』권13. 12년 1월 15일

▒ 귀인 조씨

【생몰년】 ? ~ ?
【본 관】 미상
【 묘 】
【문 헌】『선원계보 璿源系譜』『철종실록 哲宗實錄』

▓ 귀인 조씨 아버지

【생몰년】 ? ~ ?
【성　명】 미상(未詳)　　　　　【본　관】 미상(未詳)

▓ 귀인 조씨 외조부

【생몰년】 ? ~ ?
【성　명】 미상(未詳)　　　　　【본　관】 미상(未詳)

제3장 숙의 방씨

▓ 숙의 방씨(淑儀方氏)
부: 미상(未詳)
외조부: 미상(未詳)

⠿ 숙의 방씨(淑儀方氏)

숙의 방씨(淑儀方氏)
부: 미상
외조부: 미상

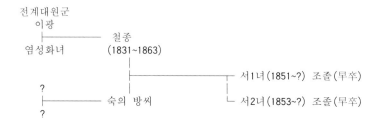

철종의 후궁으로 슬하에 2녀를 두었으나 모두 어려서 졸하였다.

철종 4년(1853) 2월 22일 둘째 딸을 낳았다.

　하교하기를 "궁인 방씨가 딸을 낳아 지금 3세가 되었고 어제 유시(酉時)에 또 딸을 낳았으니 호산청(護産廳) 설치 등의 일은 의례(依例)에 따라 거행하라" 하였다. 『일성록』4년 2월 22일

같은 날 숙의(淑儀)에 봉작되었다.

　하교하기를, "궁인(宮人) 방씨(方氏)를 숙의(淑儀)로 봉작(封爵)하라" 하였다. 『철종실록』권5. 4년 2월 22일

고종 8년(1871) 12월 25일 방(房)에 50결을 더 받았다.

　호조(戶曹)에서, '적왕손 이하 여러 빈(嬪)들의 방(房)에 주는 절수결(折受結)을 바로잡은 별단을 이미 계하하셨습니다. 박 귀인(朴貴人)의 방에 주는 결수를 지금 600결(結)로 정하였는데 그것은 앞서 준 800결에서 200결을 줄인 것입니다. 방 숙의(方淑儀)의 방에 주는 결수는 지금 550결로 정하였는데 전에 준 500결 외에 50결을 더 보충해서 보내겠습니다' 라고 아뢰니, 전교하기를, "방 숙의에게 더 주는 토지 50결을 박 귀인에게서 줄인 200

결 중에서 획급하며, 그 나머지 150결은 우선 당수미수질(當收未收秩)에 두고서 차차 분배하라" 하였다. 『고종실록』권8. 8년 12월 25일

고종 15년(1878) 11월 14일 졸하였다.

전교하기를, "방숙의(方淑儀)의 상사(喪事)는 조귀인(趙貴人)의 규례를 기준하여 장례 비용을 탁지(度支)에서 적당히 실어 보내게 하고 관판(棺板) 1부(部)도 실어 보내라" 하였다. 『고종실록』권15. 15년 11월 14일

▓ 숙의 방씨

【생몰년】 ? ~ 고종 15년(1878)
【본 관】 미상
【 묘 】
【문 헌】 『선원계보 璿源系譜』

▓ 숙의 방씨 아버지

【생몰년】 ? ~ ?
【성 명】 미상(未詳)   【본 관】 미상(未詳)

▓ 숙의 방씨 외조부

【생몰년】 ? ~ ?
【성 명】 미상(未詳)   【본 관】 미상(未詳)

제4장 숙의 김씨

▨ 숙의 김씨(淑儀金氏)
부: 미상(未詳)
외조부: 미상(未詳)

▒▒ 숙의 김씨(淑儀金氏)

숙의 김씨(淑儀金氏)
부: 미상
외조부: 미상

철종의 후궁으로 슬하에 1녀를 두었으나 어려서 졸하였다.

고종 36년(1899) 5월 7일 숙의에 봉해졌다.

조령(詔令)을 내리기를, "철종(哲宗) 때 승은(承恩)을 입은 궁인(宮人) 김씨(金氏)의 옛일을 추모하여 마땅히 특별한 은전(恩典)을 베풀어야 할 것이니 숙의(淑儀)로 봉작(封爵)하라" 하였다. 『고종실록』권39. 36년 5월 7일

▓ 숙의 김씨

【생몰년】 ? ∼ ?
【본 관】 미상
【 묘 】
【문 헌】『선원계보 璿源系譜』

▨ 숙의 김씨 아버지

【생몰년】 ? ~ ?
【성 명】미상(未詳)   【본 관】미상(未詳)

▨ 숙의 김씨 외조부

【생몰년】 ? ~ ?
【성 명】미상(未詳)   【본 관】미상(未詳)

제5장 숙의 범씨

▒ 숙의 범씨(淑儀范氏)

숙의 범씨(淑儀范氏, ?~1883)
부: 미상
외조부: 미상

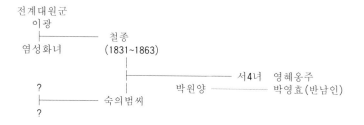

철종의 후궁으로 슬하에 1녀를 두었다.

1녀는 영혜옹주(永惠翁主)이다. 금릉위(錦陵尉) 박영효(朴泳孝)와 혼인하였다.

고종 3년(1866) 2월 13일 숙의에 봉해지고 딸은 영숙옹주로 봉해졌다.[1]

　　대왕대비전에서 하교하기를, "철종조 궁인 범씨(范氏)가 딸을 낳아 지금 9세가 되었으니, 영숙옹주로 봉작하고 범씨(范氏)는 숙의로 봉작한다. 오늘 정사(政事) 하비(下批)에 따른 제택(第宅) 절수(折受) 공상(供上) 등 의절(儀節)은 해조로 하여금 예에 따라 거행하라

　　大王大妃殿敎曰　哲宗朝宮人范氏生女　今爲九歲矣　以永淑翁主封爵 范氏以淑儀封爵　今日政下批第宅折受供上等節　令該曹照例擧行 『일성록』

2월 15일 저택값으로 은 1,500냥을 받았다.

　　호조(戶曹)에서 보고하기를, "범씨(范氏)인 숙의(淑儀)와 영혜 옹

_____

1) 일성록에는 영숙옹주로 나와있는 반면 실록과 선원계보에는 영혜옹주로 기록되어 있음

주(永惠翁主)의 저택값으로 은 1,500냥(兩)을 돈으로 대신 보내주었으며 면세전(免稅田) 200결(結)과 토지 대장에 올라있는 토지 600결을 떼주었습니다. 그리고 옹주에게 매달 백미 8석(石)과 돈 80냥, 숙의에게 백미 5석과 돈 50냥을 바치는 것은 선혜청(宣惠廳)에서 실어보내도록 하였습니다" 라고 하였다. 『고종실록』권3. 3년 2월 15일

고종 9년(1872) 1월 26일 딸인 영혜옹주의 부마를 선발하여 2월 22일 전 도사(前都事) 박원양(朴元陽)의 아들 박영효(朴泳孝)로 정하였다.

4월 13일 딸의 혼례를 거행하였다.

고종 20년(1883) 12월 26일 졸하였다.

숙의(淑儀) 범씨(范氏)가 졸(卒)하였다. 하교하기를, "숙의(淑儀) 범씨의 상사(喪事)에 널판지 1부를 보내고, 숙의(淑儀) 방씨(方氏)의 상사 규례대로 장사에 필요한 물건은 호조(戶曹)에서 적당히 보내주게 할 것이다" 라고 하였다. 『고종실록』권20. 20년 12월 26일

▓ 숙의 범씨

【생몰년】? ~ 고종 20년(1883)
【본 관】미상
【 묘 】
【문 헌】『선원계보 璿源系譜』『고종실록 高宗實錄』

▥ 숙의 범씨 아버지

【생몰년】? ~ ?
【성 명】미상(未詳)　　　　　　　　【본 관】미상(未詳)

▥ 숙의 범씨 외조부

【생몰년】? ~ ?
【성 명】미상(未詳)　　　　　　　　【본 관】미상(未詳)

1. 영혜옹주(永惠翁主)

영혜옹주(永惠翁主, 1858~1872)
부마: 박영효(朴泳孝, 1861~1939). 반남(潘南)

※ 본서 부록 292쪽 참조

철종의 서4녀로 숙의 범씨 소생이다.

반남 박씨(潘南朴氏) 금릉위(錦陵尉) 박영효(朴泳孝)에게 하가
하였다. 슬하에 자식이 없다.

철종 9년(1858) 탄생하였다.

고종 3년(1866) 2월 13일 숙의에 봉해지고 딸은 영숙옹주로
봉해졌다.[2)]

대왕대비전에서 하교하기를, "철종조 궁인 범씨(范氏)가 딸을
낳아 지금 9세가 되었으니, 영숙옹주로 봉작하고 범씨(范氏)는
숙의로 봉작한다. 오늘 정사(政事) 하비(下批)에 따른 제택(第宅)
절수(折受) 공상(供上) 등 의절(儀節)은 해조로 하여금 예에 따라
거행하라

大王大妃殿敎曰 哲宗朝宮人范氏生女 今爲九歲矣 以永淑翁主封爵
范氏以淑儀封爵 今日政下批第宅折受供上等節 令該曹照例擧行 『일
성록』

9세인 고종 3년(1866) 2월 13일 영숙옹주에 봉해졌다.

---

2) 일성록에는 영숙옹주로 나와있는 반면 실록과 선원계보에는 영혜 옹주
로 기록되어 있음.

고종 3년(1866) 2월 15일 저택 값으로 은 1,500냥을 받았다.

호조(戶曹)에서 보고하기를, "범씨(范氏)인 숙의(淑儀)와 영혜옹주(永惠翁主)의 저택값으로 은 1,500냥(兩)을 돈으로 대신 보내주었으며 면세전(免稅田) 200결(結)과 토지 대장에 올라있는 토지 600결을 떼주었습니다. 그리고 옹주에게 매달 백미 8석(石)과 돈 80냥, 숙의에게 백미 5석과 돈 50냥을 바치는 것은 선혜청(宣惠廳)에서 실어보내도록 하였습니다" 라고 하였다. 『고종실록』권3. 3년 2월 15일

14세인 고종 8년(1871) 12월 22일 영혜옹주의 의빈을 고르기 위해 12살부터 14살까지의 결혼을 금지하게 하였다.

"영혜옹주(永惠翁主)의 의빈(儀賓)을 이제는 골라야 하겠다. 12살부터 14살까지는 결혼하는 것을 금지할 것이다. 그러나 네 갈래의 조상에 높은 벼슬을 한 것이 없는 사람과 사고가 있는 사람을 내놓고 명단을 바칠 것이다. 처음 고르는 날은 정월 20일께 이후에 골라 들여올 것이다" 라고 하였다. 『고종실록』권8. 8년 12월 22일

15세인 고종 9년(1872) 1월 26일 부마를 선발하였다.

2월 9일 고종이 "영혜옹주 길례(吉禮) 때 주혼 당상(主婚堂上)으로는 영평군(永平君)을 임명할 것이다" 라고 하였다.

다음날 2월 10일 영의정(領議政) 김병학(金炳學)이 영혜옹주의 혼례를 검소하게 치를 것을 아뢰었다.

2월 22일 전 도사(前都事) 박원양(朴元陽)의 아들 박영효(朴泳孝)로 정하였다. 2월 22일 예조에서 혼인 절차와 날짜를 제의(提議)하였다.

예조(禮曹)에서 제의(提議)하기를, "영혜옹주(永惠翁主)의 혼례 때의 청혼 편지를 보내는 것은 3월 16일 오시(午時)에, 폐백을 드리는 것은 같은 달 18일 손시(巽時)에, 대궐에서 옷을 내어주는 것은 4월 2일 오시에, 신랑이 신부를 직접 맞이하는 것은 이 달 13일 손시로 할 것입니다" 라고 하였다. 『고종실록』권9. 9년 2월 22일

4월 13일 혼례(婚禮)를 거행하였다. 그리고 4월 17일에는 영혜옹주 길례청(吉禮廳)의 당상관(堂上官)들과 당하관(堂下官)들에게 차등있게 상을 주었다.

고종 9년(1872) 7월 4일 15세로 졸하였다.

전교하기를, "영혜옹주(永惠翁主)의 병이 심하다고 하니 어의(御醫)를 보내어 간병하고 오게 하라" 하였다. 영혜옹주가 졸서(卒逝)하였다.

전교하기를, "영혜옹주의 상을 당하여 놀랍고 슬픈 마음을 금할 수 없다. 몹시 사랑하던 대비전의 마음을 생각해 볼 때 장차 무슨 말로 위로를 드리겠는가? 영혜옹주의 상사에 중사(中使)를 보내어 호상(護喪)하게 하며 치부(致賻)와 예장(禮葬)을 치르는 등의 일은 해조(該曹)에서 규례를 살펴 거행하게 하고, 성복일(成服日)에는 내시를 보내어 치조(致弔)하고 치제(致祭)하게 하며, 동원부기(東園副器) 1부(部)를 실어 보내도록 하라" 하였다.

또 전교하기를, "돈 2,000냥, 초록 비단 5필, 다홍 비단 1필, 남색 비단 4필, 쌀 50석, 무명 3동(同), 베 3동을 영혜 옹주방에 실어 보내도록 하라" 하였다. 영의정(領議政) 김병학(金炳學), 호조 판서(戶曹判書) 김병국(金炳國), 부사과(副司果) 이재순(李載純)과 이재덕(李載悳), 전 교관(敎官) 김흥균(金興均)은 모두 대비전에 별입직(別入直)하도록 명하였다. 『고종실록』권9. 9년 7월 4일

1918년 옹주의 장례비 1천 원을 남편 박영효에게 내렸다.

특별히 후작(侯爵) 박영효(朴泳孝)에게 장례비 1천원을 내렸는데, 영혜옹주(永惠翁主)의 면례(緬禮: 무덤을 옮겨 장사지냄)였다. 이어서 찬시(贊侍) 김영갑(金永甲)에게 명하여 위문케 하였다. 『순종실록부록』권9. 11년 12월 7일

▓ 영혜옹주

【생몰년】철종 9년(1858) ~ 고종 9년(1872). 향년 15세
【본 관】전주(全州)
【 묘 】양주 자운동(楊州紫雲洞: 선원계보)
【문 헌】『선원계보 璿源系譜』『고종실록 高宗實錄』

영혜옹주 남편

박영효(朴泳孝)

시조: 박웅주

박사익 ─ 대원 ─ 상노 ─ 해수 ─┐

└ 제당 ─ 원양 ┬ 녀=이일영(덕수인)
이집성녀│ 송정녀 │
연안인 │ 진천인 │
윤현국녀│이원태녀 ┬ 영교 ┬ 태서
칠원인 │ 전주인 │이민도녀│홍진유녀(남양인)
　　　 │이윤행녀│ 덕수인 │계운규녀(수안인)
　　　 │ 전의인 │ 　　　 │
　　　 │ 　　　 │ 　　　 ├ 녀=장세하(덕수인)
　　　 │ 　　　 │ 　　　 │
　　　 │ 　　　 │ 　　　 └ 녀=김용운(광산인)
　　　 │ 　　　 │
　　　 │ 　　　 │
　　　 │ 　　　 ├ 영호 ── 남서
　　　 │ 　　　 │서기순녀 이원영녀
　　　 │ 　　　 │ 달성인　 경주인
　　　 │ 　　　 │
　　　 │ 　　　 ├ 녀=김철현(광산인)
　　　 │ 　　　 │
　　　 │ 　　　 │
　　　 │ 　　　 └ 영효 ┬ 녀=한갑현(청주인)
　　　 │ 　　　 영혜옹주│
　　　 │ 　　　 철종부마 ├ 진서
　　　 │ 　　　 　　　 │
　　　 │ 　　　 　　　 └ 길서 ┬ 녀
　　　 │ 　　　 박현경녀 ├ 찬범
　　　 │ 　　　 밀양인　 └ 찬익
　　　 │
　　　 ├ 녀=이용헌(연안인)
　　　 │
　　　 ├ 녀=김약연(청풍인)
　　　 │
　　　 ├ 녀=이찬하(전주인)
　　　 │

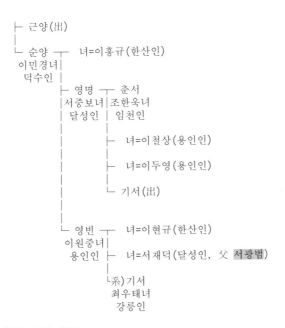

※ 본서 부록 297쪽 참조

　박영효(朴泳孝)의 할아버지는 박제당(朴齊堂)이다. 좌찬성(左贊成)에 추증되었다. 첫째 할머니는 이집성(李集成)의 따님 연안 이씨(延安李氏)이다. 둘째 할머니는 윤현국(尹顯國)의 따님 칠원 윤씨(漆原尹氏)이다.

　아버지는 정간공(貞簡公) 박원양(朴元陽)이다. 공조판서(工曹判書)를 지냈다. 첫째 어머니는 송정(宋綎)의 따님 증 정경부인(贈貞敬夫人) 진천 송씨(鎭川宋氏)이다. 둘째 어머니는 이원태(李遠泰)의 따님 증 정경부인(贈貞敬夫人) 전주 이씨(全州李氏)이다. 셋째 어머니는 이윤행(李潤行)의 따님 증 정경부인(贈貞敬夫人) 전의 이씨(全義李氏)이다.

박영효의 5촌 조카 딸이 달성인(達城人) 서재덕(徐載德)과 혼인하였다. 서재덕은 서광범(徐光範)의 아들이다. 서광범은 박영효·김옥균 등과 함께 개화당을 조직하고 갑신정변을 일으켰으나 실패하자 일본으로 망명했다 다시 미국으로 망명하였다. 청일전쟁 이후 일본 외무성의 주선으로 귀국하였다가 제2차 김홍집(金弘集) 내각(內閣)의 법부대신에 임용되었다. 그뒤 내부대신 박영효와 제2차 갑오개혁을 추진하였고 을미사변 이후 조직된 제4차 김홍집 내각에서 학부대신을 역임하였다.

박영효(朴泳孝)의 부인은 철종 서4녀 영혜옹주(永惠翁主)이다. 옹주와 사이에 자식을 두지 못했다.

박영효의 1남은 박진서(朴振緒)이다.

2남은 박길서(朴吉緒)이다. 박현경(朴賢景)의 딸 밀양 박씨(密陽朴氏)와 혼인하였다.

1녀는 청주인(淸州人) 한갑현(韓甲鉉)과 혼인하였다.

박영효는 철종 12년(1861)에 태어났다.

12세인 고종 9년(1872) 2월 22일 영혜옹주의 남편으로 정해져서 4월 13일 혼례(婚禮)를 거행하였다.

고종 9년 7월 4일 부인 영혜옹주가 졸했다.

18세인 고종 15년(1878) 5월 12일 대왕대비인 철종비 철인왕후가 42세로 승하하시자 5월 13일 하현궁 명정 서사관(下玄宮銘旌書寫官)에 제수되었고 5월 22일 빈전향관(殯殿享官)에 제수되었다.

21세인 고종 18년(1881) 8월 9일 판의금부사(判義禁府事)에 제수되었다.

22세인 고종 19년(1882) 6월 임오군란(壬午軍亂)이 일어나자 6월 10일 중궁인 명성왕후가 승하하였다고 반포하고는 거애(擧哀)하는 절차를 마련하였다. 그리하여 박영효는 6월 11일 종척집사(宗戚執事)에 제수되었다. 그러나 명성왕후는 피신해있다가 환궁하게 되고 장례를 담당한 도감도 폐지되었다.

고종 19년 7월 25일 일본 수신 대사(修信大使)에 제수되어 8월 8일 고종에게 하직인사를 하기 위해 고종을 알현하였다.

약 3개월간 체류하면서 일본정계의 지도자 및 구미 외교사절들과 접촉하여 국제정세를 파악하는 한편, 명치 일본(明治日本)의 발전상을 살펴보았다. 이때 항해하는 배 위에서 태극사괘(太極四卦)의 국기를 제정, 일본에 도착한 직후부터 사용하였다.『민문』

11월 28일 일본에서 돌아와 복명(復命)하기 위하여 고종을 뵈었고, 12월 29일 한성부 판윤(漢城府判尹)에 제수되었다.

23세인 고종 20년(1883) 3월 17일 광주부 유수(廣州府留守)에 제수되어 22일에 사직 상소를 올렸으나 윤허치 않았다.

고종 20년(1883) 초 귀국한 뒤 한성판윤에 임명되어 박문국(博文局)·순경부(巡警部)·치도국(治道局)을 설치하여 신문발간과 신식경찰제도의 도입, 도로정비사업, 유색의복(有色衣服) 장려 등 일련의 개화시책을 폈다. 그러나 민태호(閔台鎬)·김병시(金炳始) 등 수구파의 반대에 부딪혀, 삼국(三局)은 폐쇄되고 광주유수 겸 수어사(廣州留守兼守禦使)로 좌천되었다. 이때 수어

영에 연병대(鍊兵隊)를 신설하여 신식군대의 양성에 주력하였다. 다시 수구파가 이를 문제삼음으로써 같은해 12월 사임하였다. 그러나 그의 노력으로 『한성순보 漢城旬報』의 창간을 볼 수 있었다. 『민문』

24세인 고종 21년(1884) 10월 17일 김옥균 등과 갑신정변을 일으켜 민영익이 피격당했고 일본 공사(公使)가 군사를 이끌고 호위하였다.

이날밤 우정국(郵征局)에서 낙성식(落成式) 연회를 가졌는데 총판(總辦) 홍영식(洪英植)이 주관하였다. 연회가 끝나갈 무렵에 담장 밖에서 불길이 일어나는 것이 보였다. 이때 민영익(閔泳翊)도 우영사(右營使)로서 연회에 참가하였다가 불을 끄려고 먼저 문 밖으로 나갔다. 그런데 밖에 어떤 여러 명의 흉도(凶徒)들이 칼을 휘둘러 맞받아치는 바람에 민영익(閔泳翊)은 칼을 맞고 대청 위에 돌아와서 쓰러졌다. 자리에 있던 사람들이 모두 놀라서 흩어지자 김옥균(金玉均)·홍영식(洪英植)·박영효(朴泳孝)·서광범(徐光範)·서재필(徐載弼) 등이 자리에서 일어나 대궐 안 침전(寢殿)으로 곧바로 달려들어가서 변고에 대하여 급보를 올리고 빨리 자리를 옮겨 변고를 피할 것을 청하였다. 그래서 임금이 경우궁(景祐宮)으로 거처를 옮겨가 각 전(殿)과 궁(宮)도 황급히 도보로 따라갔다.

김옥균(金玉均) 등은 임금의 명으로 일본 공사(公使)에게 와서 지원해줄 것을 요구하자 밤이 깊어서 일본 공사(公使) 죽첨진일랑[竹添進一郎, 다케조에 신이치로]이 군사를 거느리고 와서 호위하였다. 『고종실록』권21. 21년 10월 17일

10월 18일 전후영사(前後營使)에 제수되었다. 19일 청나라 군대와 우리나라 군사들이 들어옴에 일본군을 좇아 도망갔다.

밤에 임금이 북묘(北廟)에 거처를 옮겼다가 그 길로 또 선인문 (宣人門) 밖에 있는 청나라 통령(統領) 오조유(吳兆有)의 병영(兵 營)에 옮겼으며, 각 전(殿)과 궁(宮)들도 노원(蘆原)으로 옮겼다.

이날 신시(申時)에 청(淸)나라 군사들이 대오를 나누어 대궐문 으로 들어오면서 총포를 쏘았고 우리나라 좌영(左營)과 우영(右 營)의 군사들도 따라 들어오니 일본 군사들이 힘을 다해 막았 다. 유시(酉時)에 임금이 후원(後苑)에 있는 연경당(延慶堂)에 피 접해갔다가 각 전(殿)·궁(宮)들과 서로 연계를 잃고 다시 옥유 천(玉流川) 뒤 북쪽 담문에 이르렀다. 이 때에 비로소 무예청(武 藝廳) 군사와 호위군사[衛士], 별초군(別抄軍)이 들어와서 호위하 여 문을 열고 북묘(北廟)로 갔다.

일본 공사(公使)는 군사를 거느리고 대궐을 떠났는데 김옥균 (金玉均)·박영효(朴泳孝)·서광범(徐光範)·서재필(徐載弼) 등은 모두 따라가고 오직 홍영식(洪英植)·박영교(朴泳敎) 및 사관 학 교(士官學校) 생도(生徒) 7명만이 임금의 뒤를 따라 북묘(北廟)에 갔다. 해시(亥時)에 오 통령(吳統領)은 임금이 북묘(北廟)에 있다 는 말을 듣고 군사를 거느리고 맞이하러 갔다. 홍영식(洪英植) 등이 임금의 옷자락을 끌어당기면서 가지 말라고 하였다. 여러 사람들이 임금을 부축하여 네 사람이 메는 가마에 태우니 홍영 식 등은 또한 성이 나서 꾸짖었다. 우리 군사들이 홍영식과 박 영교를 쳐죽이고 또 생도(生徒) 7명을 죽였다.

원세개(袁世凱)도 군사를 보내어 임금을 영접하였다. 자시(子時) 에 선인문(宣人門) 밖에 이르러 오 통령(吳統領)의 군영(軍營)에서 묵었다. 『고종실록』권21. 21년 10월 19일

다음날 10월 20일 인천항을 통해 일본으로 도망 쳤다.

당시 도성(都城) 안의 군사들과 백성들은 일본 사람들을 밉게 보아 만나기만 하며 때려서 많이 살상하였다. 일본 공사(公使)

죽첨진일랑[竹添進一郎, 다케조에 신이치로]은 군사를 거느리고 거류민을 보호하여 도성(都城) 밖으로 나갔고, 김옥균(金玉均)·박영효(朴泳孝)·서광범(徐光範)·서재필(徐載弼) 및 사관학교(士官學校) 생도(生徒) 10여 명은 다 일본 공사관(公使館)에 몸을 숨기고 있다가 머리를 깎고 양복을 입고 몰래 인천항에 가서 곧바로 일본으로 도망쳤다. 『고종실록』권21. 21년 10월 20일

10월 21일 승정원에서 김옥균 등과 같이 처형하기를 청하여 윤허하였다.

　원의(院議)에, ― 도승지(都承旨) 이교익(李喬翼), 좌승지(左承旨) 박주양(朴周陽), 우승지(右承旨) 권응선(權膺善), 좌부승지(左副承旨) 이도재(李道宰), 우부승지(右副承旨) 강문형(姜文馨), 동부승지(同副承旨) 조인승(曺寅承)이다. ―
　"오늘날의 변고를 차마 말할 수 있겠습니까? 승여(乘輿)가 두 번이나 파천(播遷)하고 궁금(宮禁)이 마침내 전쟁터가 되었으니, 이는 참으로 만고에 없던 변고입니다. 저들이 군부(君父)를 위협하고 속여서 외병(外兵)을 불러들여 금정(禁庭)을 짓밟고 정승들을 살해하여 우리 전하로 하여금 그들의 제재를 받게 하여 각전(各殿)과 각궁(各宮)에 이르기까지 일체를 장악하여 하룻밤 사이에 갑자기 하늘까지 닿을 재앙을 이루었습니다.
　다만 생각건대, 난역(亂逆)을 하루 동안 않으면 나라에 하루 동안 강상(綱常)도 없게 될 것이니, 김옥균(金玉均)·홍영식(洪英植)·박영효(朴泳孝)·서광범(徐光範)·서재필(徐載弼) 등을 속히 나국(拿鞫)하여 법대로 처형하게 하소서" 하니, 비답하기를, "난석(亂賊)의 화(禍)가 예로부터 무수히 많았지만 이번 다섯 역적의 변고는 역사에도 없는 일로 간담이 떨려 생각조차 할 수 없으니, 처분할 것이다" 하였다. 『고종실록』권21. 21년 10월 21일

11월 1일 갑신정변으로 가족들의 관직이 모두 박탈되었다.

이조(吏曹)에서 '대신(大臣)이 아뢴 일로 인하여 역적들의 연좌되어야 할 친족 가운데 관작(官爵)을 가지고 있는 자들에 대해서는 해조(該曹)에서 모두 삭탈관직(削奪官職)을 하게 하라고 명하셨습니다. 김옥균(金玉均)의 아비 부호군(副護軍) 김병기(金炳基)와 본래의 생부(生父) 김병태(金炳台), 박영효(朴泳孝)의 아비 대호군(大護軍) 박원양(朴元陽)과 형 사사(司事) 박영호(朴泳好), 홍영식(洪英植)의 아비 영중추부사(領中樞府事) 홍순목(洪淳穆)과 형 호군(護軍) 홍만식(洪萬植), 서광범(徐光範)의 아비 호군 서상익(徐相翊), 윤영관(尹泳寬)의 아비 경상 좌병사(慶尙左兵使) 윤석오(尹錫五), 박응학(朴應學)의 아비 전 목사(前牧使) 박정화(朴鼎和)에 대해서는 모두 삭탈관직을 하였습니다' 라고 아뢰었다. 『고종실록』권21. 21년 11월 1일

25세인 고종 22년(1885) 12월 23일 추국청(推鞫廳)에서 박영효 등을 처벌하기를 청했고 23년(1886) 4월 10일 대사간(大司諫) 허직(許稷)이 다시 처벌하기를 청했으며 4월 12일 사헌부에서 처벌하기를 청하였다.

본국 정부의 집요한 송환기도와 일본 정부의 냉대로 고종 22년(1885) 미국으로 건너갔다. 그러나 그곳 생활에 적응하지 못하고 일본으로 되돌아와 야마자키(山崎永春)로 이름을 고친 뒤 명치학원(明治學院)에 입학, 영어를 배우면서 미국인 선교사들과도 친분을 맺었다.

고종 25년(1888) 초 일본에 있으면서 고종에게 국정 전반에 관하여 13만여 자에 달하는 장문의 개혁상소를 올렸다. 이것이

이른바 '개화상소(開化上疏)' 혹은 '건백서(建白書)'이다. 이 상소문에서 봉건적인 신분제도의 철폐, 근대적인 법치국가의 확립에 의한 조선의 자주독립과 부국강병을 주장하였다. 여기에 그의 개화정치에 대한 이상이 설계되어 있으며, 그 뒤 그가 시행한 개혁정치는 그것의 실천이었다고 볼 수 있다.『민문』

34세인 고종 31년(1894) 8월 1일 자신의 상황에 대한 글을 올려 하소연하였다.

의금사(義禁司)에서, '박영효(朴泳孝)의 원정(原情)을 봉입(捧入)하였습니다'라고 아뢰니, - 원정은 다음과 같다. "죽을 죄를 지은 신 박영효는 원통하고 절박한 사유에 대하여 아룁니다. 신은 대대로 녹(祿)을 타먹는 가문의 후손으로서 신의 부자형제 때에 이르러서는 특별한 총애를 받아서 모두 영광을 누리게 되었는데 신의 부자는 특별한 은덕에 감격하였으나 보답할 바를 알지 못하였습니다. 신의 아버지 박원양(朴元陽)은 신의 형제들을 늘 경계하기를 '나라의 은덕에 보답하려면 위험과 어려움을 피하지 말아야 한다'고 하였습니다. 신은 나이 어리고 식견이 얕아서 그 말을 듣고도 그 뜻을 이해하지 못한 채 다만 성은(聖恩)에 만분의 일이나마 보답할 생각을 하였으나, 사리에 맞는가 거슬리는가를 가리지는 못하였습니다. 갑신년(1884) 겨울에 이르러 시국 형편이 날로 어려워지고 나라의 정세가 점점 위태로워지는 것을 보고는 걱정스럽고 삼가는 심정을 금할 수 없어서 바로잡을 방도를 찾으려고 하였으나, 충성을 다하기도 전에 누명을 뒤집어써서 위로는 임금에게 걱정을 끼치고 아래로는 집안에 화를 미치게 하였으며 부모형제는 거의 다 죽고 이 한 몸 떠돌아다니다가 다른 나라에 도망쳤습니다. 신이 지은 죄는 한 시각이라도 하늘 땅 사이에서 목숨을 부지할 수 없는 것이지만 신이 한평생 마음속에 다짐한 것은 푸른 하늘에 물을 수 있습니다. 만일 한 번 드러내지 않고 개천과 수렁 속에서 스스로 목을 맨다면 애매한 누명은 천 년 후에도 씻을 수 없을 것입니다. 이 때문에 부끄러움을 무릅쓰고 보잘것없는 몸이 떠돌아 다닌 지도 거의 12년이라는 오랜 세월 가까이 됩니다. 삼가 듣건대, 요즘 전하의 정사와 교화가 개혁되어 허물을 벗겨준다고 하기에, 신은 기쁨을 금할 수 없고 뒤이어 감격의 눈물을 흘리면서 고국에 돌아가서 죽는 것이 바로 오늘이라고 생각하였습니다. 아울러 신의 이번 걸음은 단지 전하의 얼굴을 다시 우러러보고 구구한 심정을 다 하소연하려는 것이 첫째였고, 부모형제의 해골이나 수습하여 장사 지내는 것이 둘째였습니다. 이 소원만 성취한다면 설사 개천과 수렁에 물러가서 죽는다 해도 한 될 것이 없겠습니다. 신이 이미 임금에게 죄를 짓고 부모에게 화를 끼쳤으니 그저 천지간에 있는 하나의 곤궁한 사람일 뿐입니다. 일본에서 나그네 살이 하는 11년 동안 잠을 자도 편치 않고 음식을 먹어도 달지 않았습니다. 처자를 두지도 않았고 음악을 즐기는 데 참여하지도 않은 채 밤낮으로 근심과 황송함에 싸여 오직 우리 성상께서 해량하여 주시기를 바랄 뿐이었습니다. 이번에 와서 성밖에 엎드려 있은 지가 벌써 여러 날이 지났으나 구중궁궐 속에 보잘것없는 정성이 미치지 못하고 있습니다. 삼가 머리를 땅에 박고 엎드려 강음(江陰)에서 대명(待命)하니 천지 같은 부모의 심정으로 신의 괴로운 마음을 하감(下鑑)하시고, 신에게 결코 딴 생각이 없음을 살피시어 법 맡은 관청으로 하여금 도망하고 명령을 어긴 죄를 의논하게 하신다면, 도끼로 찍고 끓는 가마에 집어 넣는 형벌이라도 달게 받겠습니다. 어쩔 줄을 몰라서 아뢸 바를 모르겠습니다" – 비답하기를, "응당 처분이 있을 것이다" 하였다. 『고종실록』권32. 31년 8월 1일

고종 31년(1894) 8월 4일 고종이 죄명을 삭제하라고 지시하였다.

전교하기를, "지난날 박영효의 문제는 그 형적(形迹)을 논한다면 누구인들 죽여야 한다고 말하지 않겠느냐마는 그의 마음을 살펴보면 사실 용서할 만한 점이 있다. 이제 원정(原情)을 보니 10년 동안 떠돌아다니면서도 오히려 나라를 그리워하는 마음을 잊지 않았다. 그의 죄명을 특별히 말소하여 조정의 관대한 뜻을 보일 것이다" 하였다. 『고종실록』권32. 31년 8월 4일

같은 날 승선원(承宣院)과 5일에 현임과 전임 대신들, 10일에 기주(記注) 이희화(李喜和)가 박영효의 죄를 용서치 말기를 청하였으나 11월 13일 고종이 임명장을 돌려주고 갑신년 죄인들의 죄를 취소하라고 하명하였다.

전교하기를, "죽은 상신(相臣) 홍순목(洪淳穆), 판서(判書) 박원양(朴元陽), 참판(參判) 서상익(徐相翊)에게 모두 관작(官爵)을 회복시키도록 하라" 하였다. 또 전교하기를, "금릉위(錦陵尉) 박영효(朴泳孝)에게 직첩(職牒)을 돌려주고 이어서 죄를 탕척하여 서용(敍用)하도록 하라" 하였다. 또 전교하기를, "방금 처분하였지만 모든 사람을 한결같이 대한다는 원칙에서 차이를 둘 수 없다. 갑신년(1884) 사건에 관계된 죄인들의 죄명을 특별히 말소하고, 그 관련자들로서 여기저기 귀양보낸 사람들도 모두 놓아 보내어 조정의 관대한 뜻을 보이도록 하라" 하였다. 『고종실록』권32. 31년 11월 13일

고종 31년 11월 21일 내무대신(內務大臣)에 제수되었다.
12월 17일 김홍집 등과 왕실의 존칭을 새로 만들어 상언하였다.

총리대신(總理大臣) 김홍집(金弘集), 내무 대신(內務大臣) 박영효

(朴泳孝), 학무 대신(學務大臣) 박정양(朴定陽), 외무 대신(外務大臣) 김윤식(金允植), 탁지 대신(度支大臣) 어윤중(魚允中), 농상 대신(農商大臣) 엄세영(嚴世永), 군무 대신(軍務大臣) 조희연(趙羲淵), 법무 대신(法務大臣) 서광범(徐光範), 공무 대신 서리(工務大臣署理) 김가진(金嘉鎭)이 아뢰기를, "왕실에 관한 존칭에 대하여 새 규례를 갖추어 아뢰니 재결하기를 삼가 바랍니다" 하였다.

주상 전하(主上殿下)를 대군주 폐하(大君主陛下)로 하자는 데 대해서는 아뢴 대로 윤허하였고, 왕대비 전하(王大妃殿下)를 왕태후 폐하(王太后陛下)로 하자는 데 대해서도 아뢴 대로 윤허하였으며, 왕비 전하(王妃殿下)를 왕후 폐하(王后陛下)로, 왕세자 저하(王世子邸下)를 왕태자 전하(王太子殿下)로, 왕세자빈 저하(王世子嬪邸下)를 왕태자비 전하(王太子妃殿下)로 하고, 전문(箋文)을 표문(表文)이라고 하자는 데 대해서도 모두 그대로 윤허하였다. 『고종실록』권32. 31년 12월 17일

35세인 고종 32년(1895) 1월 7일 김윤식(金允植) 등과 「청나라 상인 보호 규칙 시행 세칙」을 반포하여 행할 것을 제의하였다.

1월 8일 김홍집 등과 동학 무리에게 피해를 받은 군에 은전을 베풀고, 전라 병사 서병무에게 계속 직무를 수행하기를 청했다.

4월 1일 정1품 내부 대신(內部大臣)에 제수되었다.

4월 27일 내각 총리 대신(內閣總理大臣)의 사무를 대리하라는 명을 받아 「군인 현역 연령 제한 조규」를 반포하였다.

고종 32년(1895) 삼국간섭으로 일본세력이 퇴조하자 불안을 느껴 이노우에의 권고를 무시하고 김홍집파를 내각에서 퇴진

시킨 뒤 독자적으로 제2차 갑오개혁을 추진하였다. 이 시기에 중점적으로 추진하였던 개혁은 근대적인 내각제도의 도입, 지방제도의 개편, 새로운 경찰·군사제도의 확립 등이었다. 이러한 개혁을 통하여 조선의 부국강병을 도모하는 한편, 자신의 권력기반을 공고히 하려고 하였다. 그러나 왕실과 이노우에공사로부터 배척당하고 고종 32년(1895) 7월 역모를 음모하였다는 혐의를 받아 다시 일본으로 망명하였다. 그뒤 상소를 통하여 자신의 역모 혐의의 부당함을 고종에게 호소했으나 성공하지 못하였다. 『민문』

고종 32년(1895) 윤5월 14일 법부에서 엄격히 신문하여 정죄케 되었다.

조령을 내리기를, "짐(朕)은 박영효(朴泳孝)의 갑신년(1884) 문제에 대해서 혹시 용서해 줄 수 있기 때문에 이전 죄를 기록하지 않고 특별히 좋은 벼슬에 임명하여 충성을 다함으로써 스스로 속죄하게 하였다. 그런데 도리어 끝까지 나쁜 생각을 고치지 않고 반역을 은근히 꾀하여 그 사실이 이미 드러났으므로 바야흐로 법부(法部)에서 엄격히 신문하여 정죄(正罪)를 하게 하였는데 고약한 우두머리를 잡았으니 나머지 사람들은 모두 내버려두고 따지지 않음으로써 널리 용서해 주는 은전(恩典)을 보이라" 하였다. 『고종실록』권33. 32년 윤5월 14일

36세인 건양 1년(고종33, 1896) 4월 28일 안동부 관찰사(安東府觀察使) 이남규(李南珪)가 6월 27일에는 이승구(李承九)가 역적으로 죄를 청하였다.

37세인 광무 1년(고종34, 1897) 4월 21일 유학 김운락(金雲洛)

이 음모를 꾸미고 도망쳤다고 하여 죄를 청하였고 5월 26일에는 유학 채광묵이 8월 12일에는 이건석(李建奭)이 계속 처벌할 것을 주장하였다.

광무 2년(고종35, 1898)에 접어들면서 독립협회(獨立協會)가 강력한 정치단체로 부상함에 따라 본국에 이규완(李圭完)·황철(黃鐵)·이정길(李鄭吉) 등의 심복을 밀파하여 독립협회와의 제휴를 통한 자신의 정계복귀를 기도하였다. 그 결과 독립협회의 신진소장파가 중심이 되어 그의 소환서용운동(召喚敍用運動)을 전개하였다. 그러나 고종과 수구파대신들은 오히려 이를 구실로 독립협회를 해산시켜버렸다.『민문』

40세인 광무 4년(고종37, 1900) 6월 18일 경부대신 임시 서리 탁지부 대신 조병식(趙秉式)이 을미년 변란으로 박영효를 처벌할 것을 청하였다.

12월 31일 이승린(李承麟), 이조현(李祖鉉)을 박영효를 일본에서 만나 자금을 마련해 주었다고 하여 유배보내었다.

43세인 광무 7년(고종40, 1903) 12월 3일 이용직(李容稙)이 일본에 박영효 등을 돌려 보낼 줄 것을 요구하도록 청하였다.

광무 4년(고종37, 1900) 7월 본국에 밀파되어 있던 이규완 일행에게 의화군 강(義和君堈)을 국왕으로 추대하기 위한 쿠데타 음모를 지시하였다. 그러나 이 음모도 사전에 발각됨으로써 그의 정계복귀공작은 실패로 돌아갔고, 궐석재판결과 교수형이 선고되었다.

광무 11년(고종44, 1907) 비공식으로 귀국하여 부산에 체류하다가 상경, 궁내부고문 가토(加藤增雄)와 접촉, 공작하여 고종의 특사조칙(特赦詔勅)을 제수받았을 뿐 아니라 성대한 환영식과 연회로 정계복귀를 할 수 있었다.『민문』

47세인 광무 11년(고종44, 1907) 6월 11일 석방할 것을 지시하였다.

조령(詔令)을 내리기를, "지난 을미년(1895) 여름에 박영효(朴泳孝)를 엄하게 신문해서 죄를 바로잡으라는 내용으로 조령을 내렸고, 광무(光武) 4년 음력 섣달에 또한 법 맡은 관청에서 그것을 선포하였다. 후에 알고 보니 그 사건은 매우 애매한 것으로써 해명하지 않아도 저절로 결국 죄명에서 벗어났다. 박영효를 특별히 석방함으로써 관대히 용서해주는 은전을 보이라" 하였다.『고종실록』권48. 44년 6월 11일

광무 11년(고종44, 1907) 6월 13일 임명장을 돌려받았다.

금릉위(錦陵尉) 박영효(朴泳孝)의 벼슬 임명장을 돌려주라고 지시하였다.『고종실록』권48. 44년 6월 13일

6월 16일 상소를 올려 견해를 밝혔다.

사죄신(死罪臣) 박영효(朴泳孝)가 올린 상소의 대략에, "신은 의빈(儀賓)의 대장에 올라 있어 누구보다 은혜로운 돌보심을 많이 입었습니다. 과오를 깨끗이 벗고 만번 죽어야 할 처지에서 발탁하여 모든 관리들의 반열에 몸을 두게 해주었으니 신이 아무리 변변치 못한 자라 하더라도 어찌 감격하고 두려워하는 의리를 모르겠습니까? 그 은혜를 말하면 바다도 오히려 얕고 그 의리를 돌아보면 「춘추 春秋」에 있는 것입니다. 이 때문에 일단의 뜨거운 충성심으로 속히 혁신의 정사를 도모하여 열강들과 나란히 서서 독립의 기초를 공고히 하는 것을 필생의 소원으로

삼았습니다. 그런데 불행하게도 여러 소인들이 곁눈질하여 보고 뭇 시기가 집중된 가운데 여러 번 뒤집어 전달된 무함으로 쉽게 애매한 의심을 사게 되었으니, 헛되이 죽어서 간신들의 모략에 걸려들기보다는 차라리 해외로 종적을 감추었다가 뒷날의 성과를 기대하는 것이 낫지 않았겠습니까? 지금 나라의 형세가 더없이 위태롭고 백성들이 곤궁하여 신의 지극한 소원을 펴 볼 가망이 없습니다. 곰곰히 생각해 보니 차마 한갓 죽음을 두려워하는 마음을 품고 영원히 도망치는 길을 택할 수가 없었습니다.

신은 본래 한국의 신하인 만큼 죽어서 한국의 귀신이 되는 것은 이치상 당연한 일입니다. 그러므로 결연히 바다를 건너와 이 땅에 들어서서 처분을 기다리며 감히 짧은 상소를 진달하여 망령되게 진심을 털어놓습니다. 스스로 돌이켜 볼 때 신의 몸은 실로 신의 소유가 아닙니다. 삼가 바라건대, 폐하는 굽어 살펴 주어 특별히 처분을 내려주소서" 하니, 비답하기를, "이미 며칠 전에 조지(詔旨)가 있었는데 어째서 다시 제기하는가?" 하였다.
『고종실록』권48. 44년 6월 16일

광무 11년(고종44, 1907) 6월 23일 집 한 채를 받았고 정 1품 종친 규례로 녹봉을 받았다.

7월 17일 궁내부 대신(宮內府大臣)에 제수되었다.

융희 1년(순종 즉위년, 1907) 8월 22일 조중응(趙重應)이 순종이 대리(代理)하는 예식에 참석하지 않은 것으로 벌을 받게 되었다.

법부 대신(法部大臣) 조중응(趙重應)이 아뢰기를, "평리원 재판장(平理院裁判長) 조민희(趙民熙)의 보고서를 받아보니, '피고 박영효(朴泳孝), 이도재(李道宰), 남정철(南廷哲)의 죄안을 심리한 결과 피고들은 모두 궁부(宮府)의 중임을 띠고서 황태자(皇太子)가 정사를 대리함을 진하(陳賀)하는 예식을 거행할 때 들어와 참가하지 않고 혹은 병을 핑계대기도 하고 혹은 통지를 받지 못하였다는 등의 말들로 공술하였습니다. 더없이 중대한 예식을 태연히 회피하였으니 처벌을 면하기 어렵습니다. 피고들은 모두 『형법대전 刑法大全』 제226조의 관리들이 임명받았거나 재임 기간에 일을 당하여 사고로 핑계대거나 병이 있다고 핑계하고 회피하는 자는 중한 법조문에 의하여 각각 태형(笞刑) 80대에 처한다는 율문을 적용할 것입니다' 하였습니다. 평리원에서 원래 제기한 법조문에 의거하여 처리하는 것이 어떻겠습니까?" 하니, 윤허하였다. 『순종실록』권1. 즉위년 8월 22일

48세인 융희 2년(순종1, 1908) 7월 21일 이완용(李完用)과 조중응(趙重應)이 직책을 피한 것으로 탄핵하였다.

내각 총리대신(內閣總理大臣) 이완용(李完用)과 법부 대신(法部大臣) 조중응(趙重應)이 아뢰기를, "이번에 왕위를 주고받은 예전(禮典)은 바로 대성인(大聖人)의 정일(精一)한 심법(心法)에 말미암은 것이니 종묘 사직이 억만년토록 공고하게 될 기초가 여기에 있으므로 대소 신민들이 경사롭게 여기면서 기뻐하지 않는 사람이 없습니다. 각 부문의 유사(有司)들은 자기 직책을 부지런히 수행해야 하겠으나 궁내부 대신(宮內府大臣) 박영효(朴泳孝), 시종원 경(侍從院卿) 이도재(李道宰), 전 홍문관 학사(前弘文館學士) 남정철(南廷哲)은 직책이 더욱 중요한데도 불구하고 거세게 직책을 회피하였으니 그 진상을 덮어둘 수 없습니다. 이런 것을 범연히 둘 수 없으니 모두 법부(法部)로 하여금 붙잡아다 심문하고 죄를 정하게 하는 것이 어떻겠습니까?" 하니, 윤허하였다. 『순종실록』권1. 1년 7월 21일

7월 25일 궁내부 특진관(宮內府特進官)에 제수되었다.

순종이 즉위한 뒤 군부(軍部)내의 반양위파(反讓位派)와 통모, 고종의 양위에 찬성한 정부대신들을 암살하려 하였다는 혐의를 받아 1년간 제주도로 유배되었다.

50세인 융희 4년(순종3, 1910) 10월 7일 조선 귀족령(朝鮮貴族令)에 의거하여 후작(侯爵)의 칭호를 받았다.

51세인 1911년 7월 20일 고종의 후궁이자 영친왕의 어머니인 귀비 엄씨(貴妃嚴氏)가 훙(薨)하여 이날 박영효는 종척집사(宗戚執事)에 제수되었다.

8월 10일 덕안궁(德安宮)의 향관(享官)에 제수되었다.

52세인 1912년 9월 3일 일본 명치 천황의 장례 참여로 동경에 떠나 하직인사를 올렸다.

9월 27일 일본 천황의 장례에 다녀와 복명하였다.

53세인 1913년 3월 11일 영혜옹주(永惠翁主)의 장례비 1천원을 하사받았다.

59세인 1919년 1월 22일 고종 국장 때의 고문(顧問)에 제수되었고 종척집사(宗戚執事)에 제수되었다.

1월 24일 초 명정 서사원(初銘旌書寫員)에 제수되었고 29일에는 천봉(遷奉)할 때 광중 명정 서사원(壙中銘旌書寫員)에 제수되었다.

1921년 7월 14일 회갑을 축하받아 2백 원을 하사받았다.

1926년 종척집사(宗戚執事)에 제수되었다.

1911년 조선귀족회회장, 1918년 조선은행이사를 역임하였다. 3・1운동이 일어난 뒤 일제의 이른바 문화통치에 순응하여 유민회(維民會)・동광회(同光會)・조선구락부(朝鮮俱樂部)・민우회

(民友會) 등 친일 내지 개량주의적 단체와 관계를 맺는 한편, 1920년 동아일보사 초대사장에 취임하였다. 1926년 중추원의장, 1932년 일본귀족원의원을 지냈으며, 1939년 중추원부의장 재직 중 죽었다. 저서로 『사화기략 使和記略』이 있다. 『민문』

▓ 영혜옹주의 남편

【생몰년】 철종 12년(1861) ~ 1939. 향년 79세
【성 명】 박영효(朴泳孝)　　　　　【본 관】 반남(潘南)
【자】 자순(子純)　　　　　　　　【호】 춘고(春皐),
　　　　　　　　　　　　　　　　　　　　현현거사(玄玄居士)
【시 호】
【묘】 부산 사하구 다대동에 있었으나 그의 손자 박환범이 묘터를
　　　 팔고, 유골을 영혜옹주와 함께 화장하였다. 반민족문제연구소,
　　　 『친일파99인』(돌베개, 1993년) 119쪽(윤해동 집필 부분)
【문 헌】 『반남박씨세보 潘南朴氏世譜』

제6장 궁인 이씨

▨ 궁인 이씨(宮人李氏)
부: 미상(未詳)
외조부: 미상(未詳)

궁인 이씨(宮人李氏)

궁인 이씨(宮人李氏)
부: 미상
외조부: 미상

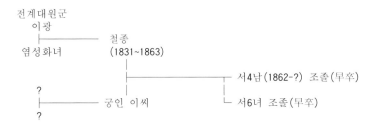

철종의 후궁으로 슬하에 1남 1녀를 두었으나 모두 일찍 졸하였다.

철종 13년(1862) 윤8월 8일 아들을 낳았다.

미시(未時)에 궁인(宮人) 이씨(李氏)가 남아(男兒)를 낳았다. 『철종실록』권14. 13년 윤8월 8일

━━━━━━━━━━

▓ 궁인 이씨

【생몰년】 ? ～ ?
【본 관】 미상
【 묘 】
【문 헌】 『선원계보 璿源系譜』 『철종실록 哲宗實錄』

▦ 궁인 이씨 아버지

【생몰년】 ? ~ ?
【성 명】 미상(未詳)　　　　　　　【본 관】 미상(未詳)

▦ 궁인 이씨 외조부

【생몰년】 ? ~ ?
【성 명】 미상(未詳)　　　　　　　【본 관】 미상(未詳)

제7장 궁인 박씨

▨ 궁인 박씨(宮人朴氏)
　부: 미상(未詳)
　　외조부: 미상(未詳)
　1. 서5녀

▦ 궁인 박씨(宮人朴氏)

궁인 박씨(宮人朴氏)
부: 미상
외조부: 미상

철종의 후궁으로 슬하에 1녀를 두었으나 일찍 졸하였다. 『선
원계보』

▓ 궁인 박씨

【생몰년】 ? ～ ?
【본 관】미상
【 묘 】
【문 헌】『선원계보 璿源系譜』

▓ 궁인 박씨 아버지

【생몰년】 ? ～ ?
【성 명】미상(未詳)   【본 관】미상(未詳)

▓ 궁인 박씨 외조부

【생몰년】 ? ～ ?
【성 명】미상(未詳)   【본 관】미상(未詳)

부　록

철종대왕과 친인척 세계도

▒ 세계도의 출전(出典)과 그 출전의 약칭은 다음과 같다.

- 조선왕조 선원록(朝鮮王朝璿源錄, 民昌文化社 1992년 影印本)은 '선원록'으로
- 선원계보 기략(璿源系譜記略)은 '선원계보'로
- 한국계행보(韓國系行譜, 발행자 曺龍承 1980년간)는 '계행보'로
- 조선왕조실록의 기사(記事)를 참조한 것은 '실록'으로 각각 표시하였다.

※ 세계도 목차 (성씨 본관 인물 순)

철종대왕 선원록

철종대왕 선원록

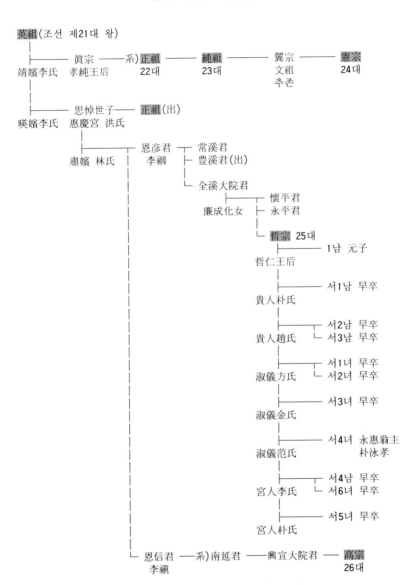

【철종 가계도】

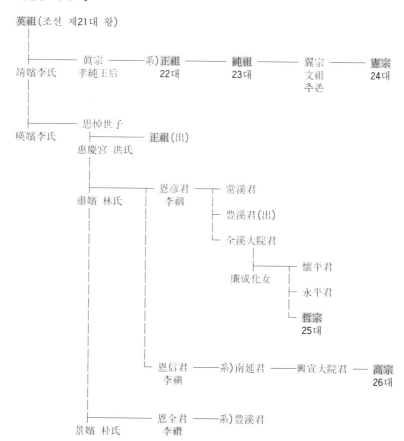

철종(哲宗)
전계대원군(全溪大院君) 이광(李㼅) 3남.
용성부부인 염씨(龍城府夫人廉氏) 소생
이변(李昪, 1831-1863)
재위 1849. 6. -1863. 12 14년 6개월
등극 19세, 향년 33세
부인 8명, 자녀 5남 6녀(그중 5남 5녀는 조졸)

【전계대원군 가계도】

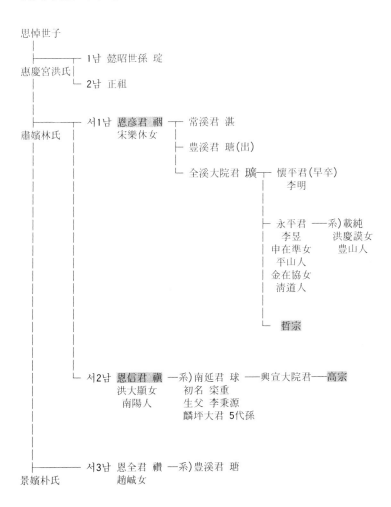

思悼世子
├──── 1남 懿昭世孫 琔
惠慶宮洪氏│
│   └── 2남 正祖
│
├──── 서1남 恩彦君 裀 ── 常溪君 湛
肅嬪林氏│   宋樂休女
│   │   ├─ 豊溪君 瑃(出)
│   │   │
│   │   └─ 全溪大院君 㼅 ── 懷平君(早卒)
│   │   李明
│   │   │
│   │   ├─ 永平君 ──系)載純
│   │   │   李昱   洪慶謨女
│   │   │   申在準女 豊山人
│   │   │   平山人
│   │   │   金在協女
│   │   │   淸道人
│   │   │
│   │   └─ 哲宗
│   │
│   └── 서2남 恩信君 禛 ─系)南延君 球 ── 興宣大院君 ── 高宗
│   洪大顯女   初名 宷重
│   南陽人   生父 李秉源
│   麟坪大君 5代孫
│
├──── 서3남 恩全君 � ─系)豊溪君 瑃
景嬪朴氏   趙峸女

왕자 옹주

철종 1남

원자(元子)

```
    哲宗
(1831-1863)
     |
     ├──────────────── 1남   元子
     |                      (1858-1859)
  哲仁王后
(1837-1878)
```

철종 서4녀

영혜옹주(永惠翁主)

```
    哲宗
(1831~1863)
     |
     ├──────────── 서4녀   永惠翁主
     |      朴元陽 ──────── 朴泳孝(潘南人)
  淑儀范氏
```

김씨 안동

철인왕후 아버지

김문근(金汶根: 安東人)

출전: 『안동김씨세보 安東金氏世譜』 1982, 회상사

시조: 金宣平

```
金壽恒 ── 昌集 ── 濟謙 ── 省行 ┐
┌──────────────────────────────┘
└ 履長 ┬ 復淳 ┬ 泳根 ┬ 炳駿
李廣淵女│李度平女│趙命喆女│李容在女(韓山人)
德水人 │延安人 │楊州人 │朴豊鎭女(密陽人)
       │成宬烈女│柳煥昇女│
       │昌寧人 │文化人 ├ 炳冀(出) 三從叔 金左根 入后
       │徐命埰女│       │
       │達城人 │       ├ 炳驪
       │       │       李興敏女(全義人)
       │       │       趙鎭洙女(平壤人)
       │       │       │
       │       │       ├ 炳驥
       │       │       李喆淵女(全州人)
       │       │       │
       │       │       ├ 炳宛
       │       │       徐棋淳女(達城人)
       │       │       │
       │       │       └ 炳乘
       │       │       徐戴淳女(達城人)
       │       │
       │       ├ 演根 ── 炳德
       │       │洪樂舜女 曺文檢女
       │       │豊山人    昌寧人
       │       │李緯坤女
       │       │全州人
       │       │
       │       ├ 沃根 ┬ 炳岳
       │       │李溥女 │吳宅善女(海州人)
       │       │全州人 │
       │       │尹之濂女├ 炳佁
       │       │海平人 │李鍾象女(全州人)
       │       │       │
```

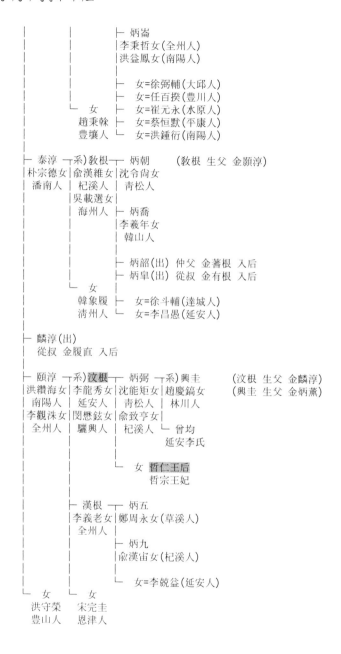

```
│        │        ├ 炳崙
│        │        │李秉哲女(全州人)
│        │        │洪益鳳女(南陽人)
│        │        │
│        │        ├ 女=徐弼輔(大邱人)
│        │        ├ 女=任百揆(豊川人)
│        └ 女     ├ 女=崔元永(水原人)
│          趙秉翰 ├ 女=蔡恒默(平康人)
│          豊壤人 └ 女=洪鍾衍(南陽人)
│
├ 泰淳 ┬系)敎根 ┬ 炳朝      (敎根 生父 金顯淳)
│朴宗德女│俞漢維女│沈令尙女
│潘南人 │杞溪人 │靑松人
│      │吳載選女│
│      │海州人 ├ 炳喬
│      │      │李羲年女
│      │      │韓山人
│      │      │
│      │      ├ 炳韶(出) 仲父 金著根 入后
│      │      ├ 炳皐(出) 從叔 金有根 入后
│      └ 女    │
│        韓象履 ├ 女=徐斗輔(達城人)
│        淸州人 └ 女=李昌愚(延安人)
│
├ 麟淳(出)
│  從叔 金履直 入后
│
├ 頣淳 ┬系)汶根 ┬ 炳弼 ┬系)興圭  (汶根 生父 金麟淳)
│洪纘海女│李龍秀女│沈能矩女│趙慶鎬女 (興圭 生父 金炳薰)
│南陽人 │延安人 │靑松人 │林川人
│李觀洙女│閔懋鉉女│俞致亨女│
│全州人 │驪興人 │杞溪人 └ 曾均
│      │      │        延安李氏
│      │      │
│      │      ├ 女 哲仁王后
│      │      │    哲宗王妃
│      │      │
│      ├ 漢根 ┬ 炳五
│      │李義老女│鄭周永女(草溪人)
│      │全州人 │
│      │      ├ 炳九
│      │      │俞漢宙女(杞溪人)
│      │      │
│      │      └ 女=李兢益(延安人)
│      │
└ 女    └ 女
  洪守榮   宋完圭
  豊山人   恩津人
```

【안동 김씨 김창집 후손을 중심으로】

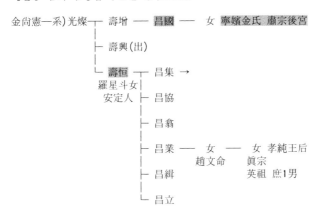

金尙憲—系) 光燦 ┬ 壽增 ── 昌國 ── 女 寧嬪金氏 肅宗後宮
　　　　　　　├ 壽興(出)
　　　　　　　└ 壽恒 ┬ 昌集 →
　　　　　羅星斗女 │
　　　　　安定人 ├ 昌協
　　　　　　　　├ 昌翕
　　　　　　　　├ 昌業 ── 女 ── 女 孝純王后
　　　　　　　　│　　　　趙文命　　眞宗
　　　　　　　　├ 昌緝　　　　　英祖 庶1男
　　　　　　　　└ 昌立

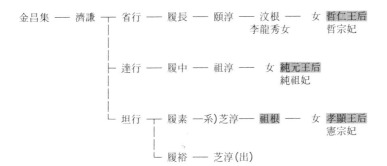

金昌集 ── 濟謙 ┬ 省行 ── 履長 ── 頤淳 ── 汶根 ── 女 哲仁王后
　　　　　　　│　　　　　　　　李龍秀女　　哲宗妃
　　　　　　　│
　　　　　　　├ 達行 ── 履中 ── 祖淳 ── 女 純元王后
　　　　　　　│　　　　　　　　　　　　純祖妃
　　　　　　　│
　　　　　　　└ 坦行 ┬ 履素 —系)芝淳 ── 祖根 ── 女 孝顯王后
　　　　　　　　　　│　　　　　　　　　　　　　憲宗妃
　　　　　　　　　　└ 履裕 ── 芝淳(出)

민씨 여흥

민무현(閔懋鉉: 驪興人)

출전: 『여흥민씨세보 驪興閔氏世譜』 2004, 뿌리정보미디어,
『여흥민씨족보 驪興閔氏族譜』 1802, 閔昌爀 編, MF-9942-9945, 장서각

시조: 閔稱道

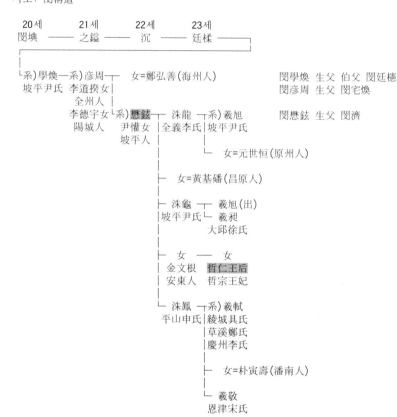

박씨 반남

영혜옹주 남편

박영효(朴泳孝: 潘南人)

출전: 『반남박씨세보 潘南朴氏世譜』 1926, 古2518-25-38, 국립중앙도서관

시조: 朴應珠

朴師益 —— 大源 —— 相魯 —— 海壽 ──┐
│
└─ 齊堂 ─┬ 元陽 ─┬ 女=李日永(德水人)
李集成女 │ 宋姬女 │
延安人 │ 鎭川人 ├ 泳敎 ─┬ 太緒
尹顯國女 │ 李遠泰女 │ 李敏道女 │ 洪晋遊女
漆原人 │ 全州人 │ 德水人 │ 南陽人
│ 李潤行女 │ 桂運奎女
│ 全義人 │ 逢安人
│ │
│ ├ 女=張世夏(德水人)
│ │
│ └ 女=金容雲(光山人)
│
├ 泳好 —— 南緒
│ 徐基淳女 李元榮女
│ 達城人 慶州人
│
├ 女=金喆鉉(光山人)
│
├ 泳孝 ─┬ 女=韓甲鉉(淸州人)
│ 永惠翁主 │
│ 哲宗駙馬 ├ 振緒
│ │
│ └ 吉緒 ─┬ 女
│ 朴賢景女 ├ 贊範
│ 密陽人 └ 贊益
│
├ 女=李用獻(延安人)
│
├ 女=金躍淵(淸風人)
│
├ 女=李纘夏(全州人)

```
  │
  ├─ 近陽(出)
  │
  └─ 舜陽 ─┬─ 女=李興珪(韓山人)
李敏敬女 │
德水人   ├─ 泳明 ─┬─ 春緒
        │徐中輔女│趙漢旭女
        │達城人  │林川人
        │        │
        │        ├─ 女=李喆相(龍仁人)
        │        │
        │        ├─ 女=李斗榮(龍仁人)
        │        │
        │        └─ 起緒(出)
        │
        └─ 泳斌 ─┬─ 女=李玄珪(韓山人)
        李源中女 │
        龍仁人   ├─ 女=徐載德(達城人, 父 徐光範)
                 │
                 └系)起緒
                  崔遇泰女
                  江陵人
```

이씨 연안

철인왕후 첫째 외조부

이용수(李龍秀: 延安人)

출전: 『연안이씨관동파보 延安李氏館洞波譜』 1982, 회상사

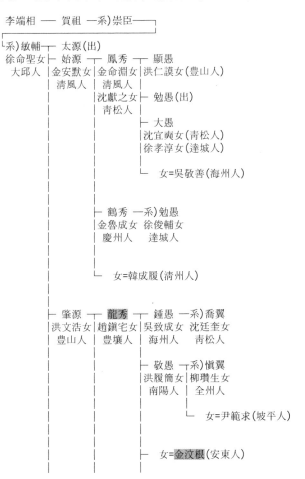

```
李端相 ── 賀祖 ─系)崇臣─┐
┌─────────────────────────────┘
└系)敏輔─┬ 太源(出)
徐命聖女├ 始源 ─┬ 鳳秀 ─┬ 顯愚
大邱人 │金安默女│金命淵女│洪仁謨女(豊山人)
       │清風人  │清風人  │
       │        │沈獻之女├ 勉愚(出)
       │        │青松人  │
       │        │        ├ 大愚
       │        │        │沈宜轟女(青松人)
       │        │        │徐孝淳女(達城人)
       │        │        │
       │        │        └ 女=吳敬善(海州人)
       │        │
       │        │
       │        ├ 鶴秀 ─系)勉愚
       │        │金魯成女 徐俊輔女
       │        │慶州人   達城人
       │        │
       │        └ 女=韓成履(淸州人)
       │
       │
       ├ 肇源 ─┬ 龍秀 ─┬ 鍾愚 ─系)喬翼
       │洪文浩女│趙鎭宅女│吳致成女 沈廷奎女
       │豊山人  │豊壤人  │海州人   青松人
       │        │        │
       │        │        ├ 敬愚 ─┬系)愼翼
       │        │        │洪履簡女│柳瓚生女
       │        │        │南陽人  │全州人
       │        │        │        │
       │        │        │        └ 女=尹範求(坡平人)
       │        │        │
       │        │        ├ 女=金汶根(安東人)
```

```
                                        └ 女=沈宜昌(靑松人)
                          ┌ 麟秀 ┬ 曾愚 ┬ 玄翼
                          │ 閔台赫女 │ 權敬履女 ├ 喬翼(出)
                          │ 驪興人 │ 安東人 ├ 奎翼
                          │         │         └ 秉翼
                          │         │
                          │         └ 昌愚 ┬ 建翼
                          │           金敎根女 ├ 愼翼(出)
                          │           安東人 └ 政翼
                          │           具應和女
                          │           綾城人
                          │           金永祖女
                          │           安山人
                          │
                          │
                          ┌ 象秀 ┬ 勝愚
                          │ 趙鎭順女 │ 金浚根女
                          │ 楊州人 │ 安東人
                          │         │ 具守七女
                          │         │ 綾城人
                          │         │ 沈魯達女
                          │         │ 靑松人
                          │         │
                          │         ├ 膺愚
                          │         │ 尹初善女
                          │         │ 海平人
                          │         │ 宋文珣女
                          │         │ 礪山人
                          │         │
                          │         └ 女=沈宗澤(靑松人)
                          │
                          ┌ 鶊秀  一系)謙愚
                          │ 徐鳳淳女  李璜遠女
                          │ 大邱人    全州人
                          │ 閔序鏞女
                          │ 驪興人
                          │
                          ├ 女=徐有甯(大邱人)
                          │
                          └ 女=尹義述(坡平人)
      └ 女
        趙寅喆
        楊州人
```

철종대왕과 친인척 연보

철종대왕과 친인척 연보

영조대

영조 49년(1773) 민무현 출생

정조대

정조 즉위년(1776) 이용수 출생

순조대

순조 01년(1801) 김문근 출생
순조 10년(1810) 04월 11일 이용수가 대교(待敎)가 됨
순조 10년(1810) 06월 10일 이용수가 직위를 체차당하고 나문 당함
순조 11년(1811) 윤03월 05일 이용수가 다시 대교(待敎)가 됨
순조 14년(1814) 06월 24일 이용수가 가선대부에 가자됨
순조 17년(1817) 08월 15일 이용수가 어제의 교정본을 올려 표피를 하사받음
순조 18년(1818) 01월 20일 이용수가 비변사 제조가 됨
순조 18년(1818) 04월 05일 이용수가 규장각 직제학이 됨
순조 18년(1818) 10월 08일 이용수가 이조참판이 됨
순조 19년(1819) 05월 09일 이용수가 사간원 대사간이 됨
순조 20년(1820) 03월 17일 이용수가 이조참판이 됨
순조 20년(1820) 12월 05일 이용수가 황해도 관찰사가 됨
순조 23년(1823) 01월 21일 이용수가 성균관 대사성이 됨
순조 24년(1824) 04월 15일 이용수가 개성부 유수가 됨
순조 26년(1826) 06월 01일 이용수가 우부빈객이 됨
순조 27년(1827) 07월 21일 이용수가 대동포를 돈으로 대납하는 것에 대해 아룀
순조 31년(1831) 06월 17일 철종태왕 탄생

헌종대

헌종 03년(1837) 03월 23일 철인왕후 탄생
헌종 04년(1838) 이용수가 졸함
헌종 15년(1849) 06월 06일 순원왕후의 수렴청정이 결정됨
헌종 15년(1849) 06월 06일 헌종대왕 훙서
헌종 15년(1849) 06월 08일 철종이 덕완군에 봉해짐

철종대

철종 즉위년(1849) 06월 09일 철종이 즉위함
철종 즉위년(1849) 06월 14일 철종의 어휘를 정함
철종 즉위년(1849) 10월 26일 헌종을 발인함
철종 즉위년(1849) 10월 28일 헌종을 경릉(景陵)에 장사지냄
철종 02년(1851) 05월 23일 은언군의 사판에 치제함
철종 02년(1851) 06월 09일 헌종을 종묘에 부묘함
철종 02년(1851) 09월 08일 민무현이 졸함
철종 02년(1851) 09월 21일 납징례(納徵禮)를 함
철종 02년(1851) 09월 24일 고기례(告期禮)를 함
철종 02년(1851) 09월 25일 책비례(冊妃禮)를 함
철종 02년(1851) 09월 27일 본궁(本宮)에서 친영(親迎)하였다.
철종 02년(1851) 10월 15일 철인왕후가 묘현례를 하고 경모궁에 진배함
철종 02년(1851) 12월 28일 대왕대비가 수렴청정을 거둠
철종 02년(1851) 윤08월 03일 중궁의 초간택을 함
철종 02년(1851) 윤08월 13일 김문근이 동부승지가 됨
철종 02년(1851) 윤08월 13일 중궁의 재간택을 함
철종 02년(1851) 윤08월 24일 김문근이 영은부원군 영돈녕부사가 됨
철종 02년(1851) 윤08월 24일 중궁의 삼간택을 함
철종 03년(1852) 01월 13일 김문근이 금위대장이 됨
철종 03년(1852) 04월 19일 불이 난 함경도 민가를 구휼함
철종 03년(1852) 10월 12일 천재지변이 일어남
철종 03년(1852) 12월 25일 흉년이 든 관서(關西)에 돈을 내려 구휼함
철종 04년(1853) 02월 22일 궁인 방씨가 둘째 딸을 낳아 숙의가 됨

철종 04년(1853) 07월 23일 유현(儒賢)들을 초빙함
철종 05년(1854) 05월 15일 기로 정시(耆老庭試)를 행함
철종 05년(1854) 07월 10일 귀인 박씨가 왕자를 낳음
철종 05년(1854) 11월 03일 경모궁의 재회갑에 존호를 추상하는 일에 대해 논의함
철종 05년(1854) 11월 06일 경모궁에 존호를 올림
철종 06년(1855) 01월 18일 인릉과 수릉과 휘경원의 천봉에 대해 논의함
철종 06년(1855) 01월 21일 경모궁에 책인(冊印)을 올림
철종 06년(1855) 08월 16일 수릉(綏陵)의 현궁(玄宮)을 파냄
철종 06년(1855) 08월 26일 수릉(綏陵)의 현궁(玄宮)을 내림
철종 06년(1855) 09월 28일 휘경원(徽慶園)의 현실(玄室)을 파냄
철종 06년(1855) 10월 06일 휘경원(徽慶園)의 발인을 함
철종 06년(1855) 10월 26일 전계 대원군의 묘소를 살펴보게 함
철종 07년(1856) 01월 09일 김문근이 총융사가 됨
철종 07년(1856) 02월 22일 인릉(仁陵)을 헌릉(獻陵)의 오른편 언덕으로 천봉함
철종 07년(1856) 02월 28일 춘당대(春塘臺)에서 삼일제(三日製)를 행함
철종 07년(1856) 03월 24일 전계 대원군과 완양 부대부인을 발인함
철종 07년(1856) 03월 26일 전계 대원군과 완양 부대부인을 안장함
철종 07년(1856) 04월 04일 춘당대(春塘臺)에서 별시의 문무과 전시(殿試)를 행함
철종 08년(1857) 01월 01일 칠순을 앞둔 대왕대비와 왕대비의 오순을 축하함
철종 08년(1857) 02월 28일 능원(陵園)의 나무를 베어낸 일을 조사하게 함
철종 08년(1857) 08월 04일 순원 대비(純元大妃)가 승하함
철종 08년(1857) 08월 09일 이학수가 순종을 순조로 할 것을 청함
철종 08년(1857) 09월 06일 김문근이 금위대장이 됨
철종 08년(1857) 10월 26일 순조실에 존시의 책보와 존호의 책보를 올림
철종 08년(1857) 12월 16일 순원 대비(純元大妃)를 발인함
철종 08년(1857) 12월 16일 순원 대비(純元大妃)를 순조와 같이 부장함
철종 09년(1858) 01월 06일 이헌구가 회근이 되어 궤장을 하사함
철종 09년(1858) 03월 20일 김성행에게 부조의 은전을 내림
철종 09년(1858) 04월 09일 순원 대비(純元大妃)에게 존호를 올림
철종 09년(1858) 06월 11일 김문근이 호위청대장이 됨
철종 09년(1858) 10월 02일 권상하에게 사판을 조천하지 말 것을 명함
철종 09년(1858) 10월 17일 창덕궁 대조전에서 원자가 탄생함

철종 09년(1858) 11월 19일 친형 이명(李明)을 봉작하고 벼슬을 추증함

철종 10년(1859) 01월 27일 원자가 백일이 됨

철종 10년(1859) 04월 23일 원자가 졸함

철종 10년(1859) 10월 12일 헌종대왕을 세실로 높임

철종 10년(1859) 10월 13일 궁인 조씨가 왕자를 낳음

철종 10년(1859) 10월 15일 궁인 조씨를 귀인에 봉작함

철종 11년(1860) 04월 29일 박순에게 부조의 은전을 내림

철종 11년(1860) 12월 10일 김창협과 이재에게 부조의 은전을 내림

철종 12년(1861) 01월 13일 김전의 사판을 조천하지 말 것을 명함

철종 12년(1861) 박영효 출생

철종 13년(1862) 05월 05일 임치수와 이의식을 효수함

철종 13년(1862) 05월 12일 회덕의 민란을 평정하게 함

철종 13년(1862) 05월 16일 공주의 난민들을 체포하는 대로 참수하게 함

철종 13년(1862) 05월 21일 부안 현감 정직조를 추고하게 함

철종 13년(1862) 05월 23일 진주 민란의 수창자들을 효수하게 함

철종 13년(1862) 06월 23일 김문근이 낭청에 차하됨

철종 13년(1862) 윤08월 08일 궁인 이씨가 남아를 낳음

철종 14년(1863) 01월 08일 윤치수가 이십일사약편의 국계를 바로 잡을 것을 청함

철종 14년(1863) 02월 07일 휘경원의 천봉을 논의하게 함

철종 14년(1863) 03월 04일 휘경원을 달마동으로 천봉하게 함

철종 14년(1863) 06월 01일 철인왕후가 존호를 받음

철종 14년(1863) 06월 17일 철종이 존호를 받음.

철종 14년(1863) 11월 06일 김문근이 졸함

철종 14년(1863) 12월 08일 철종이 향년 33세로 승하함

고종대

고종 01년(1864) 04월 07일 철종을 예릉에 장사지냈다.

고종 03년(1866) 02월 10일 철인왕후가 존호를 받음

고종 03년(1866) 02월 13일 궁인 범씨를 숙의로 봉하고 딸을 영숙옹주로 봉함

고종 03년(1866) 02월 15일 숙의 범씨가 저택값 1500냥을 받음

고종 03년(1866) 04월 04일 철종과 철인왕후가 존호를 받음

고종 08년(1871) 12월 25일 숙의 방씨가 방(房)에 50결을 더 받음
고종 09년(1872) 02월 22일 박원양의 아들 박영효를 부마로 뽑음
고종 09년(1872) 04월 13일 영혜옹주의 혼례를 행함
고종 09년(1872) 07월 04일 영혜옹주가 졸함
고종 15년(1878) 05월 12일 철인왕후가 42세로 승하함
고종 15년(1878) 05월 13일 박영효가 하현궁 명정 서사관이 됨
고종 15년(1878) 05월 22일 박영효가 빈전향관이 됨
고종 15년(1878) 11월 14일 숙의 방씨가 졸함
고종 17년(1880) 07월 06일 철종과 철인왕후를 종묘에 모심
고종 18년(1881) 08월 09일 박영효가 판의금부사가 됨
고종 19년(1882) 07월 25일 박영효가 일본 수신 대사가 됨
고종 19년(1882) 12월 29일 박영효가 한성부 판윤이 됨
고종 20년(1883) 12월 26일 숙의 범씨가 졸함
고종 21년(1884) 10월 18일 박영효가 전후영사가 됨
고종 25년(1888) 박영효가 개화상소(開化上疏)를 올림
고종 31년(1894) 08월 04일 박영효의 죄명이 삭제됨
고종 32년(1895) 04월 01일 박영효가 내부 대신이 됨
고종 36년(1899) 05월 07일 궁인 김씨가 숙의에 봉해짐
고종 44년(1907) 06월 11일 박영효를 석방함
고종 44년(1907) 06월 23일 박영효가 집과 녹봉을 하사받음

순종대

순종 03년(1910) 10월 07일 박영효가 후작의 칭호를 받음
순종 04년(1911) 03월 27일 김문근의 사손 김홍규의 집에 돈을 하사함
순종 04년(1911) 08월 10일 박영효가 덕안궁의 향관이 됨
순종 11년(1918) 12월 07일 박영효에게 장례비를 내림
순종 12년(1919) 01월 23일 박영효가 초 명정 서사원이 됨
순종 14년(1921) 07월 14일 박영효가 회갑이 되어 2백원을 하사받음

용어해설과 품계표

용어 해설

✥ 공신(功臣): 자기의 공훈(功勳)으로 공신의 봉작(封爵: 君)을 받은 사람. 봉작
은 세습하는데 그 봉작을 승계(承繼: 承襲)받아서 공신의 예(例)에 들은 사
람과 구별하여 특히 친공신(親功臣)이라 한다

✥ 공주(公主): 왕의 적녀(嫡女)

✥ 관직(官職)의 정식 명칭(正式名稱): 계(階)・사(司)・직(職) 순
   예시) 대광보국숭록대부(大匡輔國崇祿大夫: 階) 의정부(議政府: 司) 영의정
        (領議政: 職)

✥ 교명(敎命): 왕비(王妃)를 책봉(冊封)하는 교명(王命)을 말하는 것이며 본시
   왕의 정부인(正夫人)인 왕비는 품계가 없으므로 빈이 왕비로 승격(昇格)하면
   품계가 없게 된다

✥ 국장(國葬): 왕・왕비・대비・왕대비 및 왕세자 등의 장례

✥ 군부인(郡夫人): 왕자군(王子君)의 부인

✥ 군주(郡主): 왕세자의 적녀(정2품)

✥ 궁인직(宮人職): 종4품 숙원(淑媛) 이상은 실제로 왕의 부실(副室, 妾)로서 궁
   중(宮中)에서 직무(職務)는 없으나 정5품 상궁 이하는 궁녀(宮女)로서 각각
   그 명칭이 표시하는 바와 같은 직무가 있다

✥ 내명부(內命婦): 궁중(宮中)에서 봉직(奉職)하는 여관(女官)으로서 품계(品階)
   가 있는 사람

✥ 대감(大監): 공사교제시(公社交際時) 정2품 이상을 부르는 호칭

✥ 대군(大君): 왕의 적자(嫡子)

✥ 대원군(大院君): 방계(傍系)에서 왕위를 계승(繼承)한 때에 그 왕의 생부(生
   父)

✥ 봉보부인(奉保夫人): 왕의 유모(종1품)

✥ 봉작: 왕자(王子)・왕손(王孫) 또는 공신 등을 군으로 봉하고 또는 외명부에
   게 그 남편의 관직에 상응한 부인직(夫人職)을 하사(下賜)하는 것을 말하는
   것이다

✥ 부부인(府夫人): 왕비(王妃)의 어머니(정1품), 대군(大君)의 부인(정1품)

✥ 부인의 봉작(封爵)은 그 남편의 관직(官職)에 좇는다.
   첩(妾)의 소생녀(所生女) 및 남편의 생전(生前)에 개가(改嫁)한 사람은 봉작

(封爵)하지 아니하며 남편의 사후(死後)에 재가(再嫁)한 사람은 이미 하사(下賜)한 봉작(封爵)을 박탈(剝奪)한다. 왕비(王妃)의 어머니, 왕세자(王世子)의 딸 및 종친(宗親)으로서 2품 이상인 사람의 부인은 모두 읍호(邑號)를 쓴다. 보(補): 종친은 대군·왕자군의 부인 이외에는 읍호를 쓰지 아니한다

✥ 빈(嬪): 정1품이나 교명(敎命)을 받은 사람은 품계(品階)가 없다

✥ 새보(璽寶): 왕실의 인장(印章). 옥인(玉印)을 새(璽)라 하고 금인(金印)을 보(寶)라 한다. 새보에는 대보(大寶)·시령지보(施令之寶)·이덕보(以德寶)·유서지보(諭書之寶)·과거지보(科擧之寶)·선사지보(宣賜之寶) 및 규장지보(奎章之寶) 등이 있다.

✥ 선왕(先王): 현재 재위한 왕[今上]의 선대(先代)의 왕

✥ 선원제파(璿源諸派): 왕실(王室)의 제지손(諸支孫)으로서 선원보(璿源譜)에 등록(登錄)된 사람

✥ 세자빈(世子嬪): 왕세자(王世子)의 정부인(正夫人)

✥ 시호(諡號): 고관(高官) 또는 공훈(功勳)이 있는 사람에게 사후(死後)에 주는 존칭(尊稱)

✥ 양첩(良妾): 첩(妾)에는 두 종류가 있으니 서민(庶民)의 여자가 첩(妾)이 되면 양첩(良妾)이라 하고, 노비(奴婢) 또는 기(妓)·백정(白丁) 등의 여인이 첩(妾)이 되면 천첩(賤妾)이라 한다

✥ 영감(令監): 공사교제시(公私交際時) 당상관(堂上官)을 부르는 호칭

✥ 영종정경(領宗正卿): 대군(大君)·왕자군(王子君)이 의례(依例)히 겸임한다

✥ 옹주(翁主): 왕의 서녀(庶女)

✥ 왕자군(王子君): 왕의 서자(庶子)

✥ 외명부(外命婦): 종친의(宗親) 딸, 그들의 처(妻) 및 문무관(文武官)의 처(妻)로서 봉작(封爵)을 받은 사람

✥ 원손(元孫): 왕의 장손(長孫)으로 아직 왕세손(王世孫)으로 책봉되지 않은 사람

✥ 원자(元子): 왕의 장자(長子)로서 아직 왕세자(王世子)로 책봉되지 않은 사람

✥ 예장(禮葬): 왕비의 부모·빈(嬪)·귀인(貴人)·대군과 왕자군 및 그 부인(夫人), 공주(公主)·옹주(翁主), 1품관 및 공신 등의 장례에는 국가에서 위의(威儀)를 차려 주기 위하여 인원(人員)과 물품(物品)을 공여(供與)하고 예장이라 칭함

✥ 읍호(邑號): 읍(邑)은 오늘의 시(市) 또는 군(郡)과 같은 부(府)·목(牧)·군(郡) 또는 현(縣) 등의 소재지(所在地)를 말하는 것이며 종친(宗親)의 처(妻)

는 그 봉작칭호(封爵稱號)에 그의 본관(本貫)의 읍호(邑號)를 붙인다

　예시) 韓山李氏 府夫人, 密城朴氏 郡夫人 등

✤ 의빈(儀賓): 왕 및 왕세자(王世子)의 여서(女婿)를 말함

✤ 적장자(嫡長子): 적출(嫡出)의 장남(長男)

✤ 종부시(宗簿寺): 선원보첩(璿源譜牒)을 편집(編輯) 기록하고 종실의 비위(非違)를 조사(調査) 규탄(糾彈)하는 임무를 담당

✤ 종반(宗班): 종친(宗親)으로서 관계(官階)가 있는 사람

✤ 종성(宗姓): 왕과 동성(同姓) 즉 조선의 국성(國姓)인 전주이씨

✤ 종재(宗宰): 종친(宗親) 중의 수석(首席)인 대군(大君) 및 왕자군(王子君)

✤ 종정경(宗正卿): 종친(宗親)으로서 봉군(封君)된 모든 사람 및 종성(宗姓)인 관원으로서 2품 이상인 사람으로써 정원이 없이 상주(上奏)하여 임명한다

✤ 종친(宗親): 왕(王)의 부계친(父系親)으로서 촌수(寸數)가 가까운 사람. 대군(大君)의 자손(子孫)은 그의 4대손(代孫)까지를, 왕자군(王子君)의 자손은 그의 3대손(代孫)까지를 봉군(封君)하여 종친(宗親)으로 예우(禮遇)한다

✤ 종친(宗親)·종친(宗親)의 처(妻)·의빈(儀賓)의 각 종1품 이하는 후기에서는 그 품계의 칭호가 일반 문관·문관의 처의 호칭과 동일하게 되었다. (품계 표 2 참조)

✤ 종친(宗親)의 부인: 『경국대전』에 의하면 대군과 왕자군의 처는 부부인(府夫人) 또는 군부인(郡夫人)이라 일컫고 그 이하의 종친의 부인에게는 그 남편의 품계에 따라서 현부인(縣夫人) 내지 순인(順人) 등의 칭호를 봉작하였으나 대전통편에서는 종친의 처의 특별한 봉작칭호를 폐지하고 문무관의 처와 동일한 칭호로서 그 남편의 품계에 좇아 봉작하였다

✤ 종친부(宗親府): 역대 국왕의 계보(系譜)와 초상화(肖像畵)를 보관하고 국왕과 왕비의 의복(衣服)을 관리하며 선원제파(璿源諸派)를 감독한다

✤ 중자(衆子): 차남(次男) 이하의 제적출자(諸嫡出子)

✤ 출육(出六, 陞六): 참하(參下)에서 참상(參上)으로 되는 것

✤ 품(品, 流品): 관료(官僚)의 등급(等級)

✤ 행수법(行守法): 관직에는 각각 소정(所定)의 품계가 있으나 예외의 경우도 많아서 「계고직비(階高職卑)」이면 「행(行)」이라하고, 「계비직고(階卑職高)」이면 「수(守)」라 하였다　　예시) 종1품계를 가진 이가 정2품인 이조판서가 되면 崇政大夫行吏曹判書라 하고 종2품계를 가진 이가 정2품직인 대제학이 되면 嘉善大夫守弘文館大提學이라 하였다

✤ 현주(縣主): 왕세자의 서녀(정3품)

품 계 표

< 한글 품계표 1 >

구분 / 품계	내명부		종친	외명부 종친처	외명부	의빈
	왕궁	세자궁				
무계	빈		대군 왕자군		공주 옹주	
정1품	빈		군	현록대부 흥록대부 후기에는 상보 국숭록대부	부부인 (대군처) 군부인 (왕자군처)		수록대부 성록대부 후기에는 상보 국 숭록대부 [위]
종1품	귀인		군	소덕대부 (수덕)-후개 가덕대부	군부인		광덕대부 (정덕)-후개 숭덕대부 (명덕)-후개 [위]
정2품	소의		군	숭헌대부 승헌대부	현부인	군주	봉헌대부 통헌대부 [위]
종2품	숙의	양제	군	중의대부 정의대부 (소의)-후개	현부인		자의대부 순의대부 [위]
정3품	소용		도정	명선대부	신부인	현주	봉순대부 [부위]
정3품	소용		정	창선대부			정순대부 [첨위]
종3품	숙용	양원	부정	보신대부 자신대부	신인		명신대부 돈신대부 [첨위]
정4품	소원		수	선휘대부 광휘대부	혜인		
종4품	숙원	승휘	부수	봉성대부 광성대부			
정5품	(이하계 궁인직) 상궁 상의		영	통직랑 병직랑	온인		
종5품	상복 상식	소훈	부령	근절랑 신절랑			
정6품	상침 상공		감	집순랑 종순랑	순인		

< 한자 품계표 1 >

區分 品階	內命婦 王宮	內命婦 世子宮	宗親		外命婦 宗親妻	外命婦	儀賓	
無階	嬪		大君 王子君			公主 翁主		
正1品	嬪		君	顯祿大夫 興祿大夫 後期에는 上輔 國崇祿大夫	府夫人 (大君妻) 郡夫人 (王子君妻)		尉	綏祿大夫 成祿大夫 後期에는 上輔 國 崇祿大夫
從1品	貴人		君	昭德大夫 (綏德)-後改 嘉德大夫	郡夫人		尉	光德大夫 (靖德)-後改 崇德大夫 (明德)-後改
正2品	昭儀		君	崇憲大夫 承憲大夫	縣夫人	郡主	尉	奉憲大夫 通憲大夫
從2品	淑儀	良娣	君	中義大夫 正義大夫 (昭義)-後改	縣夫人		尉	資義大夫 順義大夫
正3品	昭容		都正	明善大夫	愼夫人	縣主	副尉	奉順大夫
正3品	昭容		正	彰善大夫			僉尉	正順大夫
從3品	淑容	良媛	副正	保信大夫 資信大夫	愼人		僉尉	明信大夫 敦信大夫
正4品	昭媛		守	宣徽大夫 廣徽大夫	惠人			
從4品	淑媛	承徽	副守	奉成大夫 光成大夫				
正5品	(以下係 宮人職) 尙宮 尙儀		令	通直郎 秉直郎	溫人			
從5品	尙服 尙食	昭訓	副令	謹節郎 愼節郎				
正6品	尙寢 尙功		監	執順郎 從順郎	順人			

< 한글 품계표 1 - 앞과 연결 >

구분 품계	내명부		종친	외명부 종친처	외명부	의빈
	왕궁	世子宮				
종6품	상정 상기	(이하계 궁인직) 수규 수칙				
정7품	전빈 전의 전선					
종7품	전설 전제 전언	장찬 장정				
정8품	전찬 전식 전약					
종8품	전등 전채 전정	장서 장봉				
정9품	주궁 주상 주각					
종9품	주변징 주징 주우 주변궁	장장 장식 장의				

< 한자 품계표 1 - 앞과 연결 >

品階＼區分	內命婦		宗親	外命婦宗親妻	外命婦	儀賓
	王宮	世子宮				
從6品	尙正尙記	(以下係宮人職)守閨守則				
正7品	典賓典衣典膳					
從7品	典設典製典言	掌饌掌正				
正8品	典贊典飾典藥					
從8品	典燈典彩典正	掌書掌縫				
正9品	奏宮奏商奏角					
從9品	奏變徵奏徵奏羽奏變宮	掌藏掌食掌醫				

< 한글 품계표 2 >

품계		구분	동반	서반	외명부 (문무관처)	잡직 동반	잡직 서반	토관직 동반	토관직 서반
참	당	정1품	대광보국숭록대부(의정) 상보국숭록대부 (국구,종친,의빈 - 후기) 보국숭록대부		부부인 (왕비모) 정경부인				
		종1품	숭록대부 숭정대부		봉보부인 (대전유모) 정경부인				
	상	정2품	정헌대부 자헌대부		정부인				
		종2품	가정대부 (가의)-후개 가선대부						
		정3품	통정대부	절충장군	숙부인				
상	당	정3품	통훈대부	어모장군	숙인				
		종3품	중직대부 중훈대부	건공장군 보공장군					
		정4품	봉정대부 봉열대부	진위장군 소위장군	영인				
		종4품	조산대부 조봉대부	정략장군 선략장군					
	하	정5품	통덕랑 통선랑	과의교위 충의교위	공인			통의랑	건충대위
		종5품	봉직랑 봉훈랑	현신교위 창신교위				봉의랑	여충대위
		정6품	승의랑 승훈랑	돈용교위 진용교위	의인	공직랑 여직랑	봉임교위 수임교위	선직랑	건신대위
		종6품	선교랑 선무랑	여절교위 병절교위		근임랑 효임랑	현공교위 적공교위	봉직랑	여신대위
참 하		정7품	무공랑	적순부위	안인	봉무랑	등용부위	희공랑	돈의도위
		종7品	계공랑	분순부위		승무랑	선용부위	주공랑	중의도위
		정8품	통사랑	승의부위	단인	면공랑	맹건부위	공무랑	분용도위
		종8품	승사랑	수의부위		부공랑	장건부위	직무랑	효용도위
		정9품	종사랑	효력부위	유인	복근랑	치력부위	계사랑	여력도위
		종9품	장사랑	전력부위		전근랑	근력부위	시사랑	탄력도위

< 한자 품계표 2 >

品階	區分	東班	西班	外命婦 (文武官妻)	雜職 東班	雜職 西班	土官職 東班	土官職 西班
參上 堂上	正1品	大匡輔國崇祿大夫(議政) 上輔國崇祿大夫 (國舅,宗親,儀賓 - 後期) 輔國崇祿大夫		府夫人 (王妃母) 貞敬夫人				
	從1品	崇祿大夫 崇政大夫		奉保夫人 (大殿乳母) 貞敬夫人				
	正2品	正憲大夫 資憲大夫		貞夫人				
	從2品	嘉靖大夫 (嘉義)-後改 嘉善大夫						
	正3品	通政大夫	折衝將軍	淑夫人				
上 堂下	正3品	通訓大夫	禦侮將軍	淑人				
	從3品	中直大夫 中訓大夫	建功將軍 保攻將軍					
	正4品	奉正大夫 奉列大夫	振威將軍 昭威將軍	令人				
	從4品	朝散大夫 朝奉大夫	定略將軍 宣略將軍					
	正5品	通德郎 通善郎	果毅校尉 忠毅校尉	恭人			通議郎	健忠隊尉
下	從5品	奉直郎 奉訓郎	顯信校尉 彰信校尉				奉議郎	勵忠隊尉
	正6品	承議郎 承訓郎	敦勇校尉 進勇校尉	宜人	供職郎 勤職郎	奉任校尉 修任校尉	宣職郎	健信隊尉
	從6品	宣敎郎 宣務郎	勵節校尉 秉節校尉		謹任郎 效任郎	顯功校尉 迪功校尉	奉職郎	勵信隊尉
參下	正7品	務功郎	迪順副尉	安人	奉務郎	騰勇副尉	熙功郎	敦義徒尉
	從7品	啓功郎	奮順副尉		承務郎	宣勇副尉	注功郎	守義徒尉
	正8品	通仕郎	承義副尉	端人	勉功郎	猛健副尉	供務郎	奮勇徒尉
	從8品	承仕郎	修義副尉		赴功郎	壯健副尉	直務郎	效勇徒尉
	正9品	從仕郎	效力副尉	孺人	服勤郎	致力副尉	啓仕郎	勵力徒尉
	從9品	將仕郎	展力副尉		展勤郎	勤力副尉	試仕郎	彈力徒尉

출전: 『대전회통 大典會通』, 『선원강요 璿源綱要』

묘비(墓碑)와 분영(墳塋) 제도

1. 묘비(墓碑)

품계	수(首)	고高	신(身)	신 값	활闊	부 값	부(趺)	부 값	당장령 唐葬令
封王	이수 螭首	고高 3尺2寸	비신 碑身 고高	9尺		3尺6寸	귀부 龜趺 고高	3尺8寸	五品以上螭首龜趺 降五品爲碣石方趺圓首 其高四尺
1품		高 3尺		8尺5寸		3尺4寸		3尺6寸	
2품	개용인봉 盖用驎鳳 고高	2尺8寸		8尺		3尺2寸		3尺4寸	
3품	개용천록벽사 盖用天祿辟邪 고高	2尺6寸		7尺5寸	활闊 3尺	3尺		3尺2寸	
4품	원수 圓首 고高	2尺4寸	신身 고高	7尺		2尺8寸		3尺	
5품		2尺2寸		6尺5寸		2尺6寸	방부 方趺 고高	2尺8寸	
6품		2尺		6尺		2尺4寸		2尺6寸	
7품		1尺8寸		5尺5寸		2尺2寸		2尺4寸	

2. 분영(墳塋)과 석물(石物)

	광기 (廣記)								
	분영(墳塋)				석물(石物)				
	영지주위 塋地周圍	매면 每面	분고 墳高	사위분장고 四圍墳墻高	석인 石人	석호 石虎	석양 石羊	석마 石馬	망주석 望柱石
封王	100步	25步	2丈	1丈	4	2	2	2	2
1품	90步	22步半	1丈8尺	9尺	2	2	2	2	2
2품	80步	20步	1丈6尺	8尺	2	2	2	2	2
3품	70步	17步半	1丈4尺	7尺		2	2	2	2
4품	60步	15步	1丈2尺	6尺	2		2	2	2
5품	50步	12步半	1丈	5尺			2	2	2
6품	40步	10步	·8尺						
7품	30步	7步半	8尺						
庶人	9步	穿心計 18步							

* 封王 石物 石人 ; 文二武二 (가례원류)
* 1품 石物 石人 ; 文官用文武官用一文一武 (가례원류)
* 2품 石物 石人 ; 文官用文石二武官用一文一武 (가례원류)
* 5품의 四圍墳墻高가 『가례원류』에는 4尺으로 나옴
* 『가례원류』에 4품의 石物 가운데 石羊대신 石虎 있음
  『가례증해』에 5품이하 無石虎라고만 되어 있다.

< 근 거 >
이의조(李宜朝), 1824년경, 『가례증해(家禮增解)』 권6
유 계(兪 棨), 1713년경, 『가례원류(家禮源流)』 권10
이민식(李敏植), 1996, 「朝鮮時代 陵墓碑에 關한 硏究」-京畿道 地方을 中心으로-
       (한성대학교 석사학위논문)

3. 분묘 면적

```
1품 90보 평방(平方)에, 사면(四面)이 각각 45보(步)
2품 80보 평방
3품 70보 평방
4품 60보 평방
5품 50보 평방
6품 40보 평방
7품 30보 평방
8품 30보 평방
9품 30보 평방
서인  5보 평방
* 전조(前朝) 문왕 37년에 정한 제도를 쓴 것이다.

                                        보수(步數) 단위: 주척(周尺)
```

4. 석상·석인의 크기

단위: 영조척(營造尺)

구분 등급	석상(石床)		석인(石人)
	길이〔長〕	너비〔廣〕	길이〔長〕
대군(大君)	7척	4척	6척
1품	6척 5촌	3척 7촌 5푼	5척 5촌
2품	〃	〃	〃
3품	6척	3척 5촌	5척
4품	〃	〃	〃
5품	〃	〃	〃
6품	〃	〃	〃
7품 이하 / 생원진사(生員進士) / 유음자제(有蔭子弟)	5척 5촌	3척	4척 5촌

* 주석
　주척(周尺): 자의 한가지. 곡척(曲尺)의 여섯치 6푼〔약 20cm〕을 한 자로 잡음
　　　　　　　주로 토지·도로의 측정과 사격장의 보법(步法) 등에 사용함
　　　　　　　1보(步): 주척(周尺) 6척(尺) / 1리(里): 3백 60보 / 1식(息): 30리
　영조척(營造尺): 목수(木手)들이 쓰는자. 목척(木尺)
　　　　　　　주척의 1자 4치 9푼〔分〕 9리(厘)에 해당함.
　곡척(曲尺): 곱자. 'ㄱ'자 꼴로 나무나 쇠로 만든 자.

< 근거 >
1. 분묘 면적: 태종 4년 3월 庚午(29) (조선왕조실록 1책 293쪽)
2. 석상·석인의 크기: 성종 5년 9월 辛未(19) (조선왕조실록 9책 147쪽)
3. 주석: 태종 15년 12월 丁丑(14) (2책 94쪽) / 『고법전용어집』(法制處, 1797년간)

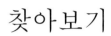

찾아보기

찾아보기

- **조선의 왕실 시리즈**

  조선의 왕실 시리즈는 한국학이나 역사를 연구하는데 있어 인물 연구가 중요하고 기초적인 것이라는 것을 알면서도 연구의 작업량이 워낙 방대하여 누구나 손쉽게 접근하지 못한 면이 많았다. 이에 역사의 중심이자 핵심인 왕실의 인척 관계를 정리하고, 역사 속에서 커다란 역할을 했던 각 인물에 대한 정리를 하기 위한 기획 시리즈이다.

연번	도서명	출간일	가격	비고
1	태조대왕과 친인척	1999년 2월 23일	8,000	
2	정종대왕과 친인척	1999년 9월 21일	10,000	
3	태종대왕과 친인척 1	2008년 8월 14일	15,000	
4	태종대왕과 친인척 2	2008년 8월 14일	15,000	
5	태종대왕과 친인척 3	2008년 8월 14일	15,000	
6	태종대왕과 친인척 4	2008년 8월 14일	18,000	
7	태종대왕과 친인척 5	2008년 8월 14일	15,000	
8	태종대왕과 친인척 6	2008년 8월 14일	15,000	
9	세종대왕과 친인척 1	2008년 8월 8일	15,000	
10	세종대왕과 친인척 2	2008년 8월 8일	15,000	
11	세종대왕과 친인척 3	2008년 8월 8일	15,000	
12	세종대왕과 친인척 4	2008년 8월 8일	15,000	
13	세종대왕과 친인척 5	2008년 8월 8일	15,000	
14	문종대왕과 친인척 1	2008년 8월 8일	15,000	
15	문종대왕과 친인척 2	2008년 8월 8일	15,000	
16	단종대왕과 친인척	2008년 8월 8일	15,000	
17	세조대왕과 친인척	2008년 10월 6일	18,000	
18	예종대왕과 친인척	2008년 11월 7일	15,000	
19	성종대왕과 친인척 1	2007년 5월 23일	15,000	
20	성종대왕과 친인척 2	2007년 5월 11일	14,000	
21	성종대왕과 친인척 3	2007년 2월 26일	15,000	
22	성종대왕과 친인척 4	2007년 2월 26일	14,000	

23	성종대왕과 친인척 5	2007년 2월 26일	13,000	
24	연산군과 친인척	2008년 11월 7일	18,000	
25	중종대왕과 친인척 1	2001년 6월 23일	8,000	
26	중종대왕과 친인척 2	2001년 7월 11일	10,000	
27	중종대왕과 친인척 3	2001년 7월 27일	12,000	
28	인종대왕과 친인척	2008년 11월 7일	15,000	
29	명종대왕과 친인척	2002년 2월 28일	10,000	
30	선조대왕과 친인척 1	2002년 10월 17일	11,000	
31	선조대왕과 친인척 2	2002년 10월 11일	12,000	
32	선조대왕과 친인척 3	2002년 8월 24일	11,000	
33	광해군과 친인척 1	2002년 11월 25일	9,000	
34	광해군과 친인척 2	2002년 11월 25일	9,000	
35	인조대왕과 친인척	2000년 11월 30일	10,000	
36	효종대왕과 친인척	2001년 3월 26일	10,000	
37	현종대왕과 친인척	2009년 1월 24일	18,000	
38	숙종대왕과 친인척 1	2009년 1월 24일	15,000	
39	숙종대왕과 친인척 2	2009년 1월 24일	15,000	
40	숙종대왕과 친인척 3	2009년 1월 24일	13,000	
41	경종대왕과 친인척	2009년 1월 24일	13,000	
42	영조대왕과 친인척 1	2009년 1월 24일	15,000	
43	영조대왕과 친인척 2	2009년 1월 24일	12,000	
44	영조대왕과 친인척 3	2009년 1월 24일	15,000	
45	정조대왕과 친인척 1	2009년 1월 24일	15,000	
46	정조대왕과 친인척 2	2009년 1월 24일	12,000	
47	순조대왕과 친인척	2009년 2월 14일	18,000	
48	헌종대왕과 친인척	2009년 2월 14일	12,000	
49	철종대왕과 친인척	2009년 2월 14일	13,000	
50	고종황제와 친인척	2009년 2월 14일	15,000	
51	순종황제와 친인척	2009년 2월 14일	12,000	
52	부록 - 색인집	근간